L'ASPECT VERBAL
ET LES
FORMATIONS A AFFIXE NASAL
EN CELTIQUE

THÈSE

PRÉSENTÉE EN VUE DU DOCTORAT ÈS LETTRES
A LA FACULTÉ DES LETTRES DE L'UNIVERSITÉ
DE PARIS

PAR

MARIE-LOUISE SJOESTEDT
AGRÉGÉE DE L'UNIVERSITÉ

PARIS
LIBRAIRIE ANCIENNE HONORÉ CHAMPION, ÉDITEUR
ÉDOUARD CHAMPION
5, QUAI MALAQUAIS, 5

1926

L'ASPECT VERBAL

ET LES

FORMATIONS A AFFIXE NASAL

EN CELTIQUE

THÈSE

PRÉSENTÉE EN VUE DU DOCTORAT ÈS LETTRES
A LA FACULTÉ DES LETTRES DE L'UNIVERSITÉ
DE PARIS

PAR

MARIE-LOUISE SJOESTEDT

AGRÉGÉE DE L'UNIVERSITÉ

PARIS
LIBRAIRIE ANCIENNE HONORÉ CHAMPION, ÉDITEUR
ÉDOUARD CHAMPION
5, QUAI MALAQUAIS, 5

—

1926

A mon Maître

MONSIEUR J. VENDRYES

en témoignage de reconnaissance

ABRÉVIATIONS

Outre les sigles généralement en usage pour désigner les manuscrits irlandais ou gallois les seules abréviations employées dans cet ouvrage qui ne s'expliquent pas d'elles-mêmes sont les suivantes :

Ascoli = Ascoli, *Glossarium Palaeohibernicum* (*Il codice irlandese dell' Ambrosiano*, II).

Atk. = R. Atkinson, *Passions and Homilies from LBr.*

CC = *Compert Conculaind*, Windisch, *Irische Texte*, I.

Cormac = *Cormac's Glossary* (W. Stokes, *Three Irish Glossaries*).

Cormac, *Tr.* = Cormac's Glossary, translated by John O'Donovan, edited by Whitley Stokes.

FA. = *Fis Adamnáin*, Windisch, *Irische Texte*. I.

FB. = *Fled Bricrend*, Windisch, *Irische Texte*, I.

Fel. = *Felire Oenguso*, éd. Stokes.

IF. = *Indogermanische Forschungen*.

IA = *Anzeiger für indogermanische Sprach-und Altertumskunde*.

K. Meyer = K. Meyer, *Contributions to Irish Lexicography*.

KZ. = *Zeitschrift für vergleichende Sprachforschung auf dem Gebiete der indogermanischen Sprachen*.

Lg. = *Longes mac nUisnig*, Windisch, *Irische Texte*, I.

Marstrander = Marstrander, *Les présents indo-européens à infixe nasal en celtique*.

MSL. = *Mémoires de la Société de Linguistique de Paris*.

O'Dav. = *O'Davoren's Glossary*, ed. Stokes, *Archiv f. Celt. Lex.*, II, 197-504.

Pedersen = Pedersen, *Vergleichende Grammatik der Celtischen Sprachen.*

RC = *Revue Celtique.*

Saltair = *The Saltair na Rann*, ed. Stokes.

SC. = *Serglige Conculaind*, Windisch, *Irische Texte*, I.

ScM. = *Scél mucci meic Datho*, Irische Texte, I.

Strachan, *Táin* = *Táin bó Cuailnge*, ed. Strachan.

Skene = *The four ancient books of Wales.*

SM. = *Senchus Mór, Ancient laws of Ireland*, ed. R. Atkinson.

Stokes, *Urk. Spr.* = Stokes, *Urkeltischer Sprachschatz* (Fick, *Vergleichendes Wörterbuch der indogermanischen Sprachen*, 4e éd., II).

TBF. = *Táin bó-Fráich*, éd. Stokes.

TE. = *Tochmarc Etáine*, Windisch, *Irische Texte*, I.

Thes. = *Thesaurus Palaeohibernicus.*

Tog. Troi = *Togail Troi*, ed. Stokes, 1881.

Walde, *Et. Wtb.* = Walde, *Lateinisches Etymologisches Wörterbuch.*

Wi — Windisch, *Irische Texte* (Tome I, là où le volume n'est pas spécifié).

Wi. *Táin* = *Táin bó Cuailnge*, éd. Windisch.

PREMIÈRE PARTIE

CHAPITRE I

GÉNÉRALITÉS

On sait que les présents indo-européens à affixe nasal se répartissent entre une demi-douzaine de types (classes XII à XVIII de Brugmann, *Grundriss*) : trois types athématiques (skr. *mṛṇā́ti, ṛṇṓti, yunákti*), trois types thématiques s'y rattachant (skr. *mṛṇáti, ṛṇváti, yuñjáti*), plus quelques variétés secondaires (Cf. Meillet, *Introd.*, 6e éd., p. 180 sq., Brugmann, *K. V. Gr.*, p. 509, *Grundriss*, 2e éd., II, 3, p. 273 sq.). Nous adoptons le terme d'*affixe* nasal pour désigner l'élément caractéristique de cette formation, cet élément se présentant le plus souvent sous la forme d'un infixe mais parfois aussi (rarement en indo-européen, à vrai dire) sous la forme d'un véritable suffixe.

Les trois types athématiques ne sont en réalité qu'un type unique où l'élément nasal est infixé.

Dans le type skr. *yunákti* (*yuñjáti*) le procédé de l'infixation apparaît clairement, et l'infixe ind.-eur. **-ne- /*-n-* est aisément isolable ; dans les types *mṛṇā́ti, ṛṇṓti*, on serait tenté d'abord de voir des formes à suffixe, mais l'analyse dégage cependant l'infixe **-ne- /*-n-*, suivi d'un élément **-ə-* (dans le cas de *mṛṇā́ti*) ou *-w-* (dans le cas de *ṛṇṓti*), qui appartient à la racine. Ici donc nous avons encore, au point de vue indo-européen, infixation.

Au contraire dans un cas comme skr. *mṛṇáti, ṛṇváti*, aucun élément radical ne suit plus l'affixe ind.-eur. -*$n^{e}/_{o}$-. Nous avons donc affaire à un véritable suffixe nasal.

Les trois types thématiques sont, pour une large part, tirés secondairement des types athématiques. Cependant quelques thèmes de type *mṛṇáti* ou *yuñjáti* paraissent indo-européens.

Les langues celtiques conservent, dans l'ensemble, les formations indo-européennes. Nous y retrouvons, en effet :

des présents de type *yuñjáti* (le type athématique correspondant *yunákti* est éliminé) : *ling-* « sauter » : skr. *láṅghati* ;

des présents de type *mṛṇā̆ti* : *cren-* « acheter », gall. *prynu* : skr. *krīṇā̆ti* ;

des présents (plus rares) de type *ṛṇō̆ti* : *tin-* « disparaître » : skr. *kšiṇō̆ti* ;

quelques exemplaires du type *mṛṇáti* : *senn-* « jouer (d'un instrument) » (cf. skr. *svánati*).

Les rapports de ces différents types ne sont cependant plus les mêmes. En effet, dans le type correspondant à skr. *yunákti* (*yuñjáti*), le procédé de l'infixation est encore senti comme tel en irlandais : *dlong-* « fendre », en face du prétérit *-dedlaig*, ou du présent causatif-intensif *dluig-* en fournit un exemple. Au contraire les présents de type *mṛṇā̆ti* et *ṛṇō̆ti* paraissent en irlandais de véritables formations à suffixe nasal : *cren-*, *ren-*, etc. s'opposent à leurs subjonctifs (sg. 3) *cria-*, *ria-*, etc. comme *-baill-* (thème à suffixe $*\text{-}n^{e}/_{o}\text{-}$ cf. p. 38) à son subjonctif *-bela*. Au point de vue celtique, les seuls présents à infixe sont ceux de type *yuñjáti*. Les autres présents à nasale, qu'ils comportent un infixe indo-européen (types en **-nā-/*-nə-* ou en **-neu- /*-nu-*) ou un suffixe $\text{-}*n^{e}/_{o}\text{-}$ (occasionnellement $\text{-}*ny^{e}/_{o}\text{-}$) se groupent ensemble et se confondent parfois. Ceci nous amènera à cette division fondamentale, inexacte du point de vue indo-européen, mais correspondant bien à l'état de choses celtique :

1° thèmes à infixe nasal (type *ling-*, etc.) ;

2° thèmes à suffixe nasal (comprenant tous les autres types). Les thèmes de type *cren-* sont au reste de beaucoup les plus nombreux de cette classe.

A l'intérieur de chacune de ces catégories les verbes se répartissent en groupes fondés non sur une similitude de structure indo-européenne (soit dans la forme de la racine, soit dans le degré de l'alternance vocalique), mais sur des analogies de formes dues à l'action de lois phonétiques proprement celtiques.

Nous devons rappeler ici ces lois phonétiques qui, en transformant la physionomie de nos verbes, ont transformé par contre-coup leur groupement au point de vue celtique.

1° Métaphonie (cf. Hessen, *Z. f. Celt. Phil.* IX, 1 sq.; Pokorny, *ibid.*, XII, 415 sq.; Vendryes, *MSL.* XIV, 393, sq.; Pedersen, I, 361, 365). En irlandais (et, à un moindre degré, en brittonique) les phonèmes -ĕ- et -ĭ- ne sont le plus souvent pas étymologiquement distincts, mais alternent entre eux selon des règles indépendantes de l'étymologie et purement phonétiques. Il en est de même des phonèmes -ŏ-, -ŭ-, qui alternent entre eux. Ainsi à l'-ĭ- de lat. *uir* correspond un -ĕ- dans le nominatif singulier irl. *fer* « homme », un -ĭ- dans le nominatif pluriel *fir*. A l'-ŏ- que suppose l'-ă- de got. *magus* « garçon » correspond un -ŭ- dans le nominatif irl. *mug* « esclave », un -ŏ- dans le génitif *moga,* le timbre de la voyelle radicale ne dépendant ici et là que du timbre de la voyelle suivante.

Il va de soi que cette règle ne doit pas être prise avec trop de rigueur : certaines conditions (groupes consonantiques) peuvent favoriser le maintien de la voyelle étymologique (cf. Pedersen, I, 367); nous verrons, dans le cas de *finn-* « apprendre » (p. 17), qu'un thème à infixe nasal échappe ainsi à l'alternance vocalique normale dans ce type, mais cette exception unique (et qui a eu une influence curieuse sur la flexion de *finn-*) est sans portée. Au point de vue qui nous occupe, tout se passe comme s'il y avait en irlandais, non pas des phonèmes -ĕ- et -ĭ- ou des phonèmes -ŏ- et -ŭ-, mais des phonèmes alternant -ĕ-/-ĭ- d'une part, -ŏ-/-ŭ- d'autre part.

Dès lors, le degré -ĕ- d'une racine de type **reg-* se confond avec le degré *zéro* d'une racine de type **leikw-*. D'autre part le degré -ŏ- d'une racine de type **reg-* se confond avec le degré *zéro* d'une racine de type **bheudh-*. Un thème *ell-* < **elna-*, de la racine **elə-* (gr. ἐλα-ύνω) a le même vocalisme qu'un thème *sell-* < **sĭl(p)na-* (gr. σπίλπνος) quoique l'un ait le degré *zéro,* l'autre le degré *-e-*, originellement; *long-* < **lŭng-* (cf. gr. λυγγάνω) « avaler » est synonyme de *long-* « supporter », qui présente le degré *-o-* de la racine *leg-* « placer, coucher ». Ceci troublait gravement le système des alternances vocaliques héritées de l'indo-européen.

2° Le traitement des sonantes entraînait d'autres confusions (Pedersen, I, 42 sq.).

-*n̥*- a développé en irlandais le timbre -*en*- (-*in*-), ce qui rend impossible la distinction entre les cas où l'infixe nasal était précédé de -*e*- (degré -*ĕ*- indo-européen) et ceux où la nasale en était sonante voyelle (degré *zéro* indo-européen). Le brittonique, il est vrai, distingue ind.-eur. -*en*- (gall. -*en*-/-*yn*-) de ind.-eur. -*n̥*- (gall. *an*-), mais son témoignage fait le plus souvent défaut. Cependant le fait qu'à irl. *cing*- « faire un pas » correspond gall. *rhy-gyng* « marcher à l'amble », permet de préciser qu'il s'agit d'un ancien **keng-e/o*-, à degré *ĕ*-.

-*r̥*- et -*l̥*- ont développé en celtique un timbre -*ri*- (-*re*-), -*li*- (-*le*-). Dès lors le degré *zéro* des racines comportant -*r̥*- ou -*l̥*- se confond avec le degré *zéro* des racines comportant -*i*- sonant. Ici le brittonique, d'accord avec le gaélique, ne permet pas de distinguer. Ainsi *tlen*- « enlever », < **tl̥na*-, d'une racine **telə*-, est, au point de vue celtique, exactement de même forme que *len*- « suivre » < **lina*- (lat. *linere*), et des verbes comme *cren*- « acheter », et *ren*- « vendre », présentent fortuitement en celtique un parallélisme de forme qui n'a rien d'ancien.

Des racines de structures diverses se trouvent ainsi groupées en une même série (cf. Thèmes en -*en*- p. 26), et, par une conséquence plus importante des faits phonétiques signalés, l'alternance indo-européenne à trois degrés : -*e*-, -*o*-, *zéro*, se trouve détruite par la confusion du degré *zéro*, soit avec le degré -*e*-, soit avec le degré -*o*-; il reste seulement à considérer deux timbres radicaux : -*ĕ*-/-*ĭ*-, d'une part; -*ŏ*-/-*ŭ*-, d'autre part.

CHAPITRE II

THÈMES A INFIXE NASAL

En celtique, comme en italique, comme dans toutes les langues indo-européennes à part l'indo-iranien, la flexion thématique s'est généralisée dans les thèmes à infixe nasal : nous retrouvons en irlandais l'équivalent du type skr. *yuñjáti*. lat. *iungit*, non l'équivalent du type skr. *yunákti*. Le passage à la flexion thématique entraîne naturellement, ici comme ailleurs, la généralisation du degré *zéro* de l'infixe.

Le degré radical n'est pas toujours possible à déterminer : nous verrons que le degré *-e-* tend à supplanter le degré *zéro* ancien, phénomène dont les thèmes à *suffixe* nasal nous fourniront quelques exemples plus nets (p. 29). Enfin, une série de formes présentent un degré *-o-*, particulier au celtique.

Le hasard des évolutions phonétiques a introduit à l'intérieur de ce type une division qui, au point de vue de l'irlandais, est fondamentale : tandis que, dans les verbes dont la racine se terminait par une occlusive sonore, la nasale se conservait phonétiquement (*cing-*, *glenn-*, etc.), dans ceux dont la racine se terminait par une occlusive sourde, la nasale tombait, entraînant un demi-allongement compensatoire de la voyelle précédente (*léic-*, *toc-*, etc.). Dans ce dernier cas la formation n'était plus intelligible pour qui parlait la langue. Les deux séries de thèmes, l'une sentie en tant que présentant une formation à nasale, l'autre méconnaissable, se situent sur des plans différents et évoluent de façon indépendante.

La plupart des thèmes à infixe que nous aurons à citer présentent deux formes, l'une avec, l'autre sans métaphonie.

Laquelle convient-il d'adopter dans les citations? *cing-* ou *ceng-*, *bung-* ou *bong-*? Nous avons cité les thèmes sous la forme où on les trouve dans la *Verbalverzeichniss* de M. Pedersen (II, 450 sq.); cette forme est, en général, celle qu'on rencontre à la 3ᵉ personne du singulier (absolue ou conjointe), abstraction faite de la mouillure, là où il y a lieu. On est ainsi amené à citer les thèmes à vocalisme *-ĕ-/-ĭ-* sous leur forme *-ĭ-* tout en citant les thèmes de vocalisme *-ŏ-/-ŭ-* sous leur forme *-ŏ-* : *cing-* mais *bong-*. En effet un groupe *n + occlusive* (comme ceux par quoi se terminent nos thèmes) détermine la métaphonie d'un *-e-* précédent, si la voyelle suivante est (ou a été) de timbre antérieur (ce qui est le cas à la 3ᵉ p. sg. de la flexion radicale); ce même groupe ne détermine pas la métaphonie d'un *-o-* précédent. Le manque de symétrie dans les formes citées n'est donc pas choquant, puisqu'il ne fait que reproduire un manque de symétrie réel de la phonétique irlandaise.

Sur un point seulement nous aurions voulu modifier la forme sous laquelle il est d'usage de citer les thèmes : dans le cas des thèmes à degré *-ĕ-/-ĭ-* radical terminés par *-nn-* < *-nd-*. Ils sont de tout point symétriques aux thèmes en *-ng-* et les 3ᵉ p. sg. *-eprinn* (de *brenn-*), *dogrinn* (de *grenn-*), *doglinn* (de *glenn-*) devraient faire préférer, pour les références, les formes *brinn-*, *grinn*, *glinn-*. Le fait qu'on interprétait ces thèmes comme des thèmes en *-na-* (cf. p. 15) a sans doute conduit à faire adopter la forme sans métaphonie. Nous n'avons pas voulu aller contre un usage général.

I. *Verbes dont la racine se termine par une occlusive sonore.*

Cette occlusive est *-g-* ou *-d-*. Le type lat. *lambō* n'est pas représenté.

α. *Verbes dont la racine se termine par -g- :*

1° degré radical (irlandais) *-ĕ-/-ĭ-*.

cing- « marcher, faire un pas », gall. *rhygyng* « marcher à l'amble ». La nasale est une nasale de formation de présent comme l'indique, en irlandais même, le futur sg. 3. *cichis*, etc. Elle se retrouve pourtant dans des formations nominales comme gaul. *Cinge-to-rix*, irl. *cing* « guerrier ».

On rapproche got. *gaggan* « aller » ; et lit. *žengiù* « je vais », mais l'équivalence irl. *c-* = got. *g-* = lit. *ž-* fait difficulté.

ding- « enfoncer, presser » (prét. *dedaig*) confond deux thèmes anciens ; il se rattache d'une part à la racine **dheigh-* « façonner » (gr. τεῖχος, etc.), dont le présent à nasale se retrouve dans lat. *fingō*, d'autre part à la racine de gr. θιγγάνω « je touche » (à séparer sans doute, comme me le suggère M. Meillet, de la racine **dheigh-* « façonner »).

On a proposé (Pedersen, II, 505) de distinguer dans irl. *ding-* deux thèmes originellement indépendants. Le thème à infixe de la racine **dheigh-* ne serait représenté que dans les composés avec *od-* (*air-od-ding-* « réconforter », *com-od-ding-*, « bâtir », *ad-com-od-ding-* « bâtir sur ») ; le simple et le composé avec *for-* présenteraient à l'origine un thème à nasale radicale, celui même qu'on a dans lit. *dengiù* « je couvre » (inf. *deñgti*). Des raisons sémantiques amènent en effet à séparer *ding-* et *for-ding-* des autres composés de cette série. Mais l'hypothèse qui fait intervenir la racine de lit. *dengiù*, outre qu'elle est sémantiquement gênante, est morphologiquement peu probable ; elle force en effet à admettre que la nasale, primitivement radicale, de *ding-*, *for-ding-* serait devenue nasale de formation de présent par analogie des thèmes *air-od-ding-*, etc., où la nasale est bien un infixe (cf. pour les formes p. 48 sq). Or, la tendance générale de la langue va vers l'extension de la nasale en dehors du thème de présent ; il semble donc que, dans l'hypothèse en question, des deux thèmes en présence, c'est bien plutôt *od-ding-* qui se serait conformé au type de *for-ding-*, en étendant la nasale à tout le paradigme, que *for-ding-* qui aurait passé au type fort à infixe par une évolution contraire à tout ce qu'on voit par ailleurs. Cette difficulté disparaît si on rapproche *ding-* (*for-ding-*) de gr. θιγγάνω, comme nous proposons de le faire (cf. p. 180).

dring- « gravir », gall. *dringo* « grimper » comporte un ancien degré *zéro*, comme le prouve la forme galloise ; la nasale se présente, en celtique, comme radicale (cf. prét. sg. 3, *drebraing*, *dreblaing*), mais le rapprochement avec le présent à infixe nasal skr. *dr̥mháti* « il assujettit » (cf. Brugmann, *Grundr.*, I, 2e éd., 375) indique qu'il s'agit d'une ancienne nasale de formation de présent.

ling- « sauter » (Subj. sg. 3 rel. *lias*, etc.) est à rapprocher de skr. *láŋghati* « il saute » (où *-gh-* est apparemment secondaire) m. h. all. *lingen* « s'avancer » (cf. aussi skr. *ráŋghatē*, *ráhati* « il saute ». On a eu recours à une racine commençant par *pl-* (bas-all. *flink* « dégagé, leste ») pour expliquer le *-b-* du prétérit *ro-le-blaing* (Thurneysen, *Hdb.*, p. 138) mais sans doute cette forme peut-elle s'expliquer analogiquement.

ring- « torturer » s'oppose en irlandais même au thème *reg-* « tendre ». Pour le sens on peut rapprocher *riag* (< **reigā*) « torture ». Pour la forme de la racine, cf. Vendryes, *MSL.*, 16, 363.

sreng- « tirer » est passé à la conjugaison des thèmes en *-ā-*. Dans le verbe latin correspondant *stringere*, la nasale est encore sentie comme un élément de formation de présent (cf. supin *strictum*); en revanche la nasale est devenue radicale en irlandais (cf. Walde, *s. v. stringo* et Pedersen, I, 81).

gall. *sangu* « presser, piétiner » a apparemment une nasale radicale. Cf. Loth, *RC.*, 37, 65.

Peut-être enfin gall. m. *blingo* « écorcher », doit-il être rattaché à cette série (cf. Loth, *RC.*, 41, 229 sq., pour le rapprochement avec norv. *flaa*, etc.).

2° degré radical (irlandais) *-ŏ-/-ŭ-*.

Une série de thèmes à infixe présente un degré radical *-ŏ-/-ŭ-*. Cette uniformité de vocalisme cache des éléments d'origines diverses.

Dans *long-* « avaler » (Subj. pl. 1, *loisiom*, etc.), le degré *-ŏ-* irlandais représente un degré *zéro* indo-européen. Il s'agit en effet d'un ancien **lŭng-*, qu'on retrouve dans gr. λύζω (< *λύγγi̯ω), λυγγ-άνομαι, d'une racine **leug-*, dont on a une forme sans nasale infixée dans gall. *llewa* « avaler », d'un thème **low-* < **lug-* (cf. Pedersen, II, 568). Pour les rapports de ce thème avec *sluc-* « avaler », cf. p. 21.

De même, dans les thèmes *bond-* (p. 18) et *rond-* (p. 18) nous verrons que nous avons un ancien degré *zéro*, **bhundh-*, **rund-*.

L'origine de l'*-ŏ-* de *bong-* est autre. Sans doute n'y a-t-il pas lieu de distinguer le thème *bong-* « couper, moissonner »

(Pedersen, II, 477), du thème *bong-*, alternant avec un thème *beg-* dans les composés *to-aith-bong-* « abroger, rompre (un contrat) », *to-bong-* « exiger (un tribut) » c'est-à-dire, à l'origine, « prélever ». L'irlandais nous fournit donc ici encore l'alternance du thème à nasale et du thème de présent radical. Le thème à nasale se retrouve dans skr. *bhanájmi* « je brise », et, sous une autre forme, dans arm. *bekanem* « je brise » (pour une hypothèse qui sépare *beg-* de *bong-* « couper », cf. Pedersen, II, 461).

A côté de cette racine **bheg-*, on trouve une racine de même sens et de même forme, mais comportant un *-r-*, dans lat. *frangō, frēgī,* got. *brikan,* etc. Doit-on voir dans le thème *bong-* un thème parallèle à lat. *frang-*, c'est-à-dire, représentant un ancien **bh°ng-* (comme me le suggère M. Meillet) ? skr. *bhanájmi,* qui suppose un thème **bh°neg-* confirme cette hypothèse. Dans ce cas il faudrait admettre qu'à côté de formes comportant l'alternance : lat. *ē (frēgī)/ă,* on aurait pour cette racine des formes comportant l'alternance : *-e-* : *-o-* : *zéro* : c'est en effet dans ce type d'alternance qu'entrent le thème *beg-*, et le thème d'intensif **buig-* que suppose le prétérit *buich* (Kuno Meyer, *Contrib.*, 239). Précisément got. *brikan* fournit le thème **bhreg-*, parallèle au thème **bheg-*.

S'il faut interpréter le vocalisme de *bong-* comme représentant phonétiquement en irlandais l'*-°n-* qui est représenté en latin par *-an-*, dans lat. *frangō, scandō,* etc. (et, à vrai dire, rien ne s'oppose à cette hypothèse), une interprétation parallèle s'impose pour *tong-*.

tong- « jurer », gall. *tyngu,* bret. et corn. prét. sg. 1. *tof,* m. bret. *toeaff,* présente un *-n-* de formation de présent (cf. prét. *ducuitich*) ; ceci empêche, semble-t-il, de le rapprocher de v. sl. *tęža* « iudicium », *tęzati* « rixari » (Pedersen, I, 106) où l'*-n-* est radical. Une autre famille de mots à quoi on a proposé de rattacher *tong-* est celle de lat. arch. *tongeō,* « nosco, scio », got. *þagkjan* « penser », etc. (cf. Stokes, *Urk. Sprachsch.*, p. 121). L'étymologie est tentante et vaudrait la peine d'être reprise. Ici aussi, cependant, il semble que nous ayons affaire à un *-n-* radical, ce qui fait dès l'abord difficulté.

L'analogie de *bong-* : *frangō,* suggère dès lors le rapprochement de *tong-* avec lat. *tangō*. Phonétiquement, le degré -*ŏ*- de *tong-* s'expliquerait par un thème **t°ng-*. Sémantiquement, on sait l'importance du contact dans beaucoup de rites. Rappelons la *mancipatiō* des Latins, et, puisqu'il est ici question de serment, l'usage de jurer, la main sur la Bible ou sur l'Évangile, etc. (cf. *Encyclopaedia Britannica*, s. v. *oath*, XVII, 699 sq.). On conçoit donc qu'un verbe qui signifiait « toucher » ait pu prendre, chez les Celtes, le sens de « jurer », par allusion à un rite.

Le rapprochement de *tang-* avec lat. *tangō*, est donc aussi plausible sémantiquement que phonétiquement. Il n'exclut au reste pas le rapprochement avec *tongeō*. Il est possible en effet qu'il faille voir dans ce dernier un thème de causatif intensif formé sur thème de présent à nasale, comme on en rencontre en germanique (got. *brannjan* « faire brûler » sur *brinnan*) et en celtique (*bruinn-*, sur *brenn-*). La nasale y serait devenue radicale, ainsi que dans les formes germaniques correspondantes (cf., pour un rapprochement étymologique entre *tongeō* et *tangō*, Wood, *Cl. Phil.*, III, 85 sq.).

Des formes comme *tong-*, *bong-*, jointes aux formes comme *long-* « avaler », *bond-*, *rond-*, donnaient l'impression que le thème à infixe nasal pouvait avoir le degré -*ŏ*- radical. Une circonstance a dû favoriser l'extension analogique de ce degré.

Nous avons vu, en face du thème *bong-*, un thème **buig-*, de même sens, apparemment intensif-itératif à l'origine, qui représente un ancien **bogī̆-* (sans préjuger de la forme exacte du suffixe). L'opposition entre *bong-* et **bogī̆-* était d'autant plus nette que le présent à nasale était, nous le verrons, de par son aspect, particulièrement apte à s'opposer à un thème d'itératif.

Or il se trouve qu'à côté des thèmes à infixe où le vocalisme -*ŏ*-/-*ŭ*- représente un véritable degré -*ŏ*- sont attestés en irlandais même des thèmes d'itératifs à vocalisme -*ŏ*-, de même racine. A côté de *dlong-* « fendre » (v. norr. *telgia* « couper, fendre ») on a un thème *dluig-* < **dlogī̆-*, de même sens.

De même à côté de *long* « supporter » (*imb-fo-*), gall. *ellwng* « laisser aller », *gollwng* « laisser tomber » (cf. Pedersen, II, 565), de la racine **legh-* « placer, étendre » (gr. λέχεται, λόχος, lat. lectus, etc.), on a deux thèmes sans nasale : *laig-* « se placer, s'étendre », *luig-* « placer, étendre »; ce dernier thème représente un ancien **logī-* (réserves faites quant à la forme exacte du suffixe), qui est apparemment un causatif, et en a le sens en irlandais (cf. *Mél. Vendryes*, p. 337).

Dans le couple *long-* « porter » : *luig-*, la comparaison avec le couple de thèmes vieux-slaves : *lęgǫ* (inf. *lešti*) « se coucher » : *ložiti*, souligne bien le caractère secondaire du vocalisme *-ŏ-* dans le présent à infixe. Ce vocalisme y est dû sans doute à l'analogie du présent *causatif* ou *itératif* à quoi s'opposait le présent à infixe nasal dans des couples de ce genre. L'analogie a pu partir des cas où il y avait en celtique, à côté d'un causatif-itératif à vocalisme *-ŏ-*, un présent à infixe dont le vocalisme se confondait en celtique avec le vocalisme *-ŏ-*, quoique représentant à l'origine un degré réduit : nous voulons parler du cas que nous venons de voir : *bong-* (= *frang-*) : *buig-*. D'après ce couple de formes on a pu refaire les couples de type ancien : **leng-* : *luig-*; **dleng-* : *dluig-*, en *long-* : *luig-*; *dlong-* : *dluig-*, le vocalisme du présent à infixe se modelant sur celui du causatif-itératif.

A côté du thème *tong-* (= *frangō*) le thème de causatif de même racine n'est pas attesté ; ce thème aurait donné lieu à une homonymie gênante avec le thème *tuig-* « couvrir » de la racine **teg-* (lat. *tegō*, etc.). Le rapprochement tout formel de *tong-* : *tuig-* a pourtant pu contribuer accessoirement à l'extension analogique du vocalisme du causatif aux présents à infixe nasal.

Ajoutons que, dans le cas de *long-* « supporter », le présent à degré *zéro* **ling-* aurait été homonyme du présent *ling-* « sauter ». A vrai dire, le degré *-ŏ-* entraînait l'homonymie avec *long-* « avaler », mais celle-ci n'était pas gênante, *long-* « avaler » n'apparaissant jamais qu'au simple, alors que *long-* « supporter », n'apparaît jamais qu'en composition.

On peut se demander pourquoi le thème *ring-* « torturer », à côté duquel il existe un thème *rog-* « tendre » (ancien **ruig-*), a échappé à cette analogie. Ceci peut s'expliquer, d'une part, par le fait que ce thème *rog-*, de par son degré vocalique anormal (sans métaphonie), a dû se placer un peu à part de la série des autres causatifs. Mais un fait beaucoup plus important est la spécialisation de *ring-* au sens de « torturer » qui le séparait des formes de même racine ayant conservé le sens propre, « tendre, distendre », et le rapprochait du nom *riag* « torture » (< **reigā*) qui avait suivi la même évolution.

A part ce cas, pour aucun des présents à vocalisme *-ĕ-/-ĭ-* (*cing-*, *ding-*, *dring-*, *ling-*, *sreng-*) le celtique n'atteste de thèmes causatifs de même racine, ce qui confirme notre explication du vocalisme *-ŏ-* de *dlong-*, *long-*.

Gall. *hebrwng* « il conduit », v. corn. *hem-brouk* « il conduira », m. bret. *hâm-brouk* « conduire », etc., entrent probablement dans la même série. La métaphonie du préverbe trahit peut-être un ancien vocalisme radical *-ĕ-* (Pedersen, I, 119) qu'on retrouve dans got. *briggan* « apporter », sans doute à rapprocher. Ici, le thème de causatif-itératif correspondant n'est pas attesté, mais ceci n'a rien qui doive surprendre, dans une racine non conservée en gaélique. Le cas de gall. *hebrwng* peut être comparable à celui de gall. *ellwng* (p. 12), pour lequel le gaélique seul nous fournit le thème de causatif correspondant *luig-*. Quoique la nasale soit devenue radicale en brittonique (cf. v. corn. *ke-brenchiat*, gl. dux), comme il est normal, il s'agit sans doute d'un thème à nasale infixée de la racine **bhergh-*, qu'on retrouve dans got. *briggan* et, avec une autre formation, dans arm. *bar̃nam* : « je lève », aor. *ebarj* (Zupitza, *KZ*, 36, 65, Pedersen, *KZ*, 39, 354).

β. *Verbes dont la racine se termine par -d-.*

1° degré radical (irlandais) *-ĕ-/-ĭ-*.

brenn- « jaillir ». La racine est, au point de vue irlandais, **brend-*. C'est sur cette racine **brend-* qu'a été formé le thème d'intensif-causatif **brondē-* > **bruinn-* ; *brend-* représente un thème **bṛnd-* à degré radical *zéro* (cf. gall. *brann* « son »), d'une forme développée de la racine *bher-* « bouillonner » (cf. irl. *berbaim* « je fais bouillir », *topur* « source », lat. *ferueō*), etc. ; got. *brinnan*, all. *brennen* attestent un thème en *-neu-* (**brenuo-*), de cette même racine, sans l'élargissement dental du celtique.

glenn- « examiner », et *glenn* (*fordi od*) « avaler », sont à distinguer. Le premier ne fait pas difficulté ; il s'agit d'un thème à infixe nasal (cf. subj. *-ecail*) comparable au thème de v. sl. *ględěti* « voir ». Quant à *glenn-* « avaler », on y a vu un thème en *-na-*, comparable à véd. *gṛṇāti,* même sens (en face de *giráti*), mais passé secondairement au type à infixe nasal, par analogie du thème *glenn-* « examiner » (cf. Pedersen, II, 540, Marstrander, p. 30). Il ne semble pas que cette hypothèse soit nécessaire ; *glenn-* « avaler » s'explique par un plus ancien **glend-* présent à infixe nasal d'une forme développée de la racine celt. **gel-* « manger », ind.-eur. **gʷelə-,* qui fournit par ailleurs à l'irlandais le présent *gelid* « il broute » (Perdersen, II, 536) ; **glend-* et **gel-* sont dans le même rapport que **brend-* (irl. *brenn-*) et *ber-* (lat. *ferueō*). Tandis que le védique atteste un présent en *-nā-*, de la racine **gʷelə-,* le celtique présente un présent à infixe formé sur un thème **gled-* (< **gʷled-*) de cette même racine. Ceci nous fournit un exemple frappant de présents à nasale créés indépendamment pour une même racine sur différents domaines linguistiques (cf. p. 23).

grenn- « mettre (se mettre) en mouvement » (subj. *ingre*) est à rapprocher de lat. *gradior,* lit. *gridiju* « je vais », skr. *gṛdhyati* « il désire ». L'infixe nasal se retrouve dans v. sl. *grędǫ* « je vais », où la nasale est devenue radicale.

Ces quatre thèmes (*brenn-, glenn-* « voir », *glenn-* « avaler », *grenn-*) sont au point de vue morphologique, exactement comparables entre eux. Ils ont été diversement interprétés. On y a vu des thèmes comportant l'adjonction d'un suffixe en *-na-* à un présent à infixe : **brendna-*, **glendna-*, **grendna-* (Pedersen, II, 478, 523, 540, 549). Le fait qu'ils présentent une flexion de type radical, avec alternance de formes avec et sans métaphonie, ou avec et sans infection (*-eprinn, -eprennet,* etc., cf. p. 47-8) oblige à écarter cette hypothèse. On y a vu des thèmes cumulant avec l'infixe nasal un suffixe nasal en **-n$^e/_o$-* (Marstrander, p. 31). Sous cette dernière forme l'hypothèse d'un double affixe nasal ne soulève plus d'objections morphologiques. Elle est cependant peu vraisemblable, du fait que ce double affixe ne se trouve pas attesté en celtique là où il serait phonétiquement clair, dans les thèmes dont la racine se termine par une gutturale. Elle est d'autre part inutile. En effet le traitement *-nn-* du groupe ancien s'explique sans qu'on fasse intervenir un groupe *-ndn-* (Pedersen, I, 157) : *-nd-* est normalement représenté par *-nn-* en position atone et cela dès le début de la tradition. Les thèmes *brenn-*, *glenn-*, *grenn-* peuvent donc présenter une extension à toutes les positions du traitement normal en position atone, extension d'autant plus aisée que, même en position tonique, le groupe *-nd-* était en voie d'assimilation, et s'assimile effectivement dès la fin de la période du vieil-irlandais (Cf. Thurneysen, *Hdb.*, p. 89).

Rien ne s'oppose donc à ce qu'on voit dans *brenn-*, *glenn-*, *grenn-*, des thèmes à infixe nasal parallèles à *cing-*, etc.

Le thème *srenn-* « ronfler » se rattachait sans doute anciennement à la même série. A côté de *srenn-* (*srennim*, *Sg.* 185 a 1, irl. mod. *sreannaim*) est attesté un nom verbal *srand* « ronflement », Corm. *Tr.*, p. 153. Faut-il voir dans *srenn-* un dénominatif de *srand*? faut-il y voir un thème à infixe nasal où la nasale serait devenue radicale, et d'où elle serait passée au nom verbal *srand*? Cette deuxième hypothèse est plus vraisemblable, en ce qu'elle explique la nasale de *srand* qui, autrement, reste à expliquer.

Le thème *srenn-* < **sr̥nd-* serait un thème à infixe d'une racine **s(t)er-*, développée à l'aide d'un suffixe (ou élargissement) à dentale sonore. La même racine se retrouve en latin avec un suffixe à dentale sourde dans lat. *stertō*, que glose irl. *srenn-*. Sans doute gr. ῥέγχω ῥέγκω, de même sens, peut-il de même s'interpréter comme un thème à infixe parallèle à irl. *srenn-*, mais où la racine apparaît avec un élargissement guttural, qu'on retrouve par ailleurs dans irl. *srón* (< **sroknā*, cf. Pedersen, I, 82) « nez » gall. *ffroen*, m. bret. *froan*, même sens. De cette même racine, qui nous apparaît ainsi sous les formes **s(t)rek-*, **s(t)rekh-*,* *s(t)red-*, **s(t)ret-*, nous avons une forme à élargissement **steru̯-* dans gall. *ystrewi*, *ystrew* « éternuer » et les formes bretonnes correspondantes. Cette dernière forme donne au latin un présent à infixe nasal *sternuō* (gr. πτάρνυμι).

Nous ne pensons pas qu'on puisse séparer les uns des autres ces verbes de sens analogue qui peuvent s'expliquer par des formes diversement développées d'une même racine, ni qu'il faille séparer *srenn-* de *srand* pour l'expliquer par un thème morphologiquement surprenant **srenknā-* (cf. Pedersen, I, 82).

L'hypothèse est d'autant plus tentante que nous avons vu, dans le cas de *brenn-* : got. *brinnan,* un cas exactement comparable à celui de *srenn-* : *sternuō* ; au présent en *-nu-* germanique ou latin correspond dans les deux cas un présent à infixe irlandais, où nous voyons encore reparaître l'élargissement *-d-* (< **-dh-* ou **-d-* indo-européen) que nous avons déjà rencontré dans *brenn-* et *grenn-* « avaler ».

Un autre thème à nasale infixée se terminant par *-d-*, le thème *finn-* « apprendre », se place à part.

Ce thème se rattache évidemment à la racine **weid-* « voir » qui a donné par ailleurs à l'irlandais les thèmes *fén-* (cf. p. 33), et *fiad-*. L'interprétation la plus naturelle de ce thème est celle qui en fait un présent à infixe nasal **wind-*, comparable à skr. *vindáti* « il trouve ». On n'a cependant pas cru pouvoir s'en tenir à cette explication qui se heurte à vrai dire à deux difficultés : d'une part le traitement *-nn-* du groupe ancien *-nd-* ; d'autre part le caractère de la flexion comparable à celle des thèmes en *-na-*. Le thème **wind-na-*, par quoi l'on explique irl. *finn-* (Pedersen, II, 423, Marstrander, p. 33) a été conjecturé pour résoudre cette double difficulté. Ici encore il ne semble pas que l'hypothèse d'un double affixe nasal soit nécessaire.

Le traitement *-nn-* du groupe ancien *-nd-* ne peut pas s'expliquer ici directement par l'extension analogique du traitement en position atone : le thème *finn-* est en effet toujours accentué. Cependant l'analogie des thèmes *brenn-*, *glenn-*, *grenn-*, en face desquels un thème **find-*, avec son groupe *-nd-*, se serait trouvé isolé, suffit à rendre compte du groupe *-nn-*. Cette première objection ne doit donc pas nous arrêter.

En revanche, par sa flexion, *finn-* se distingue nettement des thèmes à infixe nasal. Des formes comme *ru-d-finnadar* (prést. sg. 3) *nad-finnatar* (prést. pl. 3), *ro-d-finnad* (impf. sg. 3) indiquent une flexion analogue à celle des thèmes en *-na-*, ou des thèmes en *-nu-*. Il semble que ce soit par l'analogie des thèmes en *-nu-* qu'il faille expliquer la flexion insolite de *finn-*.

Le thème à infixe nasal **wind-* se distinguait en effet des autres thèmes de même série par une particularité de vocalisme : présentant un -ĭ- ancien devant un groupe -*nd*- il échappait à la loi de métaphonie qui fait alterner les vocalismes -ĕ- et -ĭ- dans les thèmes à infixe nasal que nous avons vus jusqu'à présent (cf. p. 5 et Vendryes, *MSL*, XIV, 407). Le vocalisme -ĭ- à travers toute la flexion (même devant une désinence de position postérieure) lui était commun avec les thèmes en -*nu*- : *arachrin*-, *lin*-, *tin*- (cf. p. 55) *gnin*- « savoir, apprendre » ; l'analogie de ce dernier thème a pu d'autant mieux agir qu'à la ressemblance des vocalismes s'ajoutait ici l'identité des sens. On s'explique donc que l'ancien thème à infixe nasal **wĭnd*- > *finn*-, entraîné par l'analogie du vocalisme radical, secondée par son association sémantique avec *gnin*-, ait passé à la flexion des thèmes en -*nu*-.

Gall. *ennyn*, *ynnyn* « brûler », est sans doute un thème à nasale **andh*-, de la racine de gr. αἴθω, lat. *aedes*, etc., cf. ἰθαινεσθαι· θερμαίνεσθαι, Hés. *contra* Pedersen, II, 508.

2° degré radical (irlandais) -ŏ-/-ŭ-.

bond- (subj. *ad-bo*) « nier » (avec *od*-), « proclamer » (avec *ad*-), de la racine de skr. *bōdhati* « il s'éveille, il remarque », hom. πεύθεται, v. sl. *bljudǫ* « j'observe », etc., présente un ancien degré *zéro* régulier **bhŭndh*- que l'on retrouve dans les thèmes à nasale attestés ailleurs : gr. πυνθάνομαι, lit. *pabundù* « je réveille » (cf. cependant Marstrander, p. 33).

rond- (*fo*-) « teindre » (prét. *fo-ro-raid*) représente un thème **rŭnd*- de la racine **reudh*- « rougir, être rouge », qu'on a dans irl. *ruad* « rouge », gall. *rhudd*, corn. *ruth*, bret. *ruz*, gaul. (*ande*)*roudus*. Parmi les nombreuses formations verbales de sens transitif ou intransitif qu'a fournies cette racine (gr. ἐρεύθω, v. sl. *rъděti sę*, lat. *rubēre*, etc.) il ne semble pas que le thème à infixe nasal soit représenté en dehors du celtique.

II. *Verbes dont la racine se termine par une occlusive sourde.*

Ces verbes sont phonétiquement altérés au point que la formation n'en est plus reconnaissable directement en irlandais ; devant occlusive sourde la nasale tombe en gaélique (cf. Pedersen, I, 157); la durée de ses vibrations paraît s'ajouter partie à la durée de la voyelle précédente, partie à la durée de l'occlusive suivante. Ce phénomène est noté dans la graphie soit par le signe de la longue sur la voyelle précédente, soit par le redoublement de la consonne suivante ; parfois, il n'est pas noté. La nasale tombée ne se décèle alors que par le maintien de la consonne suivante sous forme occlusive, et par la comparaison avec le brittonique ou avec les langues congénères.

Dans ces conditions il est parfois difficile de décider si le maintien de l'occlusive finale de thème s'explique par la chute d'une nasale précédente ou par un redoublement expressif de cette occlusive.

Plusieurs des thèmes que nous citons ici sont donc susceptibles d'une double interprétation.

gat- « prendre » est dans ce cas. Gall. *genni* « contineri, comprehendi, capi » (cf. Loth, *RC.*, 38, 58) s'explique en partant d'un thème **ghand-* ou **ghend-*. On a cherché à expliquer irl. *gat-* par un ancien **ghadna-* (Pedersen, II, 536) mais, outre que le suffixe *-na-* ne se trouve guère en celtique après une racine terminée par occlusive (cf. p. 33), cette forme est phonétiquement peu satisfaisante. On sait, en effet, que, dans un groupe *occlusive sonore + nasale,* l'occlusive tombe et la nasale subsiste en irlandais (Pedersen, I, 103, 113, 117). Du moins est-ce là le traitement normal et les autres exemples qu'on cite à l'appui d'un traitement du type **-dn-* > *-t-* ne sont pas plus probants que celui-ci même (Pedersen, I, 158 sq.).

gat- pourrait s'expliquer par un ancien **ghant-* qui présenterait avec britt. **ghand-* une alternance entre sourde et sonore finale ; la sourde finale de racine serait due à une alternance purement celtique, une racine de type **ghat-* étant impossible en indo-européen. C'est la sonore finale qu'on trouve partout en dehors du celtique : lat. *pre-hen-dō*, gr. χανδάνω, got. *bĭgitan*. On peut comparer lat. *pandō : pateō ; pangō : paciscor ; ēmungō : mūcus* ; gall. *sugno* (infinitif), irl. *súgim*, lat. *sūgō : sūcus*. Nous verrons, sous le thème *sluc-* un exemple frappant du même fait (et cf. p. 25).

La voyelle radicale, non allongée malgré la chute de *-n-*

devant *-t-* représenterait une ancienne voyelle ultra-brève (cf. Hirt, *Vokal.*, p. 81) qu'on retrouverait dans got. *bigitan*.

Au reste une autre interprétation de *gat-* est également possible : celle qui y verrait une forme renforcée, expressive, de la racine celt. **gad-* « prendre ».

léic- « laisser, lâcher », fléchi comme un thème en *-ī-*, ne peut pas être séparé (malgré Thurneysen, *IA.*, VI, 195) de lat. *linquere*. Il s'agit donc d'un thème **lĭnkʷ-* de la racine **leikʷ-*, thème auquel s'est ajouté une suffixe secondaire **-ey* $^{e}/_{o}$*-*. Le présent à nasale est abondamment attesté dans les langues indo-européennes sous diverses formes : outre lat. *linquō* citons skr. *riṇákti*, gr. λιμπάνω, arm. *lkʻanem*.

L'allongement de l'*-e-* à la suite de la chute de la nasale n'est qu'un demi-allongement qui n'a pas laissé de traces en irlandais moderne, où l'on a *leigim*, par un *-ĕ-*.

tréic- « laisser » (fut. Sg. 1, *nocotreciub*, prét. pl. 3, *rothreicset*) se fléchit comme un thème régulier en *-ī-*. Gall. *trengu* « finir, exspirer » (*tranc* « fin, mort »), a aussi anciennement la flexion en *-ī-*, comme le prouve la forme conjointe m. gall. *ni threing* (Pedersen, II, 338, 6). Les formes brittoniques comme les formes gaéliques s'expliquent par un prototype **tr̥nk-*, passé à la flexion en *-ī-*.

Irl. *tracc-* (*di- fo-*) « souhaiter » (Pedersen, II, 653-4) n'est sans doute pas à séparer de *tréic-*. On a eu recours, pour expliquer le consonantisme de *tracc-*, à un prototype **trakno-* (Stokes, *Urk. Spr.*, p. 136). Nous avons déjà rencontré (p. 19) ce type d'explication, et noté la double difficulté, morphologique et phonétique, à laquelle elle se heurte ; rappelons que dans le groupe *occlusive sourde* + *nasale* l'occlusive tombe et la nasale subsiste en irlandais (cf. Pedersen, I, 125, 130, 135). Les exemples qu'on cite en faveur d'un autre traitement (Pedersen, I, 158 sq.) prêtent tous à discussion.

Le thème **tr̥nk-* est sans doute à l'origine aussi bien de *-tracc-* que de *tréic-*. La différenciation de ces deux derniers thèmes peut s'expliquer par le fait que *-tracc-*, composé avec un double préverbe, est toujours atone. La voyelle devait donc tendre à s'y abréger, et l'allongement compensatoire à la chute de la nasale se traduisait comme un allongement de l'occlusive, notée double. Dans le cas de *tréic-*, au contraire, aucune influence n'agissant pour abréger la voyelle, elle a bénéficié de l'allongement compénsatoire.

tréic- et *-tracc-* se rattachent peut-être à la racine de v. angl. *þrīngan*, v. h. all. *dringan* « faire pénétrer, presser » (où l'on retrouve l'infixe nasal), got. *þreihan* « oppresser ».

-mecc- se trouve seulement composé avec *di-* au sens de « mépriser ». Le gall. répond par *dir-mygu* « to contemn », etc. qui contient un thème **mik-* ou **mek-*. On peut rapprocher lat. *micāre* « briller ». Sémantiquement le passage de l'idée de « briller » à celle de « regarder » est aisé (cf. p. 87).

Le *-c-* occlusif de l'irlandais peut s'expliquer de deux façons : 1° par un thème à infixe **mĭnk-* ; l'absence d'allongement compensatoire ne fait pas difficulté, cet allongement n'étant que partiellement et capricieusement noté (cf. p. 19 et 20, et Pedersen, I, 125, 130, 135) ; 2° par un redoublement expressif de l'occlusive finale : **mĕkk-* > **mec-*. Ce redoublement n'aurait rien de surprenant dans un verbe exprimant l'idée de « briller ».

toc- « se produire » ou « être décidé par le destin » ; gall. 1re p. sg. *tynghaf*, m. bret. *tonquaff*. Il s'agit d'un thème à infixe **tunk-* de la racine *teukh-*, qu'on retrouve avec l'infixe nasal dans gr. τυγχάνει « il arrive » (en face de τεύχει). La nasale est devenue radicale en celtique ; elle se retrouve même dans les formes nominales : *tocad* « destin », gall. *tynghet*, même sens.

sluc- « avaler » (Stokes, *Urk. Spr.*, p. 321) offre une gutturale occlusive, comme le prouve irl. m. *sloigim* « j'avale ». Il représente donc un ancien **slunk-*. Le même thème se retrouve sans *-s-* initial dans gall. *llyncu* « avaler », bret. *lonka*, même sens.

Nous avons donc affaire à un thème celtique commun **(s)lunk-* d'une racine **(s)leuk-* (ou *slek-*, si on suppose un degré *-o-* radical). Nous avons vu par ailleurs dans irl. *long-* (p. 10) un thème à nasale de la racine **leug-*, qu'on retrouve dans gall. *llewa* « avaler », etc. Ces différentes formes permettent de poser une racine **(s)leuk/g-* > « manger », dont la gutturale finale présente l'alternance de sourde et sonore que nous avons déjà signalée (p. 19).

Le thème *uc(c)-* est sans doute à classer parmi les thèmes à nasale. On le trouve : 1° au simple, comme thème supplétif fournissant des formes perfectives au paradigme de *beir-* « porter » ; 2° probablement dans le composé *tucc-*. Ce dernier, d'une part, sert de perfectif à *do-beir-* « apporter », et, d'autre part, au sens de « comprendre », s'est donné un paradigme complet de type faible. Le thème *ucc-* représente apparemment une forme ancienne **unk-* (cf. irl. m. *rug,* avec un *-g-* occlusif) ; l'infixe nasal est attesté en dehors du celtique dans lit. *jùnkstu* « je m'accoutume », v. sl. *vyknq,* même sens. La même racine, sans nasale, se retrouve dans skr. *učjati* « il est accoutumé », arm. *usanim* « j'apprends, je m'accoutume », etc. (cf. Meillet, *RC,* XXIV, 171, Pedersen, II, 475).

On a proposé de séparer *tucc-*, et ses correspondants brittoniques (gall. *dygaf*) de *ucc-*, pour les rapprocher de lat. *dūcō* (Pedersen, *loc. cit.*). Cette hypothèse, possible mais non démontrable, obligerait à admettre un thème **dunk-*, à infixe nasal, de la racine **deuk-*, à moins qu'ici encore on ne fasse intervenir un redoublement expressif pour expliquer le maintien de l'occlusive comme telle. Ce thème ne se retrouverait pas ailleurs.

Nous avons achevé de passer en revue les thèmes à infixe nasal attestés en celtique. Nous avons indiqué rapidement à propos de chacun d'eux les questions particulières qu'il soulève, et aussi les formes comparables qu'attestent les autres langues indo-européennes. Reprenons, maintenant, ces rapprochements comparatifs pour les apprécier dans leur ensemble.

Un fait s'impose, dès l'abord : presque tous les thèmes à infixe nasal attestés dans les langues celtiques sont attestés par ailleurs dans une ou plusieurs autres langues indo-européennes.

Rappelons les correspondances :

ding- : lat. *fingō,* d'une part, gr. θιγγάνω, d'autre part (pour la double origine de ce thème, cf. p. 9 et 180); *dring-* : skr. *dr̥ṃháti; ling-* : skr. *láŋghati,* m. h. all. *lingen ; sreng-* : lat. *stringō ; long-* « avaler » . gr. λύζω, λυγγάνομαι ; *long-* « porter » : v. sl. *lęgq; bong-* : skr. *bhanakti,* et, avec une autre formation, arm. *bekanem* (cf. également lat. *frangō*); *glenn-*

« examiner » : v. s. l. *ględèti; grenn-* : v. sl. *grędą; finn-* : skr. *vindáti; bond-* : gr. πυνθάνομαι, lit. *pabundù; gat-* (si du moins ce thème comporte l'infixe), *genni* : lat. *prehendō*, gr. χανδάνω; *léic-* : lat. *linquō; tréic-, tracc-* : v. h. all., *dringan; toc-* : gr. τυγχάνει; *sluc-* : les formes citées en face de *long-* (gr. λύζω) valent également pour ce thème, inséparable de *long-; ucc-* : lit. *jùnkstu*, v. sl. *vyknę*.

Les thèmes à infixe nasal attestés en celtique se retrouvent donc, en dehors du celtique, non seulement dans les autres langues indo-européennes, mais encore pour une large proportion dans des langues orientales : sanskrit, grec ou slave, sans parenté dialectale avec les langues celtiques.

Dans trois cas, au présent à infixe du celtique correspondent dans d'autres langues des présents en *-nā-* ou en *-nu-*; c'est ainsi qu'on a *glenn-* « avaler » (< **gln̥d-*) en face de véd. *gr̥ṇā́ti; brenn-* (< **br̥nd-*) en face de got. *brinnan* (ou *-nn-* < *-nu-*); *srenn-* (< **sr̥nd-*) en face de lat. *sternuō-*, gr. πτάρνυμι. Dans ces trois exemples, c'est sur une racine développée que le celtique a formé son présent à infixe nasal; et comme la nouvelle racine (**gled-, *bred-, *sred-*) était terminée par une occlusive, ceci entraînait l'emploi de l'infixe, en face des formations en *-nu-* ou en *-nā-* des autres langues.

Ces exemples sont significatifs à plusieurs égards. D'une part, ils prouvent que la formation à nasale est encore vivante en celtique ; d'autre part, ils nous mettent en garde contre la tentation qu'on pourrait avoir de considérer comme anciens tous les thèmes celtiques qui trouvent des correspondants dans d'autres langues. La divergence entre *brenn-, glenn-, srenn-* et les thèmes à nasale sanskrits, germaniques ou latins correspondants éclate, du fait que l'adjonction à la racine d'un élargissement dental entraînait l'adoption d'une forme spéciale de l'affixe; au cas où le celtique aurait formé son présent à nasale sur la racine sans élargissement que, dans un cas, il atteste par ailleurs (*gel-* « manger, brouter »), il y aurait eu coïncidence avec les présents attestés dans d'autres langues, et l'on aurait pu conclure à l'ancienneté d'un thème, dont rien n'aurait trahi le caractère récent. Rien ne nous prouve donc que, dans tel cas où il paraît y avoir correspondance entre les formes celtiques et telles autres formes attestées dans d'autres langues indo-européennes, il n'y a pas simplement coïncidence.

On peut se demander quel est cet élargissement *-d-*, commun aux trois thèmes *brenn-, glenn-, srenn-*. Il peut représenter ind.-eur. *-d-* ou *-dh-*. Faut-il croire qu'il s'agit du suffixe *-dh* $^{e}/_{o}$- que nous trouverons alternant (ou cumulé ?) avec le suffixe nasal dans *folln-* : got. *walda*, v. sl *vladǫ* ? L'analogie d'aspect que présentent entre elles ces formations (cf. Chantraine, *Mél. Vendryes*, p. 93 sq.) donne de la vraisemblance à l'hypothèse de leur cumul.

Un très petit nombre de thèmes n'ont aucun correspondant en dehors du celtique :

dlong- (v. norr. *telgia*). Cette racine étant peu attestée en dehors du celtique, il n'y a rien d'étonnant à ce que le thème à nasale ne se retrouve pas ailleurs qu'en irlandais.

rond- « faire rougir », est évidemment une formation secondaire, qui doit son origne à des causes d'ordre sémantique (cf. p. 188).

mecc-, enfin, est un de ces thèmes d'interprétation peu sûre, dont on ne sait s'il faut y voir des thèmes à infixe nasal ou des formations expressives. Le fait que, en tant que présent à nasale, il n'aurait pas de correspondant en dehors du celtique ferait pencher pour la seconde hypothèse.

Le nombre de thèmes qui paraissent d'un type secondaire est donc restreint en comparaison des thèmes qui semblent anciens. Parmi ces derniers un petit nombre prêtent à un rapprochement instructif avec des formes grecques correspondantes.

Nous avons, en face de *bond-*, gr. πυνθάνομαι (πεύθομαι) ; en face de *toc-*, sans doute, gr. τυγχάνει (τεύχει) ; en face de *long-* « avaler », gr. λυγγάνομαι ; en face de *ding-* gr. θιγγάνω ; en face de *léic*, gr. λιμπάνω ; peut-être même (mais sous toutes réserves) en face de *gat-* gr. χανδάνω. Dans tous ces exemples le rapprochement avec le celtique invite à voir, dans les formes grecques, d'anciens thèmes à infixe, secondairement développés à l'aide du suffixe. On a déjà proposé d'interpréter πυνθάνομαι, en partant d'un plus ancien *πυνθ-/*πυνθ $^{e}/_{o}$- (Vendryes, Ἀντίδωρον, p. 265). On est de même tenté de poser les thèmes anciens *τυγχ $^{e}/_{o}$-, *λυγγ $^{e}/_{o}$-, *θιγγ $^{e}/_{o}$-, *λιμπ $^{e}/_{o}$-, peut-être *χανδ ᵉ/ₒ-à l'origine de θιγγάνω, etc. Le grec ne nous serait donc attesté ici que sous un aspect beaucoup plus évolué que le celtique.

Par opposition à une petite série de formes latines, le celtique paraît, par ailleurs, conserver une indication précieuse quant à un état de choses archaïque. Nous avons été amené à voir, dans l'opposition d'irl. *sluc-*, gall. *llynku*, etc. (p. 21), d'une part, irl. *long-* (cf. gall. *llewa*), d'autre part (p. 10), une alternance ancienne entre sourde et sonore à la finale d'un thème à infixe *(*s*)*lŭn k/g-*. Peut-être le rapprochement d'irl. *gat-*, avec gall. *genni* (p. 19) indique-t-il une alternance analogue. Si l'on rapproche de ces faits les couples latins *pandō : pateō ; pangō : paciscor ; ēmungō : mūcus*, on est amené à penser que le celtique nous conserve ici la trace d'un flottement ancien dans la finale du thème à nasale infixée, flottement que le latin a fait disparaître en adoptant la forme sonore de l'occlusive finale. Le présent à infixe nasal étant, à l'origine, athématique devait présenter des phénomènes d'alternance consonantique, dûs à des assimilations analogues à celles qu'on a dans skr. *yunájmi*, mais *yunákti*. Le celtique présente dans une opposition comme *long- : sluc-* le résultat de généralisations en sens inverse, qui conservant, dans un thème, seulement la forme sonore de l'occlusive, dans l'autre, seulement la forme sourde, nous permettent de restituer l'alternance primitive que le latin ne laisse plus soupçonner

CHAPITRE III

THÈMES A SUFFIXE NASAL

I. Thèmes a suffixe nasal de position *-a-*.

Ce type continue le type indo-européen en *-nā-/-nə-* (cf. irl. *crenim,* véd. *krīṇāmi,* etc.), mais, comme le type à infixe, il a éliminé l'alternance vocalique de l'affixe en généralisant le degré du pluriel; c'est un suffixe **-nă-* < **-nə-* que supposent les formes celtiques (cf. p. 52).

En celtique, comme en indo-européen, le suffixe nasal est normalement réservé aux racines terminées par sonante ou voyelle. Nous verrons cependant quelques exemples d'extensions secondaires.

α. Verbes dont la racine se termine par sonante ou voyelle.

Ces verbes nous fournissent une série de thèmes terminés en *-en-,* composée d'éléments hétéroclites au point de vue indo-européen (*-ĕ-* y représente ou **-ĕ-* ou **-ĭ-* ou le développement de **-r̥-*, **-l̥-* ; cf. p. 6) mais dont l'unité, au point de vue irlandais, est nette.

Thèmes en -en-.

ben- « couper » (prét. *-bi*), v. bret. *etbinam* « lanio », bret. m. *benaff* « je coupe ». La formation à nasale ne se retrouve pour cette racine que dans lat. *perfines : perfringas,* Festus, 244 Th. d. P. Pour les formes sans nasale de même racine (v. sl. *biti* « frapper », etc.) cf. Pedersen, I, 24, II, 463, Thurneysen, *KZ,* 31, 84. Cette racine paraît dissyllabique, sans qu'on puisse en déterminer la forme exacte (cf. Meillet, *Mél. Vendryes*, p. 281).

fen- (fut. pass. *adfether*) ne se rencontre que composé avec *aith-*, au sens de « récompenser », ou avec *imb-*, au sens de « entourer ». Le sens premier paraît être « tourner ». La racine en est largement attestée sur tout le domaine indo-européen : lat. *uieō*, skr. *váyati*, *vyáyati*, v. sl. *vьjǫ*, *viti*, lit. *vejù*, *výti*, etc. En revanche le présent à nasale n'est pas attesté pour cette racine en dehors du celtique (sans doute faut-il séparer got. *biwindan*, etc., cf. Walde, *s. v. vieo*).

Ces deux thèmes (*ben-* et *fen-*) ont servi de point de départ analogique à la formation du thème secondaire **ben-* « devenir ».

ben- « devenir » est attesté au simple (cf. Pedersen, II, 334, note) mais s'emploie d'ordinaire en composition (cf. p. 158). Il se rattache, quoique indirectement, à la racine **bhewə-* « croître, devenir ».

Cette racine, s'est, en celtique comme en d'autres langues (sanskrit, latin), associée au paradigme du verbe d'existence, auquel elle fournit, entre autres, un thème **bhwī-*, présent d'habitude en irlandais et en breton, futur en gallois et en cornique. C'est apparemment sur ce thème que s'est formé le présent à nasale.

Un thème à nasale formé sur la racine **bhewə-* aurait été de forme **bhŭna-* > **bon-*. Au contraire dans les formes irlandaises du thème *bhwī-* (sg. 1, *bíuu*, sg. 3. *biid*, *-bi*, etc.) la sonante *-w-* était disparue et l'*-ī-* paraissait faire partie de la racine.

Par ailleurs le paradigme des thèmes de la racine **bhewə-* était analogue à celui des thèmes temporaux correspondants à *ben-* « couper ». En face de subj. sg. 3. *fo-m-bia*, *are n-*, *indur-be*, pl. 3. *co-etirdi-bet*, fut. sg. 3 *bith-us* (avec pronom suffixe), cond. sg. 3. *no-biad*, de *ben-* « couper », on a subj. sg. 3 *-bé*, pl. 3. *-bet*, fut. sg. 3. *bieid*, cond. sg. 3. *biad*, de **bhewə-* « devenir ». Ces formes fournissaient le point de départ de l'analogie qui a amené la création d'un thème *ben-* « devenir ».

Le thème *fen-* « tourner » a dû faciliter encore l'extension analogique, par sa parenté sémantique avec les formes de **bhewə-* « devenir » (Cf. allemand *werden*, etc.).

Nous verrons quelles raisons sémantiques ont pu amener la création de *ben-* « devenir ».

cren- « acheter » (subj. *-cria*), gall. *prynu*, corn. *prene*, *perne*, bret. *perna* répond exactement à véd. *krīṇāti* « il achète », v. russe *krĭnuti* « acheter » ; gr. ἐπριάμην, lit. *krieno* « prix d'achat de la fiancée » (cf. irl. *tindscra*, même sens) attestent le caractère dissyllabique de la racine.

ren- « vendre » (subj. *-ria*), est sémantiquement associé à *cren-* « acheter ». Il représente un thème **pr̥na-* qu'on retrouve, avec un degré radical différent, dans gr. πέρνημι (à côté de πιπράσκω, où on a le suffixe *-*sk^e/_o-* comme dans lit. *perkù*, cf. p. 203). La racine est dissyllabique, et la seconde syllabe en est de timbre *-ā-*, comme le prouve gr. ἐπράθην, πρᾶσις, etc.

glen- « adhérer à » (subj. sg. 1 *-gléu*), gall. *glynu*, *canlyn* « suivre », m. bret. *en-glenaff* : la formation à nasale se retrouve dans v. h. all. *chlenan* « se coller », v. isl. *klīna* « enduire ». Une forme développée de la même racine, qu'on a dans v. h. all. *klëbēn* « adhérer à », etc., s'est même donné un nouveau présent à nasale, v. h. all. *klimban*, etc. Le cas est parallèle à ceux signalés p. 23, mais la répartition est inverse puisqu'ici c'est le germanique qui présente la forme développée par opposition au celtique. La même racine se retrouve sans nasale dans lat. *glūs*, lit. *glitùs* « glissant », etc.

len- « suivre » (impf. subj. *-liad*) correspond à skr. *lināti* (gramm.) « il adhère », à gr. λίναμαι, et à lat. *linĕre*, passé à la flexion thématique. On a des présents sans nasale de même racine dans skr. *láyatē*, *līyatē*, lat. *polire*.

Le thème, de flexion en *-ā-*, (*ess-*)*len-* « souiller » qui est, en vieil irlandais, distinct du thème *len-* « suivre », lui est étymologiquement identique (cf. Pedersen, II, 565).

tlen- « enlever » (subj. *-tla*) représente un thème **tl̥na-*, sans doute à rapprocher de lat. *tollō*, *-ĕre*, passé à la flexion thématique (cf. Strachan, *RC.*, 28, 196, et Walde, *s. v. tollo*) et peut-être d'arm. *t'olum* « je laisse ». La racine de type dissyllabique **telə-* a le timbre *-ā-* de la deuxième syllabe, comme le prouve gr. dor. ἔτλᾱν, etc.

Une autre étymologie rapproche irl. *tlen-* d'irl. *sleith* « cohabitation had by stealth with a woman without her knowledge »

(*S. M.*), et de la famille d'all. *stehlen* (cf. Pedersen, II, 649). Cette étymologie, outre qu'elle a l'inconvénient de séparer *tlen-* des thèmes à nasale analogues attestés dans d'autres langues, est sémantiquement moins commode, *tlen-* impliquant une idée de « rapt », de « mouvement », qui est absente de *sleith* et d'all. *stehlen*.

Gall. *mynet* « aller », corn. *mones*, *monas* (mais *tre-mene*, attestant un ancien -ĭ- radical), bret. *monet* (mais m. bret. *tremen*, avec -ĭ- radical) supposent un présent de type **mĭna-*. On retrouve le présent à nasale dans v. sl. *minąti* « passer », *minovati*. La racine **mei-* à laquelle se rattache ce présent fournit par ailleurs des présents sans nasale variés : lat. *meāre*, skr. *máyati*, *māpáyati* « il va », tch. *mijeti* « passer », etc.

Nous pensons qu'il faut rattacher à ce groupe lat. *mināri*, dont le sens primitif serait « faire aller (le bétail) » d'où « pousser devant soi, menacer » et le tardif *mināre* « pousser en avant » qui peut être ou ancien ou formé sur *minārī*. On objecte (Walde, *s. v. mino*) que -*nā*- n'est pas un suffixe factitif. Nous verrons cependant que dans quelques thèmes celtiques il revêt une valeur inchoative- factitive (cf. p. 188). Il est possible que *minārī* ait une valeur analogue en latin. En tous cas, en dehors de toute valeur spécifiquement factitive du suffixe -*nā*-, l'existence en latin du verbe *meāre*, de sens absolu, suffirait à expliquer la spécialisation de *minārī* au sens transitif-factitif.

A cette série de thèmes en -*en*- il faut ajouter un thème *men-* « enfoncer, ficher » non attesté en vieil irlandais, où l'on n'a que le participe *tuidmithi* (gl. infixis, *Ml*, 58 a 9) mais qu'on a dans la forme citée par O' Davoren (n° 1511) : *donuidmenar* (cf. Marstrander, p. 11).

Quelques thèmes qui présentent le degré -*ĕ*- radical se classent à part. En ce qui concerne les verbes à infixe, nous avons pu laisser en général de côté la distinction entre degré -*ĕ*- et degré *zéro*, distinction effacée en irlandais. Au contraire, dans les thèmes à suffixe nasal, -*ĕ*- issu de sonante voyelle se développe *après* cette sonante (d'où le type *cren-*) tandis que -*ĕ*- représentant -*ĕ*- ancien se place *avant* la sonante, ce qui donne un thème d'une physionomie tout autre, comme le prouvent les trois exemples suivants : *ell-* « aller », « faire aller », *cell-*

« tourner », *sern-* « étendre, arranger », gall. *sarnu* « to strew, to litter ».

A cette série se rattache sans doute, au point de vue irlandais le thème *sell-* « regarder » gall. *syllu* qui comporte un ancien degré *zéro*.

ell- « aller, mettre en mouvement », alterne avec une autre forme de présent, *-la* (cf. Pedersen, II, 509). Cette alternance définit une racine dissyllabique **elə-*/**lā-*, dont *ell-* est le présent à nasale, représentant un thème **elna-*. En brittonique la même racine ne fournit pas de présent, mais seulement un subjonctif de thème *el-*, supplétif à la racine *ag-* (cf. Pedersen, II, 541): m. gall. subj. prést. sg. 1 *elwyf*, corn. *yllyf;* m. bret. 3 sg. *meay-el*.

En dehors du celtique, le thème *el-* se retrouve, semble-t-il, sous forme monosyllabique dans l'aoriste grec ἐλθεῖν. Si on songe aux rapports du subjonctif celtique avec l'aoriste indo-européen on comprend pourquoi *el-* fournit un subjonctif au brittonique.

Des présents à nasale de la même racine sont attestés par gr. ἐλαύνω et par arm. *elanem, ełanim*.

L'italique ne fournit qu'un thème sans nasale dans le composé *amb-ulāre* (cf. *ex-ul, ex-ilium, proelium*; Vendryes, *BSL*. n° 47, 23).

La racine **elə-* ne fournit donc de présents qu'à l'aide d'un procédé de dérivation (en irlandais le vocalisme de *-la* le désigne comme un ancien aoriste); le latin a recours à un thème en *-ā-*; l'irlandais, le grec, l'arménien emploient le suffixe à nasale, qui sert ici simplement à donner un présent à une racine qui n'en formait pas anciennement; nous verrons que ce type de présent convenait particulièrement bien à une racine d'aspect aoristique.

Le caractère secondaire de cette formation explique le degré *-ĕ-* radical. Au reste **l̥na-* donnant **len-* (comme *(*p*)*r̥na-* donne *ren-*) aurait entraîné une homonymie gênante avec *len-* « suivre » < **lĭna-*.

cell- < **celn-* « tourner », qui n'apparaît qu'en composition, se confond partiellement avec *cel-* « cacher » et le départ est souvent difficile à faire entre les formes de ces deux racines. *cell-* représente un thème **k*ʷ*elna-* de la racine qui donne par ailleurs à l'irlandais l'intensif *clo-* « vaincre » (Pedersen, II, 494), et qu'on retrouve dans lat. *colō*, gr. περιτέλλομαι, skr. *cárati*, etc. Si largement que cette racine soit attestée sur tout le domaine indo-européen, il ne semble pas qu'elle fournisse de présents à nasale en dehors du celtique, comme on pouvait s'y attendre, puisqu'il s'agit d'une racine monosyllabique, où le type en *-na-* ne peut être que secondaire. Ce fait, ainsi que le degré *-ĕ-* radical, semble indiquer que le thème *cell-* est de formation relativement récente.

sern- « étendre » gall. *sarnu* « to strew » confond en un seul trois thèmes (cf. Marstrander, p. 33 sq.) : 1° le correspondant de véd. *str̥ṇā́ti*, *str̥ṇóti*, gr. στόρνυμι, lat. *sternĕre* (*strāuī*) ; 2° un thème à nasale formé sur la racine de lat. *serō* ; 3° le correspondant de véd. *spr̥ṇóti* « il s'empare (en combattant) », apparenté à véd. *spr̥hátí* « studet », etc. Nous renvoyons pour le détail de la démonstration à Marstrander, *loc. cit.*

Dans irl. *sell-* « jeter les yeux sur », gall. *syllu* (infinitif), corn. *sylly*, bret. *sellout* nous avons sans doute un degré *zéro* ancien, si du moins il faut rapprocher ces formes de gr. στιλπνός « brillant ». S'agit-il d'un thème **sĭlna* (en admettant que le -π- du grec soit un élargissement) ou d'un thème **sĭlpna-* (Pedersen, I, 79) ? Phonétiquement, peu importe, le *-p-* devant naturellement disparaître en celtique.

L'analogie de *sell-* où le degré *zéro* ancien paraissait en irlandais un degré *-ĕ-* a dû faciliter l'introduction du degré *-ĕ-* dans des thèmes comme *ell-*, *cell-*, *sern-*.

A côté de ces thèmes ou *-l-*, finale de racine, donne, combiné avec la nasale, l'assimilation normale *-ll-* deux thèmes présentent le groupe *-ln-* non assimilé, au début de la tradition à tout le moins. Cette particularité, jointe à leur vocalisme insolite, les rapproche l'un de l'autre en les isolant des autres thèmes en *-na-* ; il s'agit de *folln-* et *tolln-*.

folln- « regere », présente, déjà dans les gloses du manuscrit de Milan, la graphie *-ll-* (*follaither su*, *Ml.* 82 d 5) en face de la graphie *-ln-* du manuscrit de Wurtzbourg (*i-rrul-folln-astar*, *Wb.* 13 b 29). Le cas est parallèle à celui du dénominatif dont on a, dans *Wb.* la forme *-chomalnadar*, dans *Ml.* la forme *-comallamar*. Dans ce dernier cas nous savons qu'une voyelle est tombée entre *-l-* et *-n-*. Sans doute dans le cas de *folln-* s'agit-il aussi d'un groupe secondaire, mais on ne voit pas quel phonème a pu tomber.

La racine de *folln-* est dissyllabique, comme l'indique irl. *flaith* « royaume » gall. *gwlad* « pays ». On la retrouve dans lat. *ualēre*, got. *waldan* « dominer », lit. *valdýti* « régner », v. sl. *vladǫ* « je gouverne ». Ces dernières formes remontent à un thème **wold-*, où nous retrouvons le vocalisme *-o-* (attesté par le slave) que nous avons dans irl. *folln-*. Qu'il s'agisse des formes germaniques et balto-slaves, d'une part, ou de la forme irlandaise, de l'autre, nous devons donc partir d'une racine **wolə-*, sans doute athématique ; le suffixe nasal a servi en celtique à donner un présent à cette racine, tandis que d'autres langues employait à même fin le suffixe **-dh* $^{e}/_{o}$.

Peut-être (comme le suggère M. Meillet) faut-il voir dans irl. *folln-* un ancien **wol-dh-n-*, où le suffixe nasal serait superposé à l'élargissement (ou au suffixe ?) *-dh-*, attesté en slave, etc. Ceci permettrait d'expliquer le maintien du groupe *-ln-* non assimilé. Nous avons déjà été amenés à conjecturer un cumul de ce genre dans quelques thèmes à infixe (cf. p. 24).

Le thème *tolln-* « plaire à » (subj. *tolathar*) n'est que superficiellement analogue à *folln-*. On trouve, en irlandais, le substantif *tol* « volonté, désir » (cf. *sar-tholach* « libidinosus »). Le rapport sémantique entre *toln-* et *tol* n'apparaît pas tout d'abord. Sans doute les deux formes se rattachent-elles à la racine **telə-* « porter, supporter », où on a le sens moral dans gr. τλῆναι « supporter, souffrir », lit. *tylėti* « se taire », et, en irlandais même, dans *tuil-* « dormir » (cf. p. 189 ; cf. dans un autre sens irl. *tlen-*, lat. *tollō*, etc.). L'adjectif de cette racine signifie « qui supporte » d'où irl. *tláith* « doux », gall. *tlawd* « malheureux » (cf. gr. τάλᾱς). Le nom verbal de cette racine devait, symétriquement, signifier « fait de supporter, d'endurer ». Que, de ce sens, on ait passé au sens de « fait de désirer, désir », c'est ce que fait comprendre le rapport sémantique entre *patior* « je supporte », et fr. mod. « passion ».

Sur *tol* « fait d'endurer », on a formé le présent *tolln-* « faire que quelqu'un endure, supporte, apaiser, trouver grâce devant (le Seigneur) » (cf. p. 189). *toln-* apparaît donc comme un thème à suffixe nasal *dénominatif* et à valeur *facti-*

tive. Il est comparable à *rond-*, factitif de *ruad* (cf. p. 188). Nous verrons que l'analogie se poursuit pour le détail de la sémantique (cf. p. 18).

Un seul thème à suffixe *-na-* est formé sur une racine terminée par une nasale : c'est *damn-* « lier » (distinct de *damn-* « condamner », emprunté de lat. *damnāre*) dont on a l'équivalent exact dans l'homérique δάμνημι; le caractère dissyllabique de la racine et le timbre *-ā-* de la seconde syllabe sont bien attestés : gr. ἀδάμαστος, lat. *domitor*, gr. dor. δμᾱθείς (cf. Marstrander, p. 37).

Un autre thème, également isolé, est formé sur une racine terminée par une voyelle longue : c'est *dén-* « sucer », bret. *dena* « téter ». Nous n'avons pas retrouvé ce présent à nasale en dehors du celtique, quoique la racine dissyllabique **dhē-/*dhə-* présente des formations variées, souvent avec élargissement, dans diverses autres langues indo-européennes : lat. *fēlāre*, got. *daddjan* « sucer », v. sl. *dojiti*, skr. *dháyāmi* « je suce », hom. θῆσθαι, isolé en face de l'aoriste θήσατο. Il s'agit donc d'une de ces racines qui ne fournissent de présents qu'à l'aide de suffixes de dérivation ou d'élargissements variant d'une langue à l'autre, en l'absence d'un présent ancien.

β. *Thèmes dont la racine se termine par une occlusive ou une sifflante.*

Peut-être faudrait-il ranger ici un thème comme **sell-*, s'il représente un ancien **sĭlpna-* (cf. p. 31), un thème comme *folln-*, s'il représente un ancien **woldhna-*. Mais ceci est hypothétique. La seule forme de ce type dont l'interprétation soit sûre est *-fén-(ass-)* « déclarer ».

Ce thème représente un ancien **wĭdna-* dont la formation à suffixe, évidemment secondaire, s'oppose à la formation à infixe, de type indo-européen, qu'on a dans *finn-* (p. 17) < **wind ᵉ/ₒ-*. Notons que, par opposition à *finn-* « apprendre » (*discere*), *fén-* (*ass-*) « faire savoir » (*docēre*) a le sens factitif (cf. p. 72). Cette différenciation sémantique entre les deux thèmes à nasale d'une même racine explique en quelque mesure la formation de *fén-* (*ass-*), comparable sémantiquement au factitif *rond-* (cf. p. 72) et comme lui morphologiquement secondaire.

Dans *bronn-* « nuire à, endommager », le suffixe nasal s'ajoute à un thème à sifflante; sans doute doit-on y voir un ancien **brus-na-* de la racine qu'on retrouve dans gall. *briwaw* « briser, endommager », m. corn. *brew* « brisé ». A côté de ce thème on a un thème d'intensif-causatif *brúi-* < **bhrousī-* (cf. Strachan, *RC.*, 28, 195, Pedersen, II, 478, Marstrander, p. 26 sq.). Cette extension du suffixe *-na-* à un thème à sifflante a son pendant en latin dans *dēgūnō* < *-gusnō*. Mais chacun de ces deux exemples est isolé dans son domaine.

Parmi ces thèmes celtiques en *-na-* nous voyons donc qu'un grand nombre se retrouvent dans d'autres langues indo-européennes (cf. pour le détail, Marstrander, *passim*). Un rapprochement comme celui de *ben-* = lat. *per-fines* ne dépasse pas les limites de l'italo-celtique, mais, comme la racine **bhei-* « battre » est peu attestée en dehors des langues italo-celtiques, il n'y a pas lieu de s'étonner de ne pas retrouver le correspondant de *ben-* sur d'autres domaines. En revanche, pour bon nombre d'autres thèmes, les correspondances semblent indiquer une origine indo-européenne; rappelons *cren-* : véd. *kriṇāti*, v. r. *krĭnuti; ren-* : gr. πέρνημι; *glen-* : v. h. all. *chlenan* (ici cependant la formation ne paraît pas attestée en dehors de l'indo-européen occidental); *len-* : skr. *lināti*, gr. λίναμαι, lat. *linere* (passé au type thématique); *myned* : v. sl. *minǫti*, *minovati*, lat. *mināre; damn-* : hom. δάμνημι. Quant à *sern-*, s'il correspond à véd. *stṛṇāti*, il ne faut pas oublier qu'une autre forme du suffixe nasal est attestée dans véd. *stṛṇōti*; *sern-* peut donc n'être pas ancien, non plus que *stṛṇāti*; au reste *sern-* correspond également à un thème védique en *-neu-* d'autre racine, *spṛṇōti*, qui devait se confondre phonétiquement en celtique avec le représentant de véd. *stṛṇōti*, lat. *sternō*.

En face d'irl. *ell-* on a gr. ἐλαύνω, arm. *elanem, ełanim*; ici donc il n'y a pas coïncidence exacte entre la forme à nasale attestée en celtique et celles qu'on trouve dans d'autres langues; s'agirait-il, ici et là, de développements secondaires? C'est ce que confirmerait par ailleurs le fait que la racine **elə-/*lā-*, qui fournit un aoriste (ἐλάσαι) au grec, un subjonctif (d'origine aoristique) au brittonique, ne fournit que des présents de types secondaires, gr. ἐλάω, lat. *amb-ulāre*, en dehors des présents à nasale cités.

Le cas est plus net encore pour la racine **telə-/*tlā-* qui, en dehors des présents *tlen-*, lat. *tollō*, fournit au grec l'aoriste ἔτλᾶν (sans présent), au latin le parfait *tetuli* (supplétif de *ferō*); ailleurs encore on trouve, en face du présent à nasale isolé du celtique, une diversité de présents comme celle que nous avons signalée à propos de *dén-* (p. 33), ou des formes développées (ou à suffixe **-dh* $^{e}/_{o}$-), comme dans le cas de *folln-* (cf. p. 32).

Dans tous ces exemples il semble que le suffixe nasal ait servi secondairement à fournir un présent à une racine qui n'en avait pas ou n'avait qu'un présent athématique.

Dans des cas comme celui de *ben-* « devenir » (p. 27), *tolln-* « plaire à » (p. 32), *fén-* « faire savoir » (p. 33), *bronn-* « endommager » (p. 34), le thème se décèle dès l'abord comme de formation récente, justifiée probablement par des raisons sémantiques.

Pour quelques thèmes, comme *cell-* et *fen-*, il est également difficile de démontrer ou l'ancienneté, ou le caractère secondaire de la formation.

II. Thèmes a suffixe nasal de position non *-a-*.

Une série de groupes peu nettement définis et dont aucun ne comprend plus d'une demi-douzaine de thèmes; c'est à cela que se réduisent les formations à suffixe nasal du celtique, une fois la formation en *-na-* mise à part. Le départ entre ces différents groupes est parfois difficile à faire : la graphie imparfaite du vieil-irlandais, qui note capricieusement l'infection *-i-* et ne note que l'infection *-u-* prononcée que provoque un *-ū-*, multiplie les formes ambiguës. D'autre part les extensions analogiques ont été promptes à se produire parmi ces thèmes peu nombreux et, au point de vue celtique, anomaux.

Malaisés à distinguer entre eux, ces thèmes tranchent au contraire nettement avec les thèmes en *-na-*, en ce que ces derniers ne présentent jamais la métaphonie radicale.

Parmi les thèmes à suffixe nasal de position autre que *-a-* on peut distinguer trois catégories :

1° Les thèmes du type *crin-*, *gnin-*, qui présentent le suffixe indo-européen **-neu-/*-nu-* ; ils ont éliminé l'alternance vocalique indo-européenne, en généralisant le degré *zéro* du pluriel ; c'est par une forme brève **-nu-* du suffixe que s'expliquent les formes celtiques de ces thèmes. Nous avons vu qu'il en était de même pour les thèmes en **-nā-/*nə-*, dont toute la flexion celtique suppose une forme brève généralisée du suffixe (et cf. p. 52) ;

2° Quelques thèmes semblent comporter un suffixe *-*n ᵉ/ₒ-*. Nous avons donc ici un véritable *suffixe* à nasale, par opposition aux affixes *-*na-* et *-*nu-*, qui, suffixes au point de vue celtique, sont infixes au point de vue indo-européen ;

3° Enfin on trouve ailleurs, avec un suffixe nasal, une flexion analogue à celle des thèmes en *-*y ᵉ/ₒ-*, sans qu'on puisse préciser la forme exacte du suffixe, au reste de type secondaire.

*α. Thèmes à suffixe -*nu-.*

Ces thèmes se reconnaissent, théoriquement, à ce qu'ils présentent la métaphonie radicale dans toute la flexion, mais sans infection *-i-*.

-crin- (subj. impf. pl. 3 *-crietis*) n'est attesté que dans la forme composée *arachrin-* « disparaître » ; au thème en *-nu-* celtique correspond en sanskrit le thème en *-nā-* *çr̥ṇā́ti* « il endommage ». (cf. Marstrander, p. 1). L'opposition entre le sens transitif du thème sanskrit et le sens absolu du thème irlandais tient à l'insertion devant ce dernier d'un pronom infixe de sens réfléchi (cf. Pedersen, *KZ.*, XXXV, 406 sq.).

Le thème *-crin-* se distingue du thème *cren-* (p. 28) non seulement par sa métaphonie radicale mais par le fait qu'il n'apparaît que dans la combinaison *arachrin-*. Ceci est important car, tandis que la métaphonie radicale ne différencie que le thème de présent des deux verbes, la composition prévenait toute confusion même en dehors du thème de présent. L'homonymie des formes de *cren-* et de *crin-* en dehors du thème de présent (cf. Marstrander, p. 42-43) est donc plus formelle que réelle. Grâce au développement considérable de la composition verbale. c'est le cas de la plupart des homonymies qu'on peut constater dans le verbe irlandais.

gnin- « savoir, apprendre », de la racine **genə-*, a pour correspondant indo-iranien un thème skr. *jānāti*, av. *zānənti*; la formation à nasale se retrouve en germanique, dans got. *kunnan* « pouvoir », *kannjan* « faire connaître », etc. Ici encore il n'y a pas coïncidence exacte entre les thèmes à nasale attestés en divers domaines. On a, pour cette racine, le suffixe -**sk* $^{e}/_{o}$-, sémantiquement équivalent à l'affixe nasal (cf. p. 202), dans lat. *nōscō*, gr. γνώσκω, γιγνώσκω. Pour l'explication du degré vocalique peu clair de ce thème, cf. Marstrander, p. 19 sq.

lin- « déborder », gall. *llenwi* « to fill, to flow in », corn. *lenwel*, sans doute v. bret. *linisant* « ils lavèrent » (les formes nominales de cette racine ont généralisé la nasale en brittonique mais non en gaélique : gall. *llanw* « flot », mais irl. *lie* « crue »); *lin-* est le représentant phonétique régulier d'un thème **pl̥nu-*, comparable à arm. *hetum* « je verse » ; ce thème se rattache à la racine de lat. *pluit*, racine signifiant « verser à flot », distincte de la racine homonyme **pelə-* « emplir », qu'on a dans lat. *plēre*, skr. *píparti*, irl. *lán* « plein », etc., ainsi que dans divers présents à nasale : skr. *pr̥ṇāti, pr̥ṇáti*, hom. πιμπλάνεται (cf. Meillet, *MSL.*, XIX, 178-180). La racine signifiant « emplir » ne paraît pas présenter l'élargissement -*u̯*-, bien attesté dans la racine signifiant « verser ». Skr. *pr̥ṇóti* est, s'il faut en croire la grammaire de Whitney, un ἅπαξ.

Si irl. *lin-* exprime l'idée de « verser » et non d' « emplir », en revanche gall. *llenwi* cumule les deux sens. Il semble que la racine **pelə-* « emplir » ait influé sur le sens de ce thème.

tin- « disparaître », v. bret. *tinsot*, gl. *sparsit*. Ce thème est, en irlandais, passé à la flexion en -*ā*- ; la métaphonie radicale trahit cependant un ancien thème **tī-nu-*, ce que confirme le rapprochement avec gr. φθίν(Ϝ)ει, φθινύθω, véd. *kšiṇóti* « il se consomme, s'évanouit » (cf. Marstrander, p. 14 sq.).

bret. *tinva* « cicatriser » représente un ancien thème **tī-nū-*, homonyme, mais non identique, à celui que nous venons de voir. On retrouve la racine **tew-* (**tewə-*) dans gall. *tyfu* « croître », skr. *tavīti* « il est fort », v. sl. *tyti* « engraisser », lat. *tumēre*, etc., mais il ne semble pas que le présent à nasale se rencontre ailleurs qu'en breton (cf. Pedersen, I, 178).

Nous avons vu, dans le cas de *tin-* « disparaître », un ancien thème en *-nu-* passant à la flexion en *-ā-*. C'est à la flexion en *-ī-* qu'est passé *fill-* « tourner, courber », qui, primitivement, se rattachait au même groupe. La racine est de forme **welu-* (cf. lat. *uoluō*, gr. ἐλύω, got. *walwjan*). Le présent à suffixe **neu-*/**nu-* se retrouve dans skr. *vṛṇōti, ūrṇōti*, et c'est bien ce type de présent que fait présumer la forme de la racine. Le thème **wel-nu-* > *fill-* se rapprochait, par sa métaphonie radicale des thèmes en *-ī-*, dont l'analogie l'a entraîné.

Cette petite série de thèmes représente, plus encore que les deux groupes plus importants que nous avons vus auparavant, quelque chose de tout à fait archaïque. Seul le thème de bret. *tinva* n'a pas de correspondants en dehors du celtique. Tous les autres se retrouvent, pour la plupart, en sanskrit (*tin- : kšiṇōti, fill : vṛṇōti,* même *gnin- : jānāti*, où la forme sanskrite est secondaire, *crin- : çṛṇāti*) et, accessoirement dans d'autres langues : *lin- : helúm,* etc.

β. *Thèmes en -*n $^e/_o$-.*

baill- (3e p. pl. *-ballat*, subj. *-bela*) n'apparait qu'en composition avec *ess-* et avec pronom infixe soit sous la forme *atbaill-* « mourir ». A irl. *baill-* (cf. Vendryes, *RC.* XL, 435 sq.) correspondent en gallois deux thèmes de même sens : 1° un thème **ball-*, qu'on a au simple dans *ballu* « mourir » (*Book of Taliesin*, 57, 11, etc.) et dans divers composés de même sens : *aballu, adfeilio* (cf. Loth, *RC. XXXVIII*, 61), ce dernier sans nasale.

2° Sans doute, un thème à occlusive initiale sourde : dans gall. *pallu* « tomber en faiblesse, mourir ».

On aurait donc, dans irl. *baill-*, un thème **gwal-n-*, qu'on retrouve dans lat. *ualessit* « perierit » (Paul. Fest. p. 577 *Th.*), d'une racine à alternance consonantique initiale **gwel-*/**gwelə-* (**kwel-*/*kwelə-*) signifiant « mourir ». A cette même racine on peut rattacher v. angl. *cwelan* « mourir », *cwellan* « tuer », etc.

Cette racine signifiant « mourir » est sans doute la même qu'on retrouve dans gr. βάλλω, avec le sens de « lancer » (racine dissyllabique *g^{w}*elə-*, cf. hom. βλῆτο). La différenciation sémantique entre « jeter » et « mourir » (litt. « rejeter le souffle ») remonte sans doute à l'indo-européen. Dans irl. *atbaill-*, cependant, le sens de « rejeter » est encore sensible dans certaines expressions (cf. Vendryes, *loc. cit.* et p. 129).

Gall. *crynu*, dans *go-grynu* « trembler », est apparemment un ancien thème en -**n* $^{e}/_{o}$-, répondant à latin *cernere*, gr. κρίνειν. Le thème correspondant n'est pas attesté en irlandais, où il se confondrait avec le thème *cren-* (cf. Marstrander, p. 44). En brittonique, où l'évolution phonétique de la labio-vélaire distinguait *prynu* de *crynu*, le thème s'est conservé, ce qui fournit une bonne confirmation négative au principe d'homonymie gênante.

Le thème *senn-* « jouer (d'un instrument) » (Pedersen, II, 625) soulève des questions étymologiques complexes. On le rapproche d'ordinaire du verbe de même sens lat. *sonāre*, skr. *svánati*, etc. Cette étymologie qui explique bien certains détails de la flexion de *senn-*, laisse cependant sans explication d'autres faits qui valent de ne pas être négligés.

Le thème *senn-* présente une flexion de type radical, comme le prouve l'alternance : prést. sg. 3 *no-d-seinn*, *Wb.* 12 c 46, pl. 3 *du-m-sennat*, *Ml.* 39 c 28. Il s'agirait donc d'un thème **sn̥n* $^{e}/_{o}$- ou **senn* $^{e}/_{o}$-. D'autre part la forme du redoublement du futur (sg. 3 *sifais*, O'Dav. n° 1447) et du prétérit (sg. 3 *du-n-da-sepfainn*, *Ml.* 36 d 17) indique un groupe initial ancien **sv-* : soit un thème **sven-n* $^{e}/_{o}$ qui s'explique bien comme une formation à suffixe nasal thématique de la racine **swen-* « sonner » qu'on retrouve sans suffixe dans l'abstrait verbal *senim*.

D'autres formes, cependant, viennent contredire cette hypothèse ; on a, *Thes.* I. 4. 33, une 3e p. pl. d'imparfait *nó-senditís*, avec un groupe *-nd-* embarrassant. Faut-il penser qu'ici *-nd-* n'est qu'une graphie de *-nn-* ancien ? Ce genre de confusions, fréquent en moyen-irlandais, n'est guère admissible dans les gloses du manuscrit de Southampton (*Codex Psalterii Hamptoniensis*, cf. *Thes.* I, XIV), quoiqu'on ait pu contester l'archaïsme de quelques détails de ce texte. Une forme comme

-*senditis*, même isolée, demande donc à être expliquée. Un fait d'un autre ordre vient la confirmer.

Le subjontif correspondant au thème de présent *senn-* est : 1re p. sg. *dusésa* (= -*sés sa*) *Ml.* 61 c 16, imparf. *dusésainn*, *Ml.* 41 c 5 ; le futur est : 3 p. sg. *sifais*, O'Dav. No. 1447. La flexion de ces thèmes est donc sigmatique. Or, on sait que le subjonctif et le futur sigmatiques sont normalement formés en irlandais sur des racines terminées par gutturale ou dentale ; c'est ainsi que les thèmes à infixe nasal, de type *grenn-* présentent des subjonctifs comme (3. pl. imparf.) *ingriastais*, tandis qu'un thème de présent en -*$n^{e}/_{o}$ comme *atbaill-* dont la racine se termine par une sonante forme un subjonctif en -*ā-* : (3e p. sg.) *atbela* (cf. p. 55).

La forme isolée *no-senditis*, d'une part, la flexion sigmatique du futur et du subjonctif, d'autre part, amènent donc à poser un thème **send* $^{e}/_{o}$- qui se laisse interpréter comme un présent à infixe nasal de la racine **sed-* « poser, asseoir ».

Ce thème **send* $^{e}/_{o}$- trouve sa place dans la série des thèmes de même racine attestés en irlandais : *said-* « se tenir, être placé » (Pedersen, II, 604), *sáid-* « placer, ficher » (II, 605), *suid-* (*ad-*) « tenir, retenir » (II, 625) ; il se situe par rapport à ceux-ci comme *long-* « supporter » (où le degré -*o-* est secondaire) par rapport à *laig-* « se coucher », *luig-* (seulement en composition) « coucher ». Le thème **send* $^{e}/_{o}$- correspond à v. sl. *sędǫ, sěsti* « s'asseoir », comme *long-* (degré radical à part) correspond à v. sl. *lęgǫ, lešti* « se coucher ».

Quel peut être le sens de ce thème **send* $^{e}/_{o}$- que des raisons morphologiques nous ont amené à restituer ?

Les formes causatives de la racine **sed-* expriment en irlandais l'idée de « ficher (en terre) » (cf. *sáid-* « stecken », Pedersen, II, 605), de « retenir, maintenir » (cf. *ad-suid-* « festhalten », Pedersen, II, 637-8). Un thème non-causatif (mais d'aspect déterminé) **send* $^{e}/_{o}$- exprimerait la même idée au sens absolu : « s'attacher à, tenir à (quelque chose) », de là il pourrait aisément passer au sens de « suivre ». Le rapport entre les deux sens apparait si on rapproche irl. *len-* « suivre » du correspondant latin *linere, linīre* « enduire ». Or ce dernier sens « suivre » est précisément celui du composé *to-senn-*, qui glose fréquemment lat. *persequī* : cf. *Ml.* 41 d 10 : *inní duseinned*, gl. persequentem.

Sans doute faut-il donc distinguer dans irl. *senn-* « sonāre », *to-senn-* « suivre », deux thèmes anciens, plus ou moins confondus : un thème à suffixe -*$n^e/_o$, de la racine **swen-*, un thème à infixe nasal, de la racine **sed-*. Des analogies phonétiques et sémantiques favorisaient la confusion de ces deux thèmes. D'une part, le groupe *-nd-* tendait, dès la fin de la période du vieil-irlandais, à s'assimiler en *-nn-* (cf. p. 16, Pedersen, *Aspir. i Irsk*, p. 110 sq.) ; l'assimilation apparaît, dès le début de la tradition, dans quelques proclitiques. D'autre part un thème qui signifiait « donner un signal » (c'est le sens premier de **swenn* $^e/_o$-) a pu, dans la langue militaire, avoir par lui-même le sens de « poursuivre, se mettre à la poursuite » et coïncider ainsi partiellement avec **send* $^e/_o$ « s'attacher à, poursuivre ».

Peut-être doit-on voir un présent en *-*n* $^e/_o$- dans *afameinn* (Pedersen, II, 450). La seconde partie de cette forme obscure peut s'expliquer par un thème **men-n* $^e/_o$-, de la racine *men-* « penser », qui fournit par ailleurs à l'irlandais les thèmes *muin-* (*domuiniur* « je crois, je pense ») et *múin-* « enseigner ». Le thème à suffixe nasal de cette racine se retrouve en brittonique dans gall. *mynnu* « vouloir », *go-fyn* (prést. *go-fynnaf*) « désirer », corn. *mynnes, mynnas*, m. bret. *mennat* ; en dehors du celtique, on peut comparer v. sl. *pomęnǫti*.

D'autres thèmes ont introduit la mouillure dans tout le paradigme, si bien qu'on ne peut que conjecturer la forme ancienne du suffixe ; cf. gr. κλίνω, φαίνω, etc. (Brugmann, *Gr. Gramm*, p. 349), lat. *linīre* à côté de *linere*, etc., où l'on retrouve un élargissement analogue du présent à nasale par un suffixe -**y* $^e/_o$-.

mairn- « trahir » (subj. *mera*) répond à hom. μάρναμαι, skr. *mṛṇāti*, et se rattache à la racine de lat. *morior*, gr. ἄμβροτος, etc. ; étant donnée, cependant, la forme de la racine **mer-* (monosyllabique), il ne semble pas que le présent en *-nā-* puisse en être ancien ; *mairn-* se présente, en irlandais, comme un thème en -**ny* $^e/_o$- (3ᵉ p. plur. *mairnet*, etc., cf. Marstrander, p. 36).

A irl. *cluin-* (subj. *cloathar*) « entendre », où le suffixe nasal est également de position *-i-* (*rocluiniur*, *rocluinethar*, *rocluinetar*) correspond en indo-iranien un thème en -**neu-*/-**nu-* skr. *çṛṇōti*, av. *surunaoiti*. Dans les deux domaines, il s'agit sans doute d'un présent de formation secondaire, la racine **kleu*- n'ayant pas de présent ancien (cf. Thurneysen, *KZ*, LI, 58, Marstrander, p. 19), mais fournissant seulement un aoriste indo-européen (gr. ἔκλυον, arm. *luaj*). Le présent à nasale ne se retrouve pas en brittonique (gall. *clywaf*).

Peut-être gall. *gallaf* « je puis » et les formes bretonnes et corniques correspondantes représentent-ils un thème analogue à irl. *baill-* : présent à suffixe -**n* $^{e}/_{o}$- de la racine qu'on retrouve sans nasale dans lit. *galéti* « pouvoir », arm. aor. *kalay*, cf. irl. *gal* « vaillance ». En tous cas, ce thème est passé en brittonique à la flexion en *-ī-*, comme le prouve la 3ᵉ p. sg. gall. *geill* « il peut », m. bret. *guell*, corn. *gyll*, d'un ancien **galīt*.

Dans m. irl. *smuain-* « penser, s'aviser de », il semble qu'on ait un thème **smeudny* $^{e}/_{o}$-, peut-être à rapprocher de gr. μῦθος, got. *gamaudjan*. Le caractère secondaire du suffixe apparaît du fait qu'il s'ajoute à une racine terminée par occlusive.

A côté des thèmes à infixe et à suffixe nasal, le celtique présente-t-il des thèmes cumulant l'infixe et un suffixe, comme on les trouve, par exemple, cumulés dans gr. λαμβάνω, etc. (cf. p. 24)? Du moment qu'on écarte l'hypothèse qui explique les thèmes de type *brenn-* (p. 14) par un cumul de ce genre, le seul exemple qu'on en puisse relever est v. gall. *dissuncgnetic* « exanclata », à côté de gall. *sugno* « sucer », mot. bret. *sunaff* (de *sugnaff*), d'une part, de lit. *sunkiù sùnkti*, d'autre part; cf. les formations sans nasale, irl. *súgim* « je suce », lat. *sūgō*, etc. Faut-il voir dans *dissuncgnetic* une forme à double affixe dont *sugno*, etc. présenterait une dissimilation (Pedersen, I, 483)? C'est possible et, étant donné l'état très évolué des langues brittoniques, ceci ne prouverait guère quant à l'existence de thèmes analogues en celtique commun. Sans doute, au reste, faut-il voir plutôt dans le groupe *-ncg* une tentative pour noter dans la graphie le timbre nasalisé de l'occlusive gutturale devant nasale. Le gallois moderne note *-ng-* la nasale gutturale -ŋ- : *-neg-* peut représenter ici un son analogue, mais où l'occlusion était encore sentie, son résultant de la demi-assimilation de l'occlusive à la nasale suivante ; *dissunegnetic* = **dissuŋnetic* présenterait donc le même groupe qu'on a dans *sugno*, et toutes les formes de cette série seraient à classer avec irl. *fén-* (p. 33) *smuain-* (p. 42) comme présentant l'adjonction d'un suffixe nasal à une racine terminée par occlusive.

On voit que les thèmes à affixe nasal du celtique présentent, dans l'ensemble, un caractère d'ancienneté frappant. La plupart d'entre eux trouvent des correspondants dans les autres langues indo-européennes, beaucoup en védique ou en grec. Quelques thèmes plus récents attestent cependant que les formations à nasale avaient encore une certaine vitalité en celtique. Des différents types que connaissait l'indo-européen, deux se sont, non seulement largement conservés, mais même, dans une petite mesure, développés en celtique.

1° *Type à infixe* (skr. *yuñjáti*). Dans le cas de *brenn-*, *glenn-* « manger », *srenn-*, l'irlandais répond aux thèmes en -**nā*- ou en -**neu-* des autres langues par un thème à infixe, formé sur une racine élargie, non attestée en dehors du celtique (cf. p. 13). Le thème *rond-* indique, par ailleurs, une tendance à employer l'infixe nasal pour former des présents *inchoatifs-factitifs* (cf. les inchoatifs-intransitifs à suffixe nasal du germanique).

2° *Le suffixe nasal de position -a-* (-**na-*/**nə-*) fournit au celtique quelques présents de racines qui n'avaient sans doute pas de présent ancien (*dén-*, *tlen-*, peut-être *ell-*) ; il s'étend par ailleurs à des racines terminées par sifflante (*bronn-*) ou par occlusive (*fén-*, peut-être *sell-* et *folln-*). Enfin, il forme un dénominatif-inchoatif *tolln-*.

En revanche le type i. e. -**neu-*/-**nu-* ne s'est pas développé en celtique ; les quelques thèmes qu'on peut y rattacher paraissent anciens. De même le suffixe -**$n^e/_o$*- (sans doute ancien dans gall. *crynu*, gr. κρίνειν) ne paraît pas productif.

Le suffixe nasal de position *-i-* n'est attesté que dans un petit nombre de thèmes ; dans un cas il paraît avoir supplanté un ancien présent en *-nā-* (*mairn-*) : ailleurs il donne un présent à une racine aoristique (*cluin-*) ou à une racine terminée par une occlusive (*smuain-*). En celtique, comme ailleurs, cette formation donne l'impression de quelque chose de récent. C'est, à vrai dire, la seule formation à nasale du celtique qui ne continue pas exactement un type indo-européen ; encore est-elle d'importance presque négligeable. Cette constatation nous fait vivement sentir combien le celtique est, au point de vue qui nous occupe, archaïque, non seulement positivement, en tant qu'il nous conserve des formations anciennes, mais encore, en quelque sorte, négativement, en tant qu'il n'a pas développé de formations nouvelles ayant une importance notable.

CHAPITRE IV

PARADIGME DES VERBES A AFFIXE NASAL EN VIEIL IRLANDAIS

Nous aurons souvent à nous servir de l'expression : « verbes à affixe nasal » ; elle demande explication. A proprement parler il n'y a pas de *verbes* à affixe nasal, mais bien des *présents* à affixe nasal. C'est du moins ainsi que se présentent les choses en indo-européen. En irlandais pourtant le thème de présent se groupe étroitement avec les thèmes modaux ou temporaux qui s'y rattachent, forme avec eux un véritable paradigme. L'unité du groupe verbal ainsi formé se trahit, morphologiquement, par une tendance, déjà sensible en vieil-irlandais, à étendre à tout le verbe la nasale primitivement caractéristique du présent ; elle se trahit, sémantiquement, par l'unité d'*aspect* des divers thèmes, qui tous reflètent, en quelque sorte, l'aspect du présent à nasale affixée (p. 63). Pour désigner cet ensemble de thèmes, groupés autour d'un présent à affixe et participant à l'aspect de ce présent, auquel ils tendent à s'assimiler analogiquement, nous n'hésitons pas à employer le terme de « verbes à affixe », non seulement pour sa commodité, mais parce qu'il donne, mieux qu'un autre, une idée exacte de la façon dont se présente cette formation en irlandais.

C'est l'organisation intérieure de ces verbes en vieil-irlandais, leur groupement en « conjugaisons » véritables, qu'on se propose de décrire sommairement ici. On laissera de côté toute préoccupation comparative. Il serait pourtant intéressant de rechercher, par exemple, dans quelle mesure à côté du présent à affixe, l'irlandais nous conserve un aoriste radical de même racine. Malheureusement, les thèmes verbaux indo-européens ont été si profondément remaniés en celtique qu'on ne peut guère espérer retrouver, dans le hasard des groupements nouveaux, un indice quant aux associations anciennes. On peut signaler, en face du présent à nasale *ben-* un prétérit *-bí,* qui représente peut-être un ancien aoriste radical **-bhit*; encore cette forme peut-elle être interprétée autrement, comme un parfait (**bibe-* > **biue,* cf. *beotar,* Baudiš, *RC,* XL, 114). On sait, par ailleurs, que le prétérit en *-t-* du celtique dérive de l'aoriste radical indo-européen. Le rapport des prétérits *-balt, -mert* (p. 55), *sert* (p. 54) avec les présents *baill-, mairn-, sern-,* est donc comparable au rapport que présente par exemple arm. *elik* (3ᵉ p.) avec *lkanem* « je laisse ». Des indications de ce genre sont intéressantes. Elles sont, en irlandais, isolées. Ceci s'explique par le fait que, dans la plupart des cas, c'est un *parfait* indo-européen que continue le prétérit fort du celtique (Pedersen, II, 376).

Une étude du paradigme des verbes à affixe nasal en celtique se limite forcément à l'irlandais. En brittonique, en effet, toute ancienne opposition de thèmes à l'intérieur du paradigme du verbe est effacée dès le début de la tradition, de sorte que, si l'on peut parler de thèmes brittoniques à affixe nasal, dans la mesure où l'on s'en tient au point de vue étymologique, on se trouve, au point de vue morphologique, en face de verbes à nasale radicale.

En cela, au reste, le brittonique n'a fait que devancer l'évolution du gaélique : si, en vieil-irlandais, la nasale est encore sentie comme élément de formation de présent dans bon nombre de thèmes, d'autres verbes l'ont déjà généralisée à travers tout le paradigme : de même qu'on a en latin, à côté de verbes de type *rumpō, rūpī,* des verbes de type *iungō, iunxī,* on a en vieil-irlandais, à côté de verbes de type *len-* prét. sg. 3 *ro-d-lil,* des verbes de type *lin-* prét. sg. 3, *do-ru-lin*; à mesure qu'on avance dans l'histoire de l'irlandais, le type normalisé empiète davantage sur le type fort, qu'il supplante presque entièrement déjà dans le moyen-irlandais tardif des *Passions und Homilies.* L'histoire de ces verbes serait l'histoire de leur normalisation ou de leur élimination au profit de verbes de types normaux. Sans chercher à faire cette histoire, on se bornera ici à faire ressortir comment en vieil-irlandais, la plupart de nos verbes se groupent en véritables « conjugaisons fortes », quelques-uns cependant restant isolés, et par là même plus exposés aux influences nivellatrices (pour les relevés complets des formes, cf. Pedersen, II, 450 sq.).

1. — Verbes a infixe nasal.

Ici encore il faut distinguer entre les verbes où la nasale se conservait phonétiquement (devant occlusive sonore, cf. p. 8) et ceux où elle était tombée (devant occlusive sourde, cf. p. 18).

α. *Verbes où la nasale est conservée phonétiquement.*

Ces verbes sont : *cing-*, *ding-*, *dring-*, *ling-* (*scend-*, qui étymologiquement a une nasale radicale, s'est associé à cette série); *bong-*, *dlong-*, *long-* « avaler », *long-* « porter », *tong-* ; *brenn-*, *glenn-* « voir », *glenn-* « avaler », *grenn-*, *finn-* ; *bond-* et *rond-*.

ring-, *sreng-* et *srenn-*, n'étant attestés qu'en moyen irlandais, sont inutilisables.

A. — *Thème de présent.*

Au point de vue de la flexion, le présent à nasale infixée est, en irlandais, un présent radical thématique : il en a l'alternance de formes à infection *-i-* et de formes sans infection *-i-* (1 sg., 1 et 3 pl. du présent composé, 1 et 3 pl. du présent simple ne présentent pas l'infection du moins à l'origine. Cf. Pedersen, II, 332); comme lui il a une forme de passif singulier en *-ir* (flexion absolue), *-ar* (flexion conjointe) s'opposant à la terminaison en *-thir*, *-thar*, des présents de conjugaisons faibles.

C'est ainsi qu'on a les troisièmes personnes singulier : *cingid*, *docing; arutaing* (de *ding-*)*; dringid; lingid, doling; aboing; asdloing; foloing* (« il porte »); *loingid* (« il avale »); *astoing; do-n-eprinn* (de *brenn-*), *dogrinn; doglinn; isboind*, en face des troisièmes personnes pluriel : *cengait; fordengat;*

lengtae (relative) ; *longait* (« ils avalent ») ; *folongat* (« ils portent ») ; *natongat; doeprannat* (on a aussi secondairement *toiprinnit*, Stokes, *Goid*², 70) ; *ingrennat; inglennat;* pour *finn-* nous avons vu (p. 17) que ce thème était passé à la flexion des thèmes en *-nu-* (p. 54).

Sont attestées les formes suivantes de passif singulier : *cengair, cengar ; (for)dengar ; (con)bongar ; dlongar ; (for)-tongar ; doglennar* ; *fordiuclannar ; (con)grennar, adbonnar* (impératif) ; *forondar* ; une forme comme *inlongathar* « (un navire) est équipé » se rencontre dans le *Senchus Mór* (IV, 378, 7).

Ces exemples suffisent à déterminer la flexion du présent. Ce présent s'associe ordinairement aux autres thèmes verbaux, de façon à former une conjugaison du type :

Présent radical thématique à nasale infixée.
Subjonctif sigmatique ; *futur* sigmatique.
Prétérit radical à redoublement.

B. — *Thème de subjonctif.*

Les verbes forts irlandais dont la racine est terminée par gutturale ou dentale ont un subjonctif sigmatique (cf. 40). Nous avons vu (p. 8) que tous les thèmes à infixe nasal sont formés sur des racines terminées par dentale ou gutturale. Il en résulte qu'à chacun de ces thèmes correspond normalement un subjonctif sigmatique. Cette rencontre a dû avoir pour effet de fortifier le sentiment de l'unité du groupe, en continuant cette unité en dehors du thème du présent.

Le thème du subjonctif est attesté en vieil irlandais pour les verbes suivants : *cing-* : pass. sg. *ciasair ; ding-* : imparf. sg. 1 *dutsin ; ling-* : sg. 3 absolu *lias ; bong-* : imparf. sg. 3 *cho-ta-bosad si ; long-* « avaler » : sg. 1 conj. *-lus sa* (attesté seulement en moyen irlandais, le vieil irlandais n'attestant qu'un subjonctif en *-a-* de type faible : sg. 2 conj. *ni longe*. Cf. Pedersen, II, 568). *long-* « porter », sg. 1 conj. *fulós ; tong-* : sg. 2 conj. *ni thois ; finn-* : sg. 1 *co fessur ; glenn-* « voir » : sg. 2 conj. *ingléis ; glenn-* « avaler » : pl. 3 *fortamdiucuilsct sa ; grenn-* imparf. pl. 3 *ingriastais* (pour la diphtongue *-iu-* cf. Pedersen, II, 350) ; *bond-* : sg. 2 conj. *atbois ; rond-* : pass. sg. *arna furastar*.

C. — *Thème de futur.*

Au subjonctif sigmatique correspond normalement un futur sigmatique, le plus souvent à redoublement.

Au présent à infixe nasal correspond donc, en même temps qu'un subjonctif sigmatique, un futur sigmatique (pour les formes de ce futur, cf. Pedersen, II, 360 c).

Le thème de futur est attesté en vieil-irlandais pour les verbes suivants : *cing-* : sg. 3 abs. *cichis; ding-* : sg. 2 conj. *arutais siu*; *ling-* : sg. 2 conj. *co tarblais*, cond. sg. 3 *ɔ-ribuilsed* (cette dernière forme peut s'expliquer comme une dissimilation de **libuilsed*; cf. Pedersen, II, 567). *bong-* : sg. 1 *bibhsa; dlong-* : cond. pl. 3, *no-didlastais* (*LU*, 95 a 33); pour *no-s-dedlai*, *Saltair*, 8348, en face de *ro-n-dedail*, *LU*, 47 a 39, cf. Pedersen, II, p. 507 ; *long-* « porter » : sg. 1 conj. *folilus sa; tong-* : sg. 2 conj. *ní tithis; finn-* : sg. 1 *rofessur sa* (l'absence de redoublement est normale dans un thème commençant par *f-*); *glenn-* « avaler » : pass. plur. *fordinguilsiter*.

D. — *Thème de prétérit.*

Au présent à infixe nasal correspond un prétérit radical à redoublement.

Un groupe de verbes, sémantiquement associés, présente cette particularité d'introduire la nasale de formation de présent dans le prétérit de type fort : il s'agit des verbes : *cing-* « faire un pas » ; *dring-* « gravir une marche » ; *ling-* « faire un saut », auxquels il faut ajouter un thème *scind-* « faire un saut » où la nasale est radicale (cf. p. 93).

On a ainsi : *cing-* = prét. sg. 3 *cechaing; dring-* : prét. sg. 3, *drebraing*, *dreblaing* (*Félire*) ; *ling-* : prét. sg. 1 *foroiblang sa*, sg. 2 *foroiblang*, sg. 3 *roleblaing*, etc. (Ces deux verbes présentent en outre un redoublement comportant un *-b-* insolite qui se retrouve aussi dans le futur redoublé de *ling- : cotarblais*, etc.).

A ces formes s'ajoute *scend-* : prét. sg. 3 *rosescaind* (moyen-irlandais ; à côté de ce thème on a un prétérit faible : *scindis*, etc.). Mais ici la nasale est ancienne, *scend-* ayant une nasale radicale.

Dès lors il est probable que l'introduction de la nasale dans le prétérit de *cing-*, etc., est due à la nasale de *sescaing*; les prétérits anciens, de type **cechac*, etc., ont dû subir d'autant plus aisément l'analogie de *sescaing*, que le rapport de sens faisait alterner continuellement les formes de *ling-*, par exemple, avec les formes de *scend-*.

On peut se demander pourquoi l'analogie n'a pas agi en sens inverse, assimilant *sescaing* au type **cechac*, plutôt que **cechac* a *sescaing*. Cela s'explique si on considère que, dans l'ensemble, les verbes à affixe tendaient à généraliser la nasale dans tout le paradigme. Dès lors, de deux procès analogiques également possibles en eux-mêmes, on comprend que celui-là ait prévalu, qui allait dans le sens de l'évolution générale.

L'influence des analogies de sens sur la constitution des groupements sémantiques apparaît plus clairement encore si l'on considère que le thème *ding-*, morphologiquement comparable à *cing-*, a échappé à l'analogie de *scind-*, faute de point de contact sémantique; cf. *ding-*, parf. sg. 2 *forrudedach su*, sg. 3 *didrotig*, etc. (à côté d'un prétérit récent en *-t-* : *arutacht*, *ar-do-utacht*).

Les autres prétérits attestés sont conformes au type radical normal : *bong-* : prét. sg. 3 *con-bobig* (avec assimilation de la voyelle de redoublement au vocalisme radical du présent), *nád chombaig*, etc.; *dlong-* : sg. 3 *ro-s-dedlaig*, *Salt.* 7958; *long-* « porter » : sg. 3 *inlolaig* (O'Dav.; avec assimilation vocalique comme dans *-bobig*); *tong-* : sg. 3 *ducuitich*, *do-ru-thethaig*; *brenn-* : *bebarnatar* (*LL.*, 116 *a* 17); *grenn-* : sg. 2 *inroigrann*, sg. 3 *inroigrainn*; *bond-* : sg. 3 *a-t-bobuid* (même assimilation que plus haut : cf. Pedersen, II, 367, note 1); *rond-* : sg. 3 *fororaid*.

Les thèmes de prétérit correspondant aux présents : *long-* « avaler », *glenn-* « voir », *glenn-* « avaler » ne sont pas anciennement attestés. Au présent *finn-* correspond un prétérito-présent (dérivé d'un ancien parfait) : *rofitir*.

Les thèmes nominaux se rattachant au système des verbes à affixe n'entrent pas dans le cadre de cette esquisse (cf. l'étude approfondie d'une partie de ces thèmes, Marstrander, p. 45) : signalons seulement un cas où un groupement dont nous avons déjà noté les effets dans le paradigme de quelques verbes à infixe (*cing-*, etc., cf. p. 49), se trahit également dans les formations nominales se rattachant à ces verbes : le parallélisme de formation que présentent *céimm* (de *cing-*) *dreimm* (de *dring-*) *leimm* (de *ling-*) *sceimm* (de *scend-*) par opposition, par exemple, à *ertach* (de *ding-*) est à rapprocher du parallélisme de formation que nous avons relevé dans les prétérits de ces quatre thèmes.

β. A côté (et en dehors) de cette « conjugaison forte » des verbes à infixe, se trouve une série de verbes qui ne présentent, dès le début de la tradition, qu'une flexion normalisée : verbes dont la nasale était tombée phonétiquement (*sluc-*, *toc-*, *leic-*, *treic-*, ces deux derniers fléchissant leur présent sur le type en *-ī-*) ; verbe attesté seulement en moyen-irlandais (*sreng-*) ; *imb-fo-long-* qui, assez bizarrement se classe à part des autres composés de *long-* « porter », par l'*-ī-* suffixal de son présent et par sa flexion faible avec généralisation de la nasale.

Ces verbes ont un subjonctif en *-a-*, un futur en *-f-*, un prétérit sigmatique, selon le type normal du verbe faible irlandais : ils généralisent la nasale de formation de présent, là où elle est restée discernable. Ils n'offrent morphologiquement pas d'autre intérêt que de nous montrer, amorcé dès le vieil-irlandais, le début de l'évolution qui amènera peu à peu tous les verbes à infixe au type de flexion faible, au cours de l'histoire du moyen-irlandais.

2. — Verbes a suffixe nasal.

α. *Suffixe de position -a-* (cf. Thurneysen, *KZ*, 31, 83 sq.).

Ceux de ces verbes qui conservent en vieil-irlandais un type de flexion forte et constituent une petite conjugaison sont : *ben-* « couper » (*ben-* « être, devenir », quoique suivant le même type de paradigme, est à part, en tant qu'il fait partie de l'ensemble très complexe des formes du verbe d'existence), *cren-*, *dén-* (dont peu de formes sont attestées), *fen-*, *glen-*, *len-*, *ren-*, *tlen-*; *bronn-*, et *toln-*.

A. — *Thème de présent.*

Les thèmes de ce groupe ont, à travers toute la flexion du présent, une nasale finale de position *-a-*, et n'ont nulle part la métaphonie radicale. Cela les apparente aux thèmes en *-ā-*, avec lesquels ils tendent au reste à se confondre. Ils s'en distinguent cependant en trois points :

1° A la 3e personne conjointe, la nasale, de position *-a-*, n'est suivie d'aucune terminaison (alors que les thèmes en *-ā-* ont une terminaison *-a-*). Ceci prouve que le degré *zéro* du suffixe (**-nə-* > **-nă-*), anciennement limité aux personnes du pluriel, s'est étendu à tout le paradigme du présent (cf. Thurneysen, *l. c.*) : on a ainsi *comben* (de *ben-* « couper »), *for-fen* (de *-ben-* « être »), *imfen, hinglen, doren, dotlean*. On a même *do-n-oirchell*, et *doinscann*, des thèmes *cell-* et *scann-* qui par ailleurs se fléchissent comme les verbes de type faible (cf. p. 54). *Scann-*, même, n'est pas un thème en *-na-*, mais un thème en *-ā-* (p. 98). Cette forme forte y est donc analogique. En revanche on a *ní bronna* du thème *bronn-*, où la nasale est limitée au thème de présent (cf. p. 53). On voit que l'assimilation des thèmes en *-na-* à la conjugaison faible en *-ā-* ne s'est pas faite uniformément, le passage du thème de présent au type en *-ā-* pouvant ou précéder (comme dans le cas de *bronn-*) ou suivre (comme dans le cas de *cell-*) l'extension de la nasale en dehors du thème de présent.

2° Une autre particularité des thèmes en *-na-* est la forme de passif singulier en *-ar*, que nous avons déjà notée dans le type à infixe ; on a ainsi : *benar* (de *ben-* « couper »), *ni-forbanar* (de *ben* « être »), *bronnair* (*SM.*), *adfonar, orcnar, asrenar*, etc.

3° Enfin, la 1re personne sg. conjointe des verbes en *-na-* comporte la terminaison de flexion absolue : *-aim* ; on a ainsi *inarbenim, asfenim*. La forme qu'on attendrait est cependant attestée dans *for fiun* (de *ben* « être »), mais il s'agit là d'un thème qui reste un peu à part du groupe.

A ces thèmes de présent s'associent : un *subjonctif* et un *futur* en *-ā-* ; un *prétérit* radical.

B. — *Thème de subjonctif* (cf. Marstrander, p. 40).

Le subjonctif en *-ā-* d'une racine terminée par une voyelle se confond pour une part de sa flexion avec le subjonctif en *-s-* (cf. Pedersen, II, 351, Rem. 2).

Le subjonctif en *-ā-* est attesté, en vieil-irlandais, en face des thèmes de présent suivants :

ben- « couper » : sg. 3 *fo-m-bia; ben-* « être » : *fris-m-bia; bronn- : robria; cren- : ni cria; ren- : ni ria; glen-* : sg. 1, *coni gléu; len-* : imparf. sg. 3, *no-liad; tlen- : fo-da-ro-thla; toln-* : sg. 3 déponent, *ratholathar* (pour la voyelle de *robria*, cf. Marstrander, p. 26).

C. — *Thème de futur.*

Au subjonctif en *-ā-* répond normalement un futur en *-ā-*; on constate à vrai dire quelques flottements entre la flexion sigmatique et la flexion en *-ā-* (cf. Pedersen, II, 362, Rem. 2). La confusion entre les deux types de futur s'expliquent par le fait qu'ils se confondent phonétiquement au pluriel du futur et du conditionnel, dans les verbes dont la racine se termine par une voyelle.

Sont attestés les thèmes de futur suivants :

ben- « couper » : sg. 3 *bithus*, conj. *dufóbi*; cond. sg. 3 *no-biad; ben-* « être » : *fris-bia*, etc. ; *fen-* : pass. sg. *adfether; glen-* : pl. 3 *giulait*, cond. sg. 3 *nogiulad; len-* : sg. 2 *lile-ssa*, pl. 3 *lilit; ren-* : sg. 1 *asririu sa* (avec une flexion sigmatique), 3 sg. *asriri* (d°), mais passif sing. *asrirther*.

D. — *Thème de prétérit.*

Le thème de prétérit est du type radical à redoublement (pour les questions phonétiques spéciales aux racines à finale vocalique, cf. Pedersen, II, p. 368, Rem. 2); ici encore, cependant, les deux thèmes *ben-* n'ont pas de redoublement, sans doute par analogie avec *fen-*, dont le prétérit (non attesté) ne devait pas comporter de redoublement (cf. p. 49).

Sont attestés les prétérits de : *ben-* « couper » ; sg. 2 *dia-ru-ba*, sg. 3 *bí, ní rú-bai*, pl. 3 *robéotar; ben-* « être » : sg.

d-a-ror-bai; cren- : sg. 1 *duai-r-chér,* sg. 3 *ni ciuir; dén-* : sg. 3 *dith* (le *-th* final est tout ce qui reste de la racine); *glen-* : sg. 3 *ro-giuil; len-* : sg. 3 *ro-d-lil.*

Du verbe *toln-* n'est attesté qu'un prétérit moyen-irlandais de type faible (*RC.*, XI, 446, 65 : *ru-t-tolnastair*).

Ce groupe de verbes se laisse, dans l'ensemble, ramener à une conjugaison uniforme, de type fort. Cependant ici, comme dans le groupe à infixe, un certain nombre de verbes, en avance sur l'évolution générale, présentent dès le début de la tradition une flexion de type faible ; ce sont : *cell-, ell-, sern-,* qui ont, par opposition aux verbes que nous venons de voir, le degré *-e-* radical (cf. p. 29). Ce fait, qui les mettait un peu à part a dû favoriser leur assimilation rapide à la conjugaison faible en *-ā-;* — *(ass)len-* « souiller », qui quoique étymologiquement identique à *len-* « suivre », se différencie ici de ce thème par sa flexion ; — *fén-,* qui est, nous l'avons vu, une formation secondaire (cf. p. 33). — *folln-* enfin.

Ces verbes forment leur subjonctif en *-a-*, leur futur en *-f-*, leur prétérit en *-s-*, et généralisent la nasale à travers tout le paradigme. Il y a cependant quelques flottements : on trouve, de *cell-*, le subjonctif sg. 3 *ara-tairchela* où *-l-* simple paraît s'opposer à *-ll-* < **-ln-* du thème de présent, si du moins il y a là autre chose qu'un flottement de graphie ; *ell-*, d'autre part, atteste un thème de subjonctif *-la,* à côté du thème normalisé qu'on a dans *du-n-ellad.* Enfin *sern-* présente, à côté du prétérit faible pl. 3 *sernsat,* un prétérit fort en *-t- : consert* (*RC.*, XX, 431, 433). On voit que la délimitation entre les verbes de conjugaison forte et les verbes de type faible n'est, à aucun moment, précise.

β. *Verbes à suffixe nasal de position autre que -a-.*

Ici nous ne pouvons plus parler de « conjugaison », même au sens étroit où ce terme était applicable au paradigme des verbes à infixe ou des verbes à suffixe nasal de position *-a-*. A la diversité des formations de présent répond une diversité égale des paradigmes, dans le détail desquels nous ne pouvons pas entrer. Tout au plus peut-on indiquer un ou deux groupes très restreints.

1° *arachrin-, gnin-, cluin-.*

Arachrin- et *gnin-* sont, avec *lin-*, les seuls thèmes conservant la flexion des thèmes en *-nu-*, parallèle à la flexion des thèmes en *-na-* : flexion sans infection *-i-*, 3e personne conjointe sans voyelle finale (ici la métaphonie radicale ne permet pas de constater l'absence d'infection *-i-*) : *ar-a-chrin, itargnin, dolin* ; comme les thèmes en *-na-*, les thèmes en *-nu-* conservent la terminaison de flexion absolue à la 1re p. sg. conjointe (cf. p. 52) : *asagninaim, arachrinim, dolinim*. Contrairement aux thèmes en *-na*, ils ont la terminaison *-thar* (et non *-ar*) au singulier passif : *asagnintar*.

De ces trois thèmes, *lin-* a, par ailleurs, une conjugaison de type faible (cf. p. 56). — En revanche le verbe *cluin-* (qui présente une mouillure généralisée dans tout le thème du présent, cf. Marstrander, p. 19) se conjugue, en dehors du thème de présent, comme les thèmes en *-nu-*. Ces trois thèmes ont en commun un paradigme parallèle à celui des thèmes en *-na-* : subjonctif et futur en *-ā-*, prétérit radical à redoublement.

Subjonctif : cluin- : sg. *ro-dom-cloathar*, etc. ; *-crin-* : imparf. pl. 3 *ar-ind-ro-chrietis* (forme ambiguë) ; *gnin-* : sg. passif, *asagnoither*.

Futur : (partiellement ambiguë, cf. p.) *cluin-* : sg. *ro-t-chechladar* (mais pass. sg. 3 *ɔ-cechlastar*, etc., avec une formation sigmatique, qui n'est pas attestée en dehors du passif) ; *-crin-* : pl. 3 *arachiurat ; gnin-* : pass. sg. *atatgentar su*.

Prétérit : cluin- : sg. 3 *ro-chuale ; crin-* : sg. 3 *araruichiuir ; gnin-* : sg. 3 *adgeuin*.

2° *atbaill-, mairn-*.

Ces deux verbes ne coïncident pas quant à la flexion de leur thème de présent, car, tandis que *atbaill-* se fléchit selon le type radical (*atbaill* mais *atballat*), *mairn-* a généralisé la mouillure dans toute sa flexion, et se fléchit comme un thème en -*$y^e/_o$- (sg. 3 *no-do-mairn*, pl. 3 *mairnit*, cf. Marstrander, p. 36).

En dehors des thèmes de présent, les paradigmes des deux verbes coïncident : subjonctif et futur en *-ā-*, prétérit en *-t-*.

Subjonctif : sg. 3 *atbela*, *no-m-mera*.

Futur : sg. 1 *atbél* ; sg. 2 *ni-m-mera* ; pl. 3 *atbélat*, *nimmerat*.

Prétérit : sg. 3 *at-ru-balt ; ro-d-mert*.

Un autre verbe qui a au thème de présent une flexion de type radical, *seinn-* (sg. 3 *no-d-seinn*, pl. 3 *du-m-sennat*, pass. sg. *frissa-sennar*), se conforme, quant aux autres thèmes, au paradigme des verbes à infixe ; cette flexion hybride s'explique par la confusion des deux racines **sen-* et **sed-* (p. 39) : subjonctif et futur sigmatiques, prétérit radical à redoublement.

Subjonctif : dusésainn (imparf. sg. 1).

Futur : sifais (sg. 3).

Prétérit : sephainn (sg. 3).

lin- et *fill-* (thème en *-ī-*) suivent, semble-t-il, le paradigme des verbes faibles : subjonctif sg. 3. *dolina* ; prétérit sg. 3. *do-ru-lin, in-ru-fill* ; de *tin-* seul le thème de présent est attesté en vieil-irlandais.

Les formations de présent à nasale présentent donc, d'une part, deux types (verbes à infixe et verbes à suffixe de position *-a-*) fléchis chacun selon un paradigme de type fort, commun à un certain nombre de verbes ; d'autre part un petit nombre de verbes isolés représentant les formations à suffixe de position non *-a-* ; parmi ces derniers un trio de verbes à présent en *-nu-* forme un résidu de conjugaison parallèle à la conjugaison des verbes en *-na-*. — Dès le début de la tradition un certain nombre de verbes de chaque groupe est assimilé aux types de conjugaison faible ; pour d'autres l'assimilation n'est encore que partielle. Les verbes qui sont constitués en groupes bien définis et relativement nombreux sont naturellement moins prompts à s'assimiler que ceux qui sont isolés en irlandais.

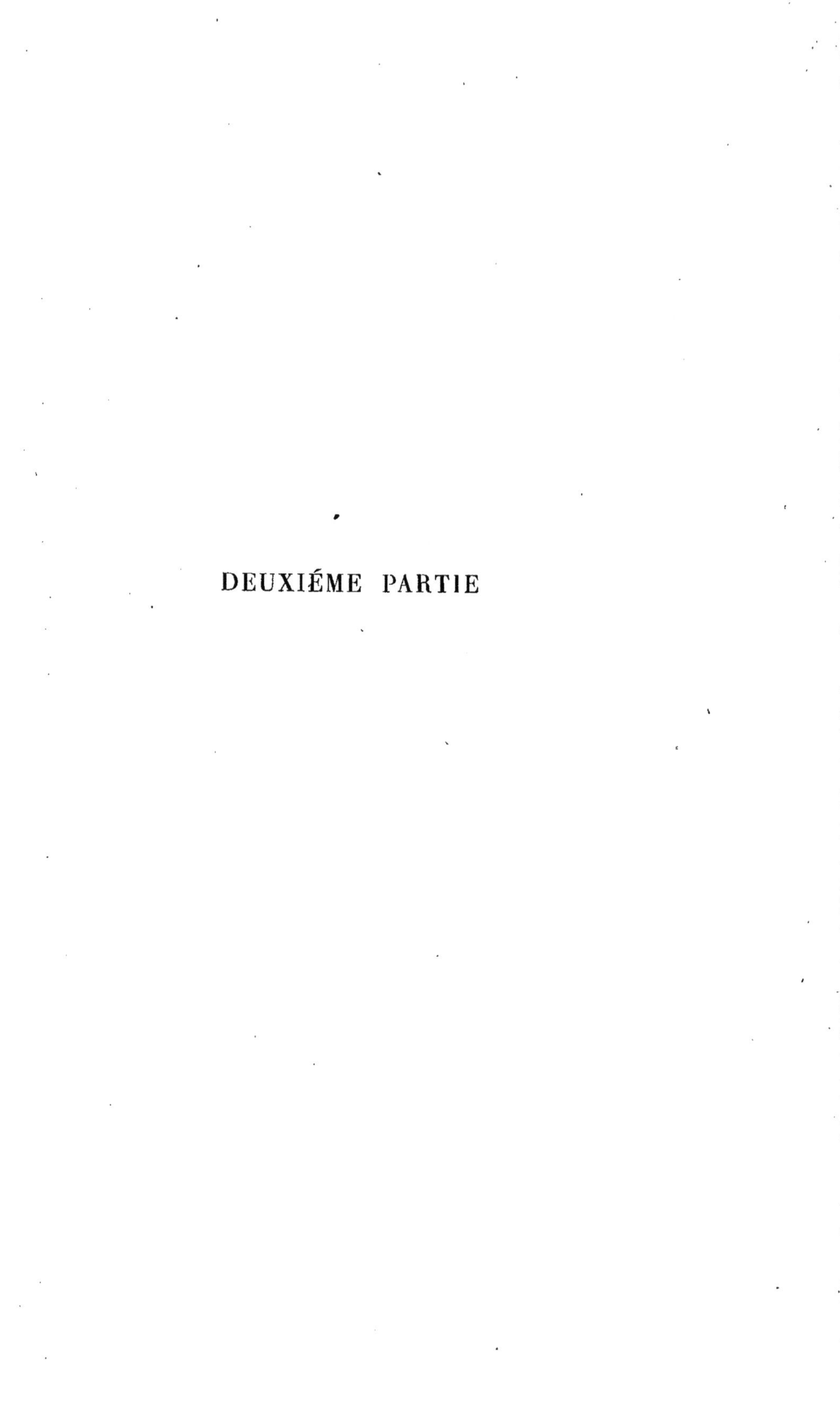

DEUXIÉME PARTIE

CHAPITRE I

GÉNÉRALITÉS

A qui traite des questions aussi complexes, aussi nuancées, que les questions d'aspect, la première tâche qui incombe est d'adopter une terminologie ne laissant pas place à l'ambiguité. Ceci impose la nécessité de définir dès l'abord ; cette nécessité se fait d'autant plus sentir à qui étudie les faits celtiques que les termes en usage sont mieux adaptés à la définition des aspects slaves, sanskrits ou homériques qu'à celle des aspects celtiques. Le fait s'explique par l'histoire de la science linguistique ; il suffit pour obvier à l'inconvénient qui en résulte, de définir le sens dans lequel nous prendrons chaque terme.

Certains termes se comprennent d'eux-mêmes : l'aspect *instantané* est celui de l'action considérée comme limitée à un point idéal de la durée ; l'aspect *duratif*, celui de l'action envisagée comme se développant pendant une durée appréciable ; si cette action durable est envisagée dans un développement indéfini, abstraction faite du point de départ et du terme, elle est d'aspect *indéterminé* ; si au contraire, à la considération du développement de l'action s'ajoute celle d'un point remarquable quelconque de ce développement, que ce point soit initial, final ou intermédiaire, l'aspect est *déterminé*. C'est dans ce sens large que nous prenons ce mot, qui d'ordinaire est employé au sens plus restreint de « qui implique la considération du *terme* de l'action » ; nous employons, dans ce dernier sens, « *terminatif* ». Il importe en effet pour la suite de cette étude d'avoir un moyen de désigner cet aspect qui comprend les aspects *terminatif* (= déterminé par rapport au terme), *inchoa-*

tif (= déterminé par rapport au début), et même, l'aspect, assez rare pour qu'un nom spécial pour le désigner soit inutile, qui détermine l'action par rapport à un point intermédiaire.

Notons que l'aspect *déterminé* peut être *duratif*, mais qu'il peut aussi être *instantané*. L'*instantané* n'est, à vrai dire, qu'une variété du *déterminé*, le « point remarquable » étant ici le point unique à quoi se limite la durée de l'action.

Empruntons un exemple aux verbes de mouvement : nous appellerons *instantanée* l'action de « faire un pas » par opposition à l'action *durative* de « marcher ». L'action de « marcher (dans la rue) » est d'aspect *indéterminé* par opposition à celles de « s'éloigner de, tendre vers, dépasser (en marchant) » qui sont d'aspect *déterminé*.

Nous aurons aussi à parler d'aspect *parfait* (action considérée comme entièrement accomplie et envisagée dans son résultat), mais nous éviterons le terme *perfectif*, excepté par référence à l'aspect slave. Il y a en effet inconvénient à employer un terme qui a un sens précis en slave, à propos de phénomènes foncièrement différents des phénomènes slaves.

Les thèmes de présents à affixe nasal semblent présenter un aspect variable d'une langue indo-européenne à l'autre (cf. Brugmann, *Grundriss*, 2e éd., II, 3, p. 275), « terminativ » en sanskrit et en grec, d'après Delbrück (*Vergl. Synt.*, II, p. 40 sq.) qui prend ce terme au sens large où nous prenons « déterminé » (... « ein Terminus in's Auge gefasst wird, sei dieser nun der Ausgangs- oder der Endspunkt », *op. cit.*, II, p. 15); *perfectifs* ou *imperfectifs-inchoatifs* en slave (d°, II, 127, Meillet, *Slave commun*, p. 245 sq.), *inchoatif-intransitif* en germanique, du moins dans la mesure où le type dénominatif got. *fullnan* « se remplir » (de *fulls* « plein », et s'opposant à *fulljan* « remplir ») continue l'ancien type de présent à nasale affixée (cf. p. 189). En latin plusieurs de ces verbes paraissent être des perfectifs (cf. Barbelenet, *Aspect*, p. 357, 178 *et passim*). En grec une formation se rattachant aux présents à infixe nasal, celle en -*άνω* (comparable à arm. -*anem*) offre un aspect caractérisé, que M. Vendryes définit comme *ponctuel*, en prenant ce terme à peu près dans le sens où nous prenons *déterminé* (Ἀντίδωρον, p. 265 sq.). Nous aurons à revenir sur cette série de faits.

Comment se présentent ces thèmes en celtique ? On ne peut s'appuyer, pour étudier leur valeur, que sur le témoignage du vieil-irlandais et, dans une certaine mesure, du moyen-irlandais. L'état d'évolution linguistique des langues brittoniques ne permet guère d'espérer beaucoup *a priori* de leur témoignage.

L'irlandais, pas plus que le français, ne distingue morphologiquement les différents aspects verbaux. En dehors des verbes qui expriment une action instantanée (*briss-* « briser », *scar-* « séparer », etc.), dont la nature même impose un aspect donné, la plupart des verbes irlandais cumulent et confondent l'aspect indéterminé avec l'aspect déterminé. Par exemple, un thème *can-* « chanter » est indéterminé, *Wi.* 310, 6 : *Arclisti ocus arsenti ocus arcantá and,* « on y faisait des tours, on y jouait des instruments, on y chantait » ; le même est déterminé *Thes.* II, 314, 25 (*Fiacc's Hymn*) : *Ymmuin ocus abcolips na tri cóicait noscanad,* « il chantait (récitait) les hymnes et l'Apocalypse, et les cent cinquante psaumes »; *can-* est donc d'aspect indifférent, aussi bien que franç. « chanter ».

En est-il de même des verbes à nasale? ou bien, là où ils expriment une action durable, l'expriment-ils toujours sous l'aspect déterminé? Telle est la question.

A vrai dire, les conditions paraissent peu favorables au maintien ou au développement de distinctions d'aspect dans le verbe celtique.

L'aspect en effet n'apparaît que dans l'opposition de différentes formes verbales. Or, en irlandais, toute opposition fait le plus souvent défaut ; bien des thèmes à nasale sont isolés dans la langue, les thèmes sans nasale formés sur la même racine n'y ayant pas survécu ; là même où un thème sans nasale est attesté à côté du thème à affixe nasal, la parenté des deux thèmes n'est souvent plus sensible à celui qui parle, et dès lors toute opposition sémantique entre eux est abolie.

Cependant diverses ressources suppléent à l'absence de toute opposition régulière.

Tout d'abord, quelques thèmes à nasale s'opposent en irlandais même à des thèmes sans nasale ; parfois cette opposition, loin d'être méconnue, est systématisée, et nous voyons l'aspect ancien des thèmes à nasale modifié et utilisé dans un système verbal tout différent du système ancien. C'est le cas de *finn-* (p. 75), de *gnin-* (p. 79) et, à un moindre degré, de *cluin-* (p. 90).

Ailleurs l'irlandais a perdu le sentiment de l'opposition entre les deux thèmes : ainsi *cell-* (p. 103) n'est plus associé à *clo-* « assiéger », *glenn-* (p. 138) est indépendant de *gel-* « brouter » ; mais cette opposition, si elle n'est plus sentie comme telle, peut être indirectement décelée par l'influence qu'elle a eue sur l'évolution sémantique des deux thèmes.

Parfois l'irlandais n'atteste plus qu'un thème isolé, mais on peut, en remontant plus haut, compléter l'opposition, le second terme en étant fourni soit par le brittonique, soit même par l'italique. C'est ainsi qu'on a en face de *long-* (p. 137) gall. *llewa*, en face de *fen-* et de *fill-*, lat. *uiēre* et *uoluere* (p. 104 et 105).

Sans prétendre traiter les faits latins en eux-mêmes nous aurons plus d'une fois à les invoquer pour compléter les faits celtiques. Les faits latins et les faits celtiques présentent, avec une évidente parenté de structure générale, peu de coïncidences quant au détail du vocabulaire.

Distincts dans une très large mesure, les deux vocabulaires, italique d'une part, celtique de l'autre, se trahissent pourtant quand on les compare comme provenant d'extraits faits indépendamment d'un vocabulaire plus large ; en cherchant à situer tel thème verbal dans le système d'oppositions qui en déterminait anciennement la valeur, nous verrons plus d'une fois le latin conserver le second terme d'une opposition dont le celtique ne fournit plus qu'un terme ; les deux fragments isolés ont évolué indépendamment de part et d'autre mais leurs valeurs respectives dans chacune des deux langues ne s'expliquent qu'en tenant compte de leur opposition initiale. La parenté des deux vocabulaires apparaît quand on observe non seulement les correspondances mais les faits complémentaires ; les faits latins et les faits celtiques coïncident non comme des calques qui se superposent mais comme des fragments qui concordent.

Même après qu'on a restitué ces oppositions préhistoriques là où elles peuvent l'être, un grand nombre de thèmes demeurent isolés; parmi ceux-ci, plusieurs présentent cependant un aspect très net : ainsi les verbes de mouvement instantané (p. 92). Sans doute plusieurs de ces thèmes faisaient-ils anciennement partie d'oppositions dont le second terme n'est plus attesté. Rien ne prouve cependant que tel ait été le cas de tous. Ce principe, que l'aspect se définit par opposition, s'il est vrai d'une formation dans son ensemble, n'est pas nécessairement vrai de chacun des thèmes de cette formation en particulier. L'analogie des thèmes où l'aspect se définissait par opposition a pu faire créer sur une racine verbale quelconque un thème d'aspect précis, quoique dès l'origine isolé; accessoirement cette même analogie a contribué à maintenir l'aspect de thèmes qui faisaient anciennement partie d'oppositions dont le deuxième terme ne subsiste plus à époque historique.

C'est un caractère général des faits d'aspect en celtique, de se manifester en dehors de toute opposition immédiate. Il y a des verbes déterminés ou des verbes indéterminés en irlandais, comme il y a en indo-européen des racines exprimant l'action pure et simple et des racines exprimant l'action durative, et non pas comme il y a en slave des verbes perfectifs et des verbes imperfectifs.

Nous disons *verbes* déterminés ou indéterminés, et non pas *présents*. Nous venons de voir que les divers thèmes de ces verbes forts ne sont pas morphologiquement indépendants, mais constituent un paradigme unitaire. Nous constatons ici un fait analogue : tandis qu'en indo-européen l'aspect d'un thème de présent n'intéresse que ce thème de présent, en celtique cet aspect s'est étendu à tous les thèmes, modaux ou temporaux, dépendant de ce thème de présent. L'aspect de thèmes autres que le thème de présent ne pose une question particulière que là où ces thèmes correspondent à *deux* thèmes de présent d'aspect divers (ainsi dans le système de *finn-*, p. 76 ou de *gnin-*, p. 81).

Les thèmes à nasale peuvent se répartir en un certain nombre de groupes sémantiques : telle série de verbes exprime des *mouvements*, telle autre des *opérations sensorielles* ou *ntellectuelles*, et de même pour les autres ; ceci permet un classement de ces thèmes en vue d'une étude sémantique. Ce classement est au reste le seul qui convienne à l'extrême complexité des faits celtiques. La variété des nuances d'aspect que présentent les thèmes à nasale aurait pu fournir une base à une répartition de ces thèmes : en effet, si certains verbes conservent un aspect *déterminé* au sens le plus large du terme (action considérée par rapport à un point quelconque de sa durée) d'autres se spécialisent en aspect *inchoatif*, *terminatif* ou *instantané* selon la nature du procès envisagé ou le sens des préverbes composants. Mais ces dictinctions n'ont jamais été systématisées dans la langue.

Cette confusion due à l'absence de tout système d'aspect en celtique, si elle ne simplifie pas l'étude des faits d'aspect, nous garantit du moins que ces faits n'ont pas été faussés en se pliant aux nécessités d'un nouveau système. Ici comme ailleurs les langues celtiques conservent, au milieu d'un état linguistique très évolué, des archaïsmes presque intacts. Quelques changements phonétiques radicaux ont donné de bonne heure aux langues celtiques une apparence moderne, mais l'action révolutionnaire en est assez superficielle. Bien des éléments anciens, extérieurement méconnaissables mais conservant toute leur originalité, ont subsisté à la faveur de l'organisation lâche et très tolérante qui caractérise le verbe vieil-irlandais.

CHAPITRE II

LA COMPOSITION VERBALE ET LES THÈMES DE PRÉSENT A NASALE

Les préverbes ont, dans beaucoup de langues, une influence plus ou moins nette sur l'aspect des verbes avec lesquels ils se composent. En en précisant le sens ils tendent à en déterminer l'aspect. On connaît l'importance de ce phénomène en slave, où un verbe composé non-itératif est, en règle générale, perfectif. Ailleurs on retrouve des faits du même ordre, quoique moins caractérisés (cf. pour le sanskrit, Meitzer, *IF.*, XVI, 319 ; pour le germanique, *IF.*, XXV, 86 ; pour le vieux-perse, Meillet, *Gramm.*, p. 131 sq. ; pour le latin, Barbelenet, *Aspect*, p. 253 sq. et Delbrück, *Vergl. Synt.*, p. 147 sq.). La perfectivation par les préverbes est-elle attestée en celtique ?

Quelques exemples d'opposition entre le simple, d'aspect indéterminé, et un composé d'aspect déterminé peuvent être allégués. Ainsi l'opposition entre *fich-* « combattre », et *di-fich-* « tirer vengeance » (cf. Sommerfelt, *Dē en italo-celtique*, p. 70). De même en face de *do-gniu* « je fais », *gniu* se trouve avec l'aspect indéterminé, au sens de « j'agis » : cf. *Wb.* 21 b 2 : *amal gnís tra crist in iustis... issamlid dano gniith demun in filiis defidentiae*, gl. spiritus qui nunc operatur in filiis defidentiae, « de même que le Christ agit sur les justes, le Démon agit sur les enfants de l'incrédulité ».

gni- a ici, par opposition à *dogni-*, l'aspect de lat. *agere* par opposition à lat. *facere* ; dans bien d'autres passages, au reste, le simple a l'aspect déterminé, comme le composé, au profit duquel il a fini par disparaître (cf. Vendryes, *RC.*, XL, 178).

Les exemples de ce type sont exceptionnels. La composition verbale est en effet si développée en irlandais que les verbes composés, constituant la plus grande partie du vocabulaire, ne sauraient présenter un aspect propre. Si l'on passe en revue les quelque deux cents verbes forts qu'énumère M. Pedersen (*Vergl. Gramm.*, II, p. 450 sq.) on constate que la presque totalité de ces verbes forment des composés, en général nombreux ; que la plupart sont relativement rares au simple ; que 30 pour 100 d'entre eux (une soixantaine) ne s'emploient qu'en composition.

Si l'on cherche, en reprenant cette liste, à préciser comment se comportent les thèmes à nasale au point de vue de la composition, on arrive à un résultat inattendu ; 29 de ces thèmes se trouvent, plus ou moins fréquemment, au simple : *ben-*, *bong-*, *bronn-*, *cing-*, *cren-*, *dén-*, *ding-*, (rarissime au simple), *dlong-*, *dring-*, *fill-*, *foln-*, *gat-* (s'il s'agit vraiment ici d'un ancien thème à nasale), *glen-*, *léic-*, *len-*, *ling-*, *long-* « avaler », *mairn-*, *ren-*, *ring-*, *senn-*, *sern-*, *sluc-*, *sreng-*, *tin-*, *toc-*, *tolln-*, *tong-*, *tréic-* ; 21 se trouvent seulement en composition : *baill-*, *bong-* (alternant avec *beg-*), *bond-*, *brenn-* (dont le prétérit est attesté cependant au simple, *LL.* 116 a 17), *cell-*, *cluin-* (en composition avec *ro-*), *crin-*, *ell-*, *fen-*, *fén-*, *finn-* (en composition avec *ro-*) *glenn-* « voir », *glenn-* « avaler », *gnin-*, *grenn-*, *lin-*, *long-* « supporter », *mecc-* (si du moins il faut y voir un thème à nasale), *rond-*, *tlen-*, *tracc-*.

Peut-être faudrait-il ajouter à cette liste *afameinn*, mais le premier élément en est trop obsur pour qu'on puisse en faire état.

Même sans tenir compte de cet exemple douteux la proportion des verbes employés seulement en composition se monte, dans cette formation, à 42 pour 100, alors que si l'on considère les verbes forts de la liste de M. Pedersen, *à l'exclusion des verbes à nasale*, on constate que les verbes employés seulement en composition ne forment que 25 pour 100 de l'ensemble.

Les verbes à nasale ont donc développé la composition plus largement que ne font les autres verbes forts. C'est le contraire de ce qu'on observe dans d'autres langues où les préverbes jouent un rôle au point de vue de l'aspect : citons seulement un groupe de formes comme gr. οἰδέω « je suis gonflé », ἀνοιδέω « je me gonfle » ; οἰδάνομαι « je me gonfle » (Vendryes, Ἀντίδωρον, p. 271). Il suffit pour faire comprendre que le thème à nasale, étant par lui-même d'aspect déterminé (ici inchoatif), n'a pas besoin de s'adjoindre un préverbe » perfectivant ».

On chercherait en vain des faits de ce genre en vieil-irlandais ; on y trouve des faits exactement inverses : en face de *clō-* « agiter, tourmenter », d'où « vaincre », qu'on trouve au simple, on a *cell-* « faire le tour », seulement en composition. En face de *gel-* « brouter », de *laig-* « se coucher », également attestés au simple, *glenn-* « avaler », *long-* (*imb-fo-*) « supporter », ne sont attestés qu'en composition. Cela s'explique par les caractères généraux de la composition verbale en irlandais. Les préverbes y conservent, en général, une valeur concrète, souvent même locale ou temporelle et ne sont, nous l'avons vu, pour ainsi dire jamais réduits au rôle d'instruments de perfectivation. Dès lors on conçoit qu'un verbe d'aspect déterminé, qui, par définition, exprime une action considérée par rapport à un point remarquable, tende à se composer avec des préverbes, dont le rôle est de spécifier ce point remarquable.

Le thème à nasale *ell-* signifie « aller » (p. 108), mais sous un aspect déterminé, soit « aller vers », soit « venir de ». Il s'adjoint, dans le premier sens, un préverbe spécifiant le but (*ad-*, d'où *ad-ell-* « visiter »), dans le deuxième un préverbe spécifiant le point de départ (*di-*, d'où *di-ell-* « s'écarter de »). Le préverbe ne sert pas à déterminer l'aspect, déjà déterminé, mais à en préciser, en quelque sorte, la traduction concrète. De même *gel-* « manger, brouter », d'aspect indéterminé, n'a pas besoin de préverbe, tandis que *glenn-*, qui exprime la même action sous un aspect déterminé-terminatif, se fait précéder de toute une série de préverbes (*for-di-od-*) exprimant le fait que l'action est accomplie jusqu'au bout (*di-od-* ; *for-* est sans doute ici un préverbe de renforcement, exprimant l'action accomplie avec intensité ; cf. p. 138).

Parmi les verbes attestés au simple, on relève une forte proportion d'instantanés : *ben-* « couper », *dlong-* « fendre », *bronn-* « briser » (cf. p. 116) ; *cing-* « faire un pas », *dring-* « gravir un échelon », *ling-* « faire un saut » (cf. p. 93); *cren-* « acheter », *ren-* « vendre », *gat-* « prendre » cf. p. 141); *long-* « avaler », *sluc-*, même sens (cf. p. 135); même *leic-* « lâcher », *tréic-*, même sens (cf. p. 149) peuvent être rangés ici. Dans les thèmes exprimant une action instantanée, le point remarquable par rapport à quoi est déterminée cette action n'a pas besoin d'être précisé, puisqu'il se confond avec le point unique à quoi se réduit la durée de l'action. L'emploi au simple est donc moins ambigu, partant plus commun, que pour les *déterminés-duratifs*.

Nous avons laissé de côté jusqu'à présent les préverbes qui se sont spécialisés en celtique (et, plus particulièrement, en irlandais) dans l'expression d'un aspect, l'aspect parfait : le principal d'entre eux est *ro-* (gall. *ry*, corn. *re*, bret. *ro* > *ra*), quoiqu'on rencontre accessoirement *com-*, *od-* ou *ad-* dans le même emploi (cf. Strachan, *Trans. Phil. Soc.*, 1895-98, p. 77-193, 326-355 ; Vendryes, *Gramm. du v. irl.*, p. 241 sq. ; Perdersen, II, 261 sq. ; Loth, *RC.* XXIX, 1-67 ; XXX, 1-36, XXXI, 23-48, 333-367, etc.). Ces préverbes grammaticaux présentent des emplois variés, qui peuvent se ramener à deux emplois principaux : expression de la *possibilité* (qui ne nous intéresse pas ici) ; expression de l'aspect *parfait*. C'est ainsi qu'un prétérit narratif prend, composé avec *ro-*, la valeur de parfait.

Thes. II, 315, 3 (Fiacc's Hymn) : *pridchaiss fri dē i ndinnib* « (Patrick) prêcha durant le jour sur les hauteurs ».

Mais *Wb.* 26 b 6 : *rocomalnisidsi anropridchissemni dúib.* « Vous avez accompli ce que nous vous avons prêché ».

ro- (ainsi que les autres préverbes du même type) se rencontre, plus rarement, dans les autres thèmes temporaux ou modaux avec une valeur analogue à celle qu'il a au prétérit, mais moins nette.

Sans doute cet emploi original de quelques préverbes irlandais a-t-il son origine dans un fait de « perfectivation par les préverbes » analogue aux faits de ce genre observés en slave et ailleurs (voir plus haut) ; on a cependant contesté qu'il y ait aucun rapport entre les deux séries de faits (Pedersen, II, 282). A notre point de vue, peu importe. Que les formes verbales composées avec *ro-* aient eu à l'origine un aspect *perfectif* (au sens slave), ou non, elles n'en ont pas moins, à époque historique, un aspect *parfait*. La question qui se pose à nous est celle-ci : quels sont les rapports de cet aspect parfait avec l'aspect, quel qu'il soit, des verbes à nasale? Les deux aspects peuvent-ils se superposer ou s'excluent-ils ? Les verbes à nasale se combinent-ils avec les préverbes *ro*, etc., dans les mêmes conditions que les autres verbes ?

En fait il y a entre l'aspect parfait et l'aspect des verbes à nasale une différence de nature si radicale qu'ils ne se gênent pas l'un l'autre et peuvent se superposer sans se contrarier ni se confondre. L'opposition entre prétérit narratif et parfait fonctionne normalement dans les thèmes de prétérit se rattachant aux présents à nasale. Ainsi, pour *-rir*, prétérit de *ren-* « vendre » :

Thes. II, 327, 27 (Broccán's Hymn.) : *nī rir macc Dē ar díbad* « (Brigitte) ne vendit pas le fils de Dieu pour des richesses ».

Mais *Wb.* 3c38 : *romrir ṁothol cholnide condumfel fomám pectho*, gl. uenumdatus sub peccato : « mon désir charnel m'a vendu, si bien que je suis sous le joug du péché ».

Nous rencontrerons, au fur et à mesure de notre étude, bien des exemples de ce type.

CHAPITRE III

VERBES EXPRIMANT UNE OPÉRATION SENSORIELLE OU INTELLECTUELLE

On ne saurait séparer, dans une étude sémantique, les verbes exprimant une opération des sens de ceux exprimant une opération intellectuelle. D'une part, en effet, le passage d'une catégorie à l'autre est fréquent, la connaissance d'un fait étant confondue avec la perception matérielle par laquelle ce fait parvient à notre connaissance : c'est ainsi que la racine **weid-* « voir » (lat. *uidēre*) prend le sens de « savoir » (cf. le parfait skr. *véda,* gr. *Fοῖδα*, etc.) ; en celtique cette racine n'exprime plus que ce sens figuré. C'est aussi le cas d'irlandais *glenn-* « distinguer », d'où « choisir » qui se rattache à la famille de v. sl. *ględěti* « voir » (cf. p. 14). *cluin-* atteste en irlandais une tendance parallèle pour un verbe signifiant « entendre » vers le sens « apprendre » ; mais ici l'évolution ne va pas jusqu'au bout.

D'autre part les deux séries de verbes sont comparables pour l'aspect : aussi bien pour la perception intellectuelle que pour la perception sensorielle, une tendance se fait sentir à distinguer explicitement entre l'action d'*apprendre* et le fait de *savoir,* entre l'action d'appréhender un fait sensible, et le fait d'exercer de façon durable une activité sensorielle (entre « voir » et « regarder », ou entre « entendre » et « écouter »). Au point de vue de l'aspect, ceci revient à distinguer l'action *déterminée,* qui apparaît ici comme *inchoative,* de l'action *indéterminée-durative.*

Aussi avons-nous toute une série de verbes à affixe nasal,

d'aspect déterminé, qui expriment des activités intellectuelles et sensorielles : *finn-*, *fén-*, *gnin-*, gall. *mynnu*, *smuain-* (?), *tong-*, *bond-*, *glenn-*, *cluin-*, *mecc-*,

fiad-, *fén-*, *finn-*.

La racine indo-européenne **weid-* signifie « voir, trouver » ou « savoir » ; « trouver » est le sens qu'elle a dans les formations aoristiques et aussi dans les thèmes à affixe nasal (arm. *egit* « il a trouvé », *gtanem* « je trouve » ; skr. *vindáti* « il trouve »); « savoir », le sens qu'elle prend au parfait (gr. *Ϝοῖδα*, skr. *véda*, etc.). On la rencontre avec ces différents sens en irlandais : elle y forme trois thèmes de présent : *fiad-*, qui ne comporte pas d'affixe nasal ; *fén-*, qui présente un suffixe nasal; *finn-*, qui a un infixe nasal. *fiad-* et *fén-* s'opposent entre eux plus étroitement qu'à *finn-* ; tous deux en effet n'apparaissent qu'en composition, et tous deux ont, par opposition à *finn-*, le sens factitif.

fiad- se trouve en composition :

1° avec *ad-* au sens de « dire, raconter », c'est-à-dire « faire savoir » (factitif) :

Ml. 111 c 4 : *ord suidīgtho á sailm adfeit som hic.* « Il fait savoir ici l'ordre et la disposition de son psaume ».

FB. 70 : *adfiadat iarom a n-imtéchta ocus a scéla do Chonchobur.* « Ils racontent ensuite leurs faits et gestes à Conchobor » (cf. Atk., *Gloss.*, p. 552 : *atfiadaim* « I tell, recount »);

2° avec *to-ad-*, au sens de « montrer, faire voir » (factitif) :

Wb. 24 a 7 : *daadbatsom hic as fírinne crist nóibas.* « Il fait voir ici que c'est la justice selon le Christ qui sanctifie ». Cf. Wi., p. 798;

3° avec *air-* ; seul le génitif de l'abstrait est attesté en vieil-irlandais :

Sg. 106 b 15 : *lebor airissen* gl. fastus.

litt. « livre d'histoire, de récit » (même sens que pour le composé 1°) ;

4° avec *ind-* au sens de « raconter » :

Ml. 35 d 11 : *indiad* gl. inquam. Cf. 103 b 11 ;

5° avec *ess-ind-*, même sens :

Ml. 95 d 3 : *assindet* gl. explicat.

Les composés *frith-ess-ind-fiad-* (cf. l'abstrait *freisndis, Wb.*

13 a 11) et *rem-ess-ind-fiad-* (*remiaisndider* gl. præfatur, *Ml.* 64 c 9) paraissent artificiels et calqués sur des composés latins. — Ils concordent au reste sémantiquement avec les autres composés du thème *fiad-*.

A côté de ce thème un thème à suffixe nasal de type secondaire (cf. p. 33) a la même valeur factitive ; *fén-* se rencontre en composition :

1° avec *ess-*, au sens de « jurer, affirmer » :

Wb. 22 a 20 : *asfenimm* gl. dico et testificor.

Ml. 78 a 5 : *lase ad-ru-spén .i. ducuitich,* « quand il a attesté, c'est-à-dire juré », gl. iurando. Cf. *Ml.* 39 b 6, et, pour l'abstrait *Ml.* 102 d 2 et 3, 54 d 2 ;

2° avec *to-ess-*, au sens de « montrer », « faire voir » :

Wb. 18 d 7 : *doairfenus,* « j'ai montré », gl. praedico.

SC. 49 : *ba mór in cumachta demnach... ocus ba hé a méit, co cathaigtis co corptha na demna frisna dóinib ocus co taisfentais áibniusa ocus díamairi dóib,* « la puissance des démons était grande au point qu'ils combattaient corporellement contre les humains et qu'ils leur dévoilaient merveilles et secrets ».

Cf. Wi., *Táin,* 1423, 3843, 3848, 5605, 2707 sq.

to-ess-fén- « donner (litt. produire) un banquet ».

FB. 7 : *acht co taisfena a fled dóib,* « ... une fois qu'il vous (*s. l.*) aura présenté (offert) le festin ». Cf. *FB.* 9, 13.

Le fait qu'en face d'*ad-fiad-* signifiant « raconter » on a *ass-fen-* signifiant « affirmer », d'où « jurer », prouve que, par opposition au duratif *fiad-, fén-* est déterminé; l'action de « rapporter un fait » se traduit par « raconter » si on la conçoit sous un aspect indéterminé, par « affirmer » quand on la conçoit sous un aspect déterminé. — En revanche, les composés signifiant « montrer » ne distinguent pas l'aspect de *fiad-* de celui de *fén-* : « faire que l'on voie » ou « faire que l'on aperçoive » reviennent au même, le factitif confondant ici l'aspect déterminé et l'aspect indéterminé. — Aussi, en l'absence d'une opposition d'aspect régulier, les deux thèmes ont tendu à se confondre : le prétérit *ad-ru-spén* (*Ml.* 78 a 5) trahit l'influence de *ad-fiad-* ; dans *to-ess-fen-* le préverbe *-ess-* se présente toujours sous la forme *ass-*, également due à l'influence de *ad-fiad-* ; on a encore des formes hybrides comme *do-n-adbantar*, *Thes.* II, 4, 33, etc. Inversement m.-irl. *asfiadat* (*CC.* 3, *Eg.*) est dû à l'analogie de *ess-fén-*.

Au cours de l'histoire du moyen-irlandais le thème *fiad-* tend à s'éliminer au profit du thème *fén-*. Du moment en effet que l'opposition d'aspect qui justifiait à l'origine le dualisme de *fiad-*, *fén-*, n'était plus sentie, le thème de flexion normale *fén-* devait éliminer le thème fort *fiad-*.

finn- est à part. Il n'apparaît qu'en composition avec la particule *ro-*, et ne prend aucun autre préverbe.

Il est d'usage de traduire ce thème par « savoir » (Pedersen, II, p. 522, « wissen ») et de le considérer comme un « présent d'habitude ». Pour peu cependant qu'on examine les exemples vieil-irlandais ou même moyen-irlandais de ce thème on est amené à lui reconnaître une valeur tout autre : plus d'un passage impose en effet l'aspect *inchoatif*, si bien qu'il y faut traduire *finn-* par « apprendre, trouver » (cf. skr. *vindáti*, même sens).

Wb. 29 a 28 (concernant les précautions qu'on doit prendre en conférant l'ordination) : *ar biit alaili and rofinnatar a pecthe rosíu docói grád forru, alaili is iarum rofinnatar*, « car il y a des gens dont les péchés sont découverts avant qu'ils reçoivent l'ordination, d'autres dont les péchés sont découverts après », gl. quorumdam homines peccata manifesta sunt praecidentia ad iudicium quosdam autem et subsecuntur.

Dans le premier membre de phrase on pourrait hésiter entre le sens « sont découverts » et le sens « sont connus ». Mais dans le deuxième membre de phrase le sens ne peut être qu'inchoatif : « sont découverts ».

Wb. 29 a 30 : *inchaingnímai aili is iarcéin rofinnatar*, « quant aux autres bonnes actions, c'est dans la suite qu'elles sont découvertes », gl. et quæ aliter se habent, abscondi non possunt.

Les textes moyen-irlandais fournissent des exemples nombreux et nets de cet aspect. Windisch, I, p. 550 traduit *finnaim* par « Ich finde, ich mache ausfindig ».

FB. 94 : « *finnamár dano do cheist* », *ol Fergus mac Róig*, « Fais-nous connaître ta requête » dit Fergus mac Róig ». « Sachons ta requête » au sens de « apprenons ta requête ».

SC. 32 : « *Cid dia m-búi Cuchulaind cen tíachtain ?* » *or* si. « *Nir bo ail leiss tiachtain ar banchuriud : ocus dano co finnad in uait-siu ro siacht fis dó* », « Pourquoi Cuchulinn n'est-il pas venu ? » dit-elle. « Parce qu'il ne lui plaisait pas de venir sur l'ordre d'une femme ; et aussi afin d'apprendre si c'était bien toi qui l'avait fait prévenir. » Cf. *TE.* 7, Eg.

(Pour un autre aspect possible du présent secondaire, voir plus bas, p. 76).

Dans la langue des *Passions and Homilies from LBr* l'aspect de *finn-* est encore net.

Atk., 3716 : *tiagar uainn tra co cathraig Iósep... 7 finntar dún in fil Iosep innte,* « Envoyons des messagers à la ville de Joseph et sachons (= et apprenons) d'eux si Joseph y est. »

La suite ne laisse aucun doute quant à l'aspect de *finntar* : *dochotar iarum techta uadib co hArmatia 7 fuaratar innti Iosep,* « Alors ils envoyèrent des messagers à Armatia et ils trouvèrent là Joseph ».

fuaratar, « ils trouvèrent », reprend *finntar* qu'on a plus haut. Cf. Atk. 345.

A côté de passages où l'aspect inchoatif ressort du contexte, il en est d'autres où le contexte ne permettrait pas de choisir entre l'aspect inchoatif et l'aspect duratif. L'observation de la nuance d'aspect particulier qu'implique *finn-* permet de préciser le sens de plusieurs passages :

Sg. 200 b 13 (théorie grammaticale de l'expression de la possession) : *is ecrichthe anatrab 7 ní fintar cid attrebthar and conducthar nomen fris,* gl. in nominibus possessiuis et quæ a propriis deriuantur, infinitæ possunt intellegi possessiones, nisi adiectione nominis alicuius discernantur.

Si l'on traduit sans tenir compte de l'aspect de *finn-* : « la possession est indéterminée et on ne sait ce qui est possédé jusqu'à ce qu'on ajoute un nom, » la glose ne correspond au texte latin que de façon assez lâche : les deux premiers membres de phrase (*is ecrichthe.* —, 7 *ní finntar*) traduiraient ainsi tous deux *infinitæ possunt intellegi possessiones* et feraient double emploi. Le dernier membre (*conducthar nomen fris*) traduirait *nisi adiectione nominis alicuius...* sans rendre *discernantur.*

Au contraire traduisons *fintar* avec son aspect inchoatif : « ... et l'on ne découvre ce qui est possédé que lorsqu'un nom y est ajouté » et la concordance avec le texte latin devient parfaite : *is ecrichthe anatrab* traduit *infinitæ possunt intellegi possessiones; conducthar nomen fris* rend *adiectione nominis alicuius* et 7 *ni fintar*, etc., rend *discernantur*, idée importante et que le glossateur devait traduire explicitement.

C'est bien ainsi au reste que traduisent les auteurs du *Thesaurus* : « and what is possessed there is not discovered ».

Si l'on examinait ainsi la plupart des passages où le conteste paraît souffrir aussi bien l'aspect duratif que l'aspect inchoatif on verrait que l'aspect inchoatif de *finn-* donne un sens plus fort et mieux adapté au texte latin glosé. Cf. *Ml.* 30 a 3, 99 b 10, 46 c 24.

Si *finn-* signifie « apprendre », comment exprime-t-on l'idée de « savoir »? C'est là le rôle du prétérito-présent *rofitir* « il sait ». — Ce n'est pas que *rofitir* n'ait jamais la valeur d'un véritable prétérit; on en a un exemple net *Ml.* 96 a 12 : *ní ɔfitetar arrig foragabsat dianæs .ı. senachrib ɔasluag*, gl. aut de nobis quod cupierant, aut de suis quos scierent, nihil *inuenerunt*.

« Le Seigneur, dit le Psalmiste, a endormi les ennemis d'Israël (*dormierunt somnum suum*) »; quand ils se sont réveillés de leur sécurité trompeuse, leur puissance s'était évanouie ». Tel est le sens de notre glose : « ils n'ont plus vu leur roi, qu'ils ont laissé derrière eux, Senachérib et son armée ».

Ici, à la forme *fitetar* s'ajoute le préverbe *con-* qui, on le sait, peut jouer le rôle de préverbe de parfait (cf. Pedersen, II, 269). Le fait que le thème de *fitir* apparaît toujours composé avec *ro-*, en l'absence d'autres particules composantes, explique que le parfait ne puisse pas y être caractérisé par le préverbe *ro-* (cf. *op. cit.*, II, 273), et qu'il soit dès lors caractérisé par *con-*, qui n'a ici qu'une valeur grammaticale.

Dans un autre cas ce même thème, composé avec *con-*, a la valeur non d'un parfait, mais d'un prétérit :

Ml. 91 c 18 : *confitetar són atan doini intan durochratar*, gl. condicionem uilitatis suae *docuit* impulsio uel ruina.

L'équivalence avec le parfait latin impose la traduction par le prétérit : « ils apprirent qu'ils étaient des hommes le jour où ils furent abattus ».

Nous verrons que *rofitir* est en principe un *prétérito-présent*; les deux exemples cités nous prouvent qu'il peut avoir occasionnellement la valeur de *prétérito-parfait*, et que, dans ce cas, il se fait précéder du préverbe *con-*.

Là où *finn-* et *rofitir* sont rapprochés l'opposition d'aspect éclate :

Wb. 29 a 17 : (l'apôtre ordonne de donner à la pénitence d'un péché la même publicité qu'a eue le péché : « peccantes coram omnibus argue ») *in linn rofitir a peccad finnad accúrsagad.* « Que ceux qui connaissent leur péché apprennent leur châtiment ».

Wb. 18 b 9 : *rafitidsi,* « vous le savez », gl. spero autem quod cognoscetis quia nos non sumus reprobi.

La glose précédente (18 b 8 : *is derb libsi,* « vous êtes sûrs ») prouve que le glossateur comprenait ici *rafitid* comme un présent duratif.

Thes. II, 241, 10 (Book of Armagh) : Patrick demande à Dubthach de lui indiquer un homme remplissant les conditions requises pour être évêque. Dubthach répond :

nifetor sa dimmuintir act fiacc. « Je ne connais dans mon entourage (aucun homme tel) si ce n'est Fiacc ».

Cf. *Wb.* 12 c 5, 24 d 5, 14 b 19, 28 c 10, Atk., *Gloss.*, p 700, etc.

Aux deux thèmes de présent : *finn-* (inchoatif), *rofitir* (duratif), ne correspondent qu'un thème de futur, un thème de subjonctif, et même un seul présent secondaire, celui se rat tachant au thème *finn-*, puisque le prétérit irlandais ne forme pas de temps secondaire : différenciés au présent, les deux aspects se confondent dans le reste de la conjugaison.

1° Nous avons vu (p. 74) un exemple du présent secondaire (au reste peu fréquent) de *finn-* avec l'aspect inchoatif. En revanche le seul exemple vieil-irlandais de ce temps concorde pour l'aspect avec le prétérito-présent :

Sg. 209 b 25 : *is éside rodfinnad,* « c'est lui qui avait coutume de savoir », gl. sibi me obsecrauit, qui se *sciret,* non deserturum.

2° Le *subjonctif* a de même les deux aspects : *Inchoatif* :

Thes. II, 324, 21 (Ultan's Hymn) : *tanic dano Brenainn iarsein do Chilldara co Brigit co fessad cid ara tarat in beist... onoir do Brigit,* etc. « Ensuite Brenainn vint à Kildara voir Brigitte afin d'apprendre pourquoi le monstre... avait honoré Brigitte, etc. ».

Sg. 26 b 8 : *ɔfesta* gl. discerni.

Cf. *Wb.* 28 d 11, 29 a 22, *Sg.* 209 b 30, etc.

Duratif:

Thes. I, 3, 39 : *ba dethbir do cinifesed personam meam minimum.* « Il est juste que (le Seigneur) ne connaisse pas mon humble personne ».

Cf. *Wb.* 12 d 5, *Ml.* 24 d 14, 117 d 4, etc.

Dans plusieurs passages les deux sens sont possibles : cf. *Wb.* 12 a 1, *Sg.* 148 a 6, etc.

3° Le *futur* est, quant à l'aspect, comparable au subjonctif.

Exemples de l'aspect *inchoatif*:

Ml. 69 b 1 : *is and rofessatar atan dóini aprisci.* « C'est alors qu'ils apprendront qu'ils sont de faibles hommes ».

Cf. *Wb.* 9 a 21, 7 d 6, 111 c 13.

Exemples de l'aspect *duratif*:

Wb. 12 d 18 : *ni fiastar som cia airm indid immaircide do epert amén.* « Il ne saura pas à quelle place il lui faudra dire *amen* », gl. quomodo dicet « amen » super tuam benedictionem, quoniam quid dicas nescit? Cf. *Wb.* 12 d 27.

Cette dualité d'aspect à tous les temps en dehors du présent proprement dit et de l'impératif est conforme à ce qu'on pouvait prévoir. Nous avons pu voir en effet et nous verrons à mesure que nous envisagerons les différents verbes à nasale que les thèmes verbaux en dehors du présent se modèlent, pour l'aspect, sur le thème de présent. Dès lors, quand un seul thème verbal répond à deux présents, il a naturellement un aspect double.

La seule forme qui atteste en brittonique l'existence d'un thème à nasale **wind-* est la 1re p. sg. m. gall. *gwnn*, corn. *gon*, m. bret. *goun, gonn*; cette forme, entrée dans un paradigme supplétif, n'a rien conservé de l'aspect ancien.

gnin-.

Sémantiquement analogue à *finn-*, *gnin-* présente la même opposition entre présent inchoatif et prétérito-présent, mais cette opposition est loin d'être aussi systématique. Contrairement à *finn-*, *gnin-* n'apparaît qu'en composition avec une série de préverbes dont les sens se confondent partiellement :

aith-, *com-*, *ess-*, *etar-*, *in-*; la détermination de la notion verbale qu'impose à toutes les formes du verbe la composition avec ces préverbes de sens affaibli nuit quelque peu à l'opposition entre thèmes d'aspect *déterminé* et thèmes d'aspect *indéterminé*.

Le meilleur moyen de distinguer pour le sens (toute question d'aspect mise à part) les différents composés de *gnin-* est de considérer leurs abstraits verbaux :

aithgne (de *aith-gnin-*) exprime la « reconnaissance » d'un fait : *Wb.* 1 c 15 : *dothudidin domenman doaidgniu*, gl. ignoras quoniam benignitas Dei ad *penitentiam* te adducit.

Il faut donc traduire : « amener ton esprit à reconnaître (à confesser) tes péchés » ; et non, avec le *Thesaurus* : « to lead thy mind to knowledge ».

etarcne (de *etar-gnin-*) = « compréhension ». *Ml.* 42 b 13 : *do aithgniu 7 etarcnu dæ treu* gl. institutae a Deo creaturae... aperire causam, per haec adprobare prouidentiam Dei, « pour que Dieu soit reconnu et compris grâce à elles ».

Les deux abstraits ne font pas double emploi, mais analysent la double notion qu'implique le texte latin : la création nous fait reconnaître l'existence d'un créateur et nous fait comprendre quel il est. Cf. *Wb.* 8 c 2.

ecne (de *ess-gnin-*) = « discernement ». *Wb.* 15 c 18 : *ní ecne dúnn*, gl. per fidem enim ambulamus et non per spiciem, « nous ne le discernons pas ».

engne (de *in-gnin-*) = « capacité de compréhension ». *Ml.* 26 b 8 : *amal romból ingnae cáich issamlid rosnainmnigestar som*, gl. quorum *capacitate* dictorum suorum modum uoluit exaequare. « C'est en s'adaptant à l'intelligence d'un chacun qu'il nomma ces choses ».

Malgré les nuances de sens qui les séparent, les divers composés de *gnin-* sont parfois employés alternativement et, semble-t-il, indifféremment : *Sg.* 146 b 16 : *trebaraigim* 7 sapio *asagninaim*, rapproché de *Thes.* II, 228, 34 ; *trebraigim* *l* sapio *iturgninim*, nous montre deux états d'une même glose. — Ces composés peuvent être confondus dans une étude des faits d'aspect.

Le thème *gnin-* est d'aspect inchoatif. *Sg.* 29 b 10 : *air ni conbiasom manibé aní hua n-aithgnintar 7 huan-ainmnigther*,

« Car il n'existera qu'autant qu'existe ce par rapport à quoi il est reconnu (= identifié) et nommé » (le texte latin traite des notions qui ne peuvent se concevoir l'une sans l'autre, telles que *pater* et *filius, dominus* et *seruus*, etc.).

L'action de « reconnaître » est inchoative par rapport à l'action de « connaître ».

Sg. 146 b 16 : *trebaraigim* 7 sapio *asagninaim*, gl. sapio prudentia et sapore.

P. Cr. (*Thes.* II, 228, 34) *trebraigim* l sapio *itargninim*, gl. sapio prudentia.

Ces deux gloses sont peu nettes pour l'aspect : *trebraigim*, « je suis sage » est un duratif. Le passage de *P. Cr.* indique que *itargninim* est ajouté non comme synonyme de *trebraigim*, mais comme une traduction différente du texte latin, introduite par le sigle l, qui signifie « ou ». Faut-il traduire : « Je suis sage ou *sapio* je comprends » et *Sg.* 146 b 16 : « Je suis sage et *sapio* je discerne » ?

Une série d'exemples vieil-irlandais de *ess-gnin-*, au passif, sont nettement inchoatifs.

Sg. 29 a 3 : *Asagnintar as ṅduine* 7 *as fili intan asmberar* Virgilius, *assagnintar assin doacaldmaiche tre dilsi.* « Quand on dit « Virgile » on reconnaît que c'est un homme et un poète ; on parvient à la connaissance du nom commun à l'aide du nom propre », gl. et in proprio etiam appellatiua intellegi possunt ut, si dicam « Virgilium », intellego hominem et poetam.

Même sens *Sg.* 29 b 10, 197 b 4, 210 a 10.

De *etir-gnin-* nous avons cité un exemple peu net. L'aspect est plus net dans *Ml.* 102 a 22 : *dusceulai* .i. *etirṅg<n>in*, gl. experitur, « il reconnaît ». Cf. *Thes.* II, 2, 30.

Le présent à nasale n'est pas attesté pour les composés avec *com-* et *in-*.

A côté de ce thème *gnin-*, un thème de prétérito-présent *gen-* joue en gros le même rôle que *ro-fitir* à côté de *finn-* avec cette différence que *gen-* conserve dans une large mesure sa valeur de prétérit à côté de sa valeur de présent.

Nous étudierons d'abord quelques exemples où *-gen-* est un thème de présent duratif :

Wb. 12 c 13 : *is ránd in deacht adgénsa* l *is ran indium-sa adgeuín in deacht* .i. anima tantum *adidgeuin*. Gl. nunc cognosco ex parte. « C'est seulement une part de la divinité que je connais, ou, c'est une part en moi qui connaît la divinité, c'est-à-dire, l'âme seulement la connaît. » Cf. *Wb.* 14 d 28, *FB.* 46.

Wi. II, 2. 189, 16. « *Fochen daib* » *ar Eocho.* « *Cair in acen and sinn ?* » *ol in lanamain* (La forme *acen* bien que ce thème soit ici composé avec *ess-* est due à l'analogie du composé avec *aith-*). « Soyez les bienvenus » dit Eocho. « Est-ce que tu nous connais ? » dirent les époux ».

Une variante nous fournit ici, à côté de *gen-* en fonction de présent, *gen-* en fonction de prétérit : « *Ca hairmm ina n-aithgeuin ?* » « Où nous a-t-il connus ? » (*Eg*). On saisit ici le passage d'un sens à l'autre.

L'équivalence pour l'aspect de *rofitir* et des composés de *gen-* apparaît *Ml.* 24 a 19 : *rofitir didiu 7 etirgein ní dú ulc intí lasmbi ind encae; nifitir immurgu olc netir intí bíe isind encae* ut sunt infantes. « Il sait et il comprend quelque chose du mal celui qui possède l'innocence ; mais il ne sait rien du mal celui qui est dans l'innocence où sont les petits enfants. » Gl. hiic innocentiam non pro semplicitate possuit quae mali expers uicina uidetur infantiae. Cf *Ml.* 42 c 10, 42 c 15.

Les exemples de *gen-* en fonction de prétérit sont plus nombreux.

Ml. 52 : *conranaic side laithe nand iarsin fri dauid 7 ni n-aithgeuin 7 leicsi huad,* « dans la suite il rencontra David et ne le reconnut pas, et le laissa aller ». Cf. *Lg.* 9, *FB.* 25, 70. *TE.* 5 *Eg.* et, pour le composé avec *in-*, *Ml.* 52, 69 a 15.

Ml. 140 b 3 : *asgensu*, gl. intellexistis.

Ml. 94 b 12 : *iarsindí etiringén on*, « après l'avoir compris » gl. postquam talem deum didici : Cf. *Sg.* 197 b 10.

FB. 39 : *artraigid dano in dub nel cetna dorcha doborda for Conall Cernach, connar cungain nem na talmain,* « la même nuée horrible noire et sinistre enveloppa Conall Cernach, si bien qu'il ne put plus distinguer le ciel de la terre ».

Il est plus d'un exemple où l'on peut hésiter quant à l'interprétation de *gen-* : *Ml.* 79 a 11 : *etirgen sa*, gl. sum semper expertus. « J'ai reconnu »? ou « Je sais par expérience »? Cf. *Thes.* II, 2, 26.

On s'attendrait à ce que les thèmes modaux et le présent secondaire se rattachant au groupe de *gnin-* et de *gen-* présentassent la même dualité d'aspect que nous avons constatée pour les thèmes se rattachant à *finn-* et à *rofitir*. Le fait que le présent secondaire de *gnin-* n'est pas attesté en vieil-irlandais, et que les thèmes de subjonctif et de futur correspondants ne sont attestés que dans un nombre restreint d'exemples, rend toute affirmation sur ce point hasardée. Cependant, en face de quelques exemples où le futur ou le subjonctif ont l'aspect inchoatif, le vieil-irlandais ne fournit pas d'exemple bien net de la valeur durative.

Subjonctif.

Sg. 180 b 2 : *co asagnoither nand sechmadachte,* « afin qu'on reconnaisse que ce n'est pas un prétérit », gl. ut *intelligatur* praeteritum.

Ml. 19 b 8 : *co remiergnaitis,* gl. ut ea quae eis euentura erant longe ante praenoscerent.

Faut-il comprendre : « afin qu'ils apprissent » ou « afin qu'ils sussent » ? Cf. *Sg.* 209 b 13.

Futur.

Ml. 68 c 20 : *olsodin etirgénat,* « qu'ils apprendront par expérience », gl. quod experituri sunt.

Ml. 121 d 22 : *atatgentar su,* « tu connaîtras » (?), gl. sapiens tu et magnus cognosceris, conditor ordinatorque mundus.

Il semble que dans ce dernier exemple l'aspect soit duratif. On voit cependant que l'opposition entre les deux aspects est loin d'apparaître aussi nettement ici que dans le groupe de *finn-*. Les composés de *gnin-* tendent vers un aspect uniformément déterminé.

Si l'on considère les thèmes de la racine **genə-* en dehors des langues celtiques on voit que les formations d'aspect déterminé y sont largement représentées : formation à nasale en sanskrit (*jānāti*), formation à suffixe inchoatif -**sk* $^{e}/_{o}$- en grec (γιγνώσκω). Assez curieusement, le vieux-perse qui possède pour cette racine des formes en -**sk* $^{e}/_{o}$- à côté de formes à nasale, les oppose pour le sens : *xšnasatiy, xšnāsātiy* « qu'il reconnaisse ». Mais *adana, adānā* « il connaissait » (cf. Meillet, *Grammaire du vieux-perse*, p. 99 et 103).

En brittonique, le présent à nasale n'est pas attesté, et c'est le correspondant du thème irlandais *gen-* qui joue le rôle de présent, et cumule les deux aspects qui se répartissent en irlandais entre *gnin-* et *gen-* : *RB*. I, 236, 7 (*Peredur*) *ac ef adeuth y dir nys atwaenyat* : « et il vint en une terre qu'il ne connaissait pas » (duratif).

RB. I, 219 (*Peredur*) : (le héros rencontre ses anciens compagnons) *Peredur a atwaenat bawp onadunt ac nyt atwaey neb or teulu euo.* « Peredur les connaissait tous, mais aucun de la troupe ne le reconnut. »

D'une autre racine exprimant une opération intellectuelle, la racine **men-* « mente agitāre », le brittonique fournit un présent à nasale gall. *mynnu* « vouloir », corn. *mynnes, mynnas,* m. bret. *mennat.* De « concevoir l'idée de, s'aviser de », aspect inchoatif de la notion exprimée par **men-,* on passe à « concevoir le désir de, vouloir ». Cet aspect inchoatif apparaît encore nettement dans *mynnu*. *RB*. I, 226, 14 (*Peredur*) : *a phei mynnwn un wreic,* « mais si je choisissais une femme », litt. « si je m'avisais de prendre une femme ».

mynnu se dit souvent d'une résolution qu'on prend au moment même où l'on parle. *RB*. I, 82, 6 (*Breuddwyd Maxen*) : *Miui a vynnaf avory vynet y hela.* « Je veux aller demain à la chasse », litt. « il me prend envie... ».

En moyen breton l'aspect est le même : « s'aviser de » d'où au figuré « être sur le point de ». Cf. Ernault, *Etudes*, 2. 404. *Bali.* 152-153. *Mennout a ra va bolontez vad mond diganeen* « la patience est sur le point de m'échapper » (nous dirions par un tour analogue : « la patience pensa m'échapper »).

Sans doute faut-il rapprocher de *mynnu* les formes irlandaises *afameinn, abamin, affamenad* (cf. p. 41). Malheureusement l'obscurité du premier élément de composition ne permet guère d'en préciser le sens.

Sg. 148 a 6 : *affamenad som didiu no légad a macc,* gl. utinam Romae filius meus legisset auctores !

On peut comprendre ici comme un imparfait du subjonctif. « Il eût désiré que son fils fût en train de lire les auteurs. » Ceci donne un sens en accord avec celui de gall. *mynnu*.

Sg. 161 b 11 : *abamin for-n-aidminte,* gl. memora.

Sg. 207 b 14 : *afameinn* pro utinam.

Faut-il voir dans ces deux derniers exemples des formes d'impératif 2e pers. sg. cristallisées au sens de latin *utinam*, le sens primitif étant « veuille » ?

Il est probable que le thème *tracc-* que l'on trouve dans le composé *du-fo-thracc-* « souhaiter », est à ranger parmi les thèmes à nasale (cf. p. 20). Il s'y place à côté du thème gall. *mynnu* « concevoir le désir de », auquel il s'apparente sémantiquement.

du-fo-thracc- se dit, par exemple, des souhaits qu'on exprime dans l'en-tête d'une épître :

Wb. 14 b 6 : *ni luct corint nammá dianduthraccarsa amaithsi acht daduthraccar donaib huilib nóibaib file in achaia.*

« Ce n'est pas seulement aux gens de Corinthe que je souhaite du bien : mais j'en souhaite à tous les saints d'Achaïe ». gl. Paulus... aeclesiae Dei quae est Corinthi cum sanctis omnibus qui sunt in uniuersa Achaia.

Wb. 20 b 9 ; *doduthris,* « je souhaiterais », gl. utinam.

Nous venons de voir *utinam* glosé par *afameinn.*

Le verbe *smuainim,* étymologiquement obscur, n'est attesté qu'à partir du moyen-irlandais. L'aspect en est inchoatif. Cf. Wi. *Táin,* 3835 : *ro smuainestar Cuchulainn a sidhchairdi agus a cumachtaib do 'tocht da chosnamh.* « Cuchulinn se prit à penser au secours que ses amis du pays des fées et ses Dieux lui apportaient. »

Atk. 3308 : *mairg cride ro-smuain,* « malheur au cœur qui a conçu (cette pensée) », est rapproché de : *mairg cluais ro-cúala, mairg súile itconnairc,* « malheur à l'oreille qui l'a entendu (inchoatif, cf. 89), malheur à l'œil qui l'a aperçu. »

Le parallélisme avec *ro-cúala* et *itconnairc* indique qu'il faut comprendre *ro-smuain* comme un inchoatif.

tong- « jurer ». Quel que soit le sens primitif de la racine à laquelle se rattache ce thème (cf. 11) le sens de « jurer » est le seul que conservent les langues celtiques, tant en brittonique (cf. gall. *tyngu,* etc.) qu'en gaélique. En vieil-irlandais *tong-* glose lat. *iurāre.*

Ml. 78 a 6 : *lase adruspén .i. ducuitich.* gl. iurando (c'est *con-* et non *ro-* qui sert à former le parfait de *tong-, do-tong-*).

Cf. *Ml.* 78 a 4, *Wb.* 33 d 10 ; en moyen-irlandais il alterne dans les formules de serments avec *luig-*.

ScM. 16 : *tongu na tongat mo thuath.* « Je jure le serment que jure mon peuple. »

Wi. *Táin*, 1855 : *tongsa mo dée da n-adraim chena.* « Je jure les dieux que j'adore. »

Le ms. *St.* fournit la variante *luighim fom deib.*

luig- tend au reste à supplanter *tong-* dont les *Passions and Homilies* n'offrent plus qu'un exemple :

Atk. 1154 : *toingim torum fen 7 tar mh'aingliu.* « Je jure par moi-même et par mes anges. »

C'est Dieu même qui prononce ce serment solennel. Sans doute l'archaïque *tong-* avait-il une valeur plus solennelle que *luig-* qui l'avait déjà presque supplanté.

do-tong- a le même sens que *tong-* ; cf. Wi. *Táin*, 143 (ici encore le ms. *St.* substitue *luighim*). Il semble qu'à côté de ce *do-tong-* (composé avec *to-*), un deuxième *do-tong-* (composé avec *di-*) ait eu le sens inverse « renier ».

Tr. I, 17 (*Thes.* I, 485, 24) : *aní doruthethaig Adam hi pardus robu dithrub ho Chríst intan immerumediar adam.* « Tout ce qu'Adam avait renié (= avait perdu par sa déloyauté) dans le Paradis fut rendu désert par le Christ après le péché d'Adam. »

L'interprétation de cette forme unique n'est pas sûre, mais il semble que nous ayons bien affaire à un composé distinct de *dotong-*, car nous avons vu que le parfait de ce dernier est formé avec *con-*, non avec *ro-* (cf. plus haut).

Les autres composés de *tong-*, avec *ess-*, *air-fo-*, *for-*, *frith-*, *imb-*, *fo-od-*, ne posent pas de questions particulières.

L'idée de « prononcer un serment » est, par elle-même, d'aspect déterminé. A l'origine *tong-* avait peut-être l'aspect instantané de lat. *tangō* (p. 12). Mais, si au point de vue étymologique, on peut considérer *tong-* comme se rattachant au groupe des verbes exprimant la pression ou le contact (chapitre XIII), au point de vue de l'irlandais il est comparable au thème *ass fén-* dont il est, avec une valeur plus solennelle, à peu près synonyme, comme le prouve le rapprochement des deux verbes dans la glose (citée plus haut). *Ml.* 78 a 6 : *lase adruspén .i. ducuitich.*

bond- n'apparaît qu'en composition, soit avec *ad-*, soit avec *od-*.

1° *ad-bond-* : « déclarer ».

O'Dav. n° 89 glose *adbo* par *urfocraim* « je dis, j'apprends » (et aussi par *obaim* « je nie », sans doute par confusion avec le composé suivant). Cf. *S.M.* III, 478, 17, V. 200 (note 1), 14, *atboind*, « he makes proclamation ».

La racine indo-européenne **bheudh-* signifie « éveiller, s'éveiller », d'où « remarquer (v. sl. *bljudǫ*), s'apercevoir, apprendre » (gr. πεύθομαι, πυνθάνομαι) ; la valeur de *ad-bond-* en irlandais s'explique donc comme inchoative-factitive ; *ad-bond-* coïncide avec gr. πυνθάνομαι en tant que tous deux sont inchoatifs, mais s'oppose à ce dernier en tant que πυνθάνομαι a le sens absolu (souligné par la flexion moyenne). Cette valeur inchoative-factitive du thème à nasale exprimant une opération intellectuelle se retrouve dans *ass-fén-* (v. p. 72).

2° *od-bond-* : « refuser » (*od-* donne au composé le sens contraire du simple).

Ml. 20 b 6 : *coni-m-op*, « afin qu'il ne me refuse pas », gl. ut me quoties inuocauero eum, non *detractet* audire.

Cf. *Ml.* 42 a 2 : *arna oip*, « qu'il ne refuse pas », gl. præsta ne quis mihi meorom obedire *detractet*. Cf. *Sg.* 90 a 2, *Thes.* II, 1, 5.

glenn- ; ce thème n'apparaît qu'en composition. Il se rattache à une racine exprimant l'idée de « voir » (cf. p. 14) comme les thèmes *finn-* et *fén-* ; comme ces thèmes, il est passé en celtique au sens intellectuel, mais ici un seul des composés a pris exclusivement ce sens ; les autres composés conservent le sens propre ou en restent assez près.

1° *fo-glenn-* « apprendre » (au sens de *discere*).

Thes. II, 228, 26 : *fogliunn*, gl. doceor, instituor, moneor.

Ml. 37 b 12 : *sech cách fodglein olchene*, « au-dessus de tous ceux qui l'apprennent », gl. ab eiusdem artis consortibus eminere.

Wi. *Táin*, 3742 : *Nad roeglaind ac nech aile riam*, « qu'il n'avait jamais appris de personne d'autre auparavant », cf. 3758. Pour l'abstrait, cf. *Wb.* 30 c 15, *Ml.* 14 c 10, etc.

A côté de ce composé d'aspect inchoatif d'autres se présentent un peu autrement :

2° *di-glenn-* : « choisir ».

Ml. 133 b 7 : *amal as reid 7 as cobsud indrói doglennar do suidiu, sic,* etc., « comme est unie et ferme la plaine qui est choisie pour cela, ainsi... », etc.

Cf. O'Dav. n° 616 : *doglinn,* « il recueille » (après avoir choisi).

La valeur du préverbe a amené ici une spécialisation de l'aspect déterminé non plus comme inchoatif mais comme terminatif : « examiner de façon à discriminer », d'où « séparer après examen, choisir ».

3° *ess-glenn-* « examiner, réfléchir à ».

Ml. 70 a 12 : *an asglinn,* « quand il examine », gl. consequenter iam *descutiens* inducitur Deus.

Ml. 96 a 4 : *fuscannainn .i. asgleinn* ; lire sans doute *fuscannainn .i. asglenninn,* « j'avais l'habitude d'agiter, c'est-à-dire d'examiner », gl. et *uentilabam* in mente spiritum meum.

A côté du duratif *fuscannaim* (cf. p. 98) *asglennim* est terminatif : « j'examine jusqu'au bout » (cf. la valeur terminative de lat. *ex-* que l'on retrouve ici dans irl. *ess-*).

Cf. *Ml.* 61 a 8 : *etirdécai .i. doécai indinmedonach .i. atgleinn assa aicniud fessin,* « il examine, il considère intérieurement, c'est-à-dire, il apprend à connaître d'après sa propre nature (= en s'examinant lui-même) », gl. sed necessitates eius (pauperis) sensu compassionis introspicit.

Cf. *Ml.* 105 d 9, 137 c 2, 140 c 7, 56 c 8, etc.

4° *to-ess-glenn-* « choisir ».

Ml. 120 d 2 : *amal duneclannar etach n derscaigthe hi tig cennaigi do buith immríg, is samlaid duérglas soilse sainriud asnaib dulib do imthimchiull in Choimded.*

« Comme on choisit dans la maison d'un marchand un vêtement précieux pour vêtir un roi, ainsi a-t-on choisi un éclat particulier des éléments pour entourer le Seigneur. »

Cf. le participe *Sg.* 39 b 13 Abstrait : *Wb.* 1 d 1 (gl. personarum *acceptio*), *Ml.* 35 a 13, etc.

Au sens figuré « prendre en main (un argument), prétendre » : *Thes.* II, 23, 41 : *doeclannat,* gl. allegant.

to-ess-glenn- a le même sens que *di-glenn-* et s'explique par le même aspect terminatif. Les trois derniers composés de *glenn-* s'opposent ainsi au premier composé *fo-glenn-*, en tant que ce dernier est inchoatif, les différents aspects de ces divers composés s'expliquant au reste par un même aspect déterminé ancien.

Un dernier thème se rattachant à une racine signifiant « voir » est *mecc-* qui, toujours composé avec *di-*, est passé au sens figuré : « mépriser » (v. p. 21). Il glose ordinairement lat. *dēspicere,* verbe qui, composé avec le même préverbe, présentant le même sens figuré, et enfin le même aspect, est de tout point parallèle à irl. *di-mecc-*.

Ml. 34 c 6 : *andummecitis,* gl. dispicientes.

Ml. 129 a 14 : *ərudimiceder,* gl. dispiciat.

Cf. *Wb.* 129 a 1, *Ml.* 106 c 11.

Il glose aussi d'autres verbes latins de même sens : *Ml.* 122 d 2 : *arna dimicedar*, gl. inhonoret, cf. *Wb.* 1 d 13; *Ml.* 119 a 10 : *ní rodimicestar*, gl. non parui duxit; *Sg.* 39 b 1 : *demecimm,* gl. detero; *Ml.* 54 b 9 : *dimicter,* gl. confundantur et reuereantur.

Le brittonique atteste le même sens figuré pour un thème sans nasale de la même racine : gall. *di-r-mygu* « mépriser », *ed-mygu*, *cein-mygu* « honorer ».

Si nous rapprochons de ces formes le verbe duratif latin *mīcāre* « être brillant », nous sommes amenés à poser une racine **meik-* « regarder, briller » (pour l'association de ces deux sens, cf. gr. φλέγω, all. *blicken* ; Vendryes, *RC.* 40, 431); en celtique les thèmes se rattachant à cette racine ont passé du sens « jeter les yeux sur » au sens « respecter », ou « mépriser » par une évolution parallèle à celle de lat. *dēspicere*. *respicere*.

Quant à l'aspect on a donc, d'une part, en latin, un thème duratif à degré radical *zéro* et à suffixe *-ā-* : *micāre* ; d'autre part, en celtique, deux thèmes, l'un dépourvu de suffixe significatif dans gall. *mygu*, l'autre à infixe nasal dans irl. *mecc-*, ces deux derniers thèmes coïncidant sémantiquement avec lat. (*dē*)-*spicere,* qui est d'aspect instantané par opposition à (*dē*) -*spicārī* et à *spectāre*.

Le rapprochement du thème latin et des thèmes celtiques fournit une opposition :

gall. *(di-r-)-mygu* }
irl. *(di)-mecc-* } lat. *mīcāre,*

exactement comparable aux oppositions dont le latin fournit plusieurs exemples : *(dē)-spĭcĕre : (dē) -spicārī; dīcĕre: dicāre,* d'une part ; *-cumbĕre : cubāre,* de l'autre.

Le thème sans nasale du brittonique, par lui-même d'aspect indifférent, et le thème à nasale du gaélique, d'aspect déterminé-instantané, apparaissent comme synonymes, en tant que tous deux s'opposent à l'itératif en *-ā-* d'aspect duratif.

C'est ici que se place le thème *sell-* « regarder », pour le sens. Mais le fait que ce verbe n'est attesté que tardivement ne permet guère d'en préciser l'aspect ancien. Irl. mod. *sillim* « je considère, observe », est duratif, et les quelques exemples moyen-irlandais cités par Windisch (p. 775) sont peu nets (*sillis Cómgall fair* = « C. jeta les yeux sur lui » ou « le considéra » ? *Fél.*).

A côté des thèmes exprimant à l'origine l'idée de « voir » est attesté un thème à nasale exprimant l'idée d' « entendre » : *cluin-* ; ce thème appartient à une racine d'aspect aoristique, dont les présents sont de formation secondaire (cf. p. 42) ; nous verrons qu'ici comme dans le cas de *finn-* il y a coïncidence entre le sens du présent à nasale et celui des aoristes anciens attestés ailleurs : skr. *çrudhi,* gr. κλῦθι ; *cluin-* se comporte, au point de vue de l'aspect, de façon parallèle aux thèmes *finn-* et *gnin-* ; cependant les oppositions d'aspect sont moins systématisées dans le groupe de *cluin-* que dans le groupe de *gnin-* et surtout que dans le groupe de *finn-*.

Le présent *cluin-* présente toutes les variétés d'aspect que comporte l'aspect déterminé.

1° *Instantané.*

Pour exprimer la perception d'un cri :

Lg. 8 : *cech bó ocus cech míl ro chluined* (*atcluiniuth Eg*), « chaque vache et chaque animal qui entendait (ce cri de guerre) ».

it. : *cech duine nod chluined* « chaque homme qui l'entendait ».

On a *at-cluin-* avec le même sens.

FA. 14 : *fogur ocus fúamand dano na fial sin oc comriachtain atcluinter fón m-bith. Síl n-Adaim, dia cluintis in fogur sin, nos gebad ule crith ocus úamun dofhulachta remi,* « Le bruit et le fracas de ces voiles s'entrechoquant sont entendus de toute la terre. Et lorsque les enfants d'Adam entendaient ce son, ils en étaient saisis d'un tremblement et d'une terreur insupportables. »

Cf. Wi., *Táin,* 5583, 5649.

Dans tous ces exemples il s'agit d'un cri ou d'un choc, bruits de courte durée et dont la perception est instantanée.

2° Plus souvent on a l'aspect *terminatif; cluin-* correspond alors, non à lat. *audīre,* mais à lat. *exaudīre* « exaucer ». On trouve ainsi l'impératif *cluinte* avec la valeur exacte qu'a souvent gr. κλῦθι dans les invocations.

Ml. 136 a 10 : *cluinte,* gl. Deus, *exaudi* uocem.

Ml. 43 c 13 : *armbad dia nim racloadsom,* « afin qu'Il l'entende du haut de son ciel », gl. *exaudiet* illum de cælo sancto suo.

Ml. 53 b 26 : *asrubart som rongaid dia 7 rondcualæ.* « Il dit qu'il a prié Dieu et que Dieu l'a exaucé ». Cf. *Ml.* 53 b 27, 48 b 3, Atk. 1209.

3° *Inchoatif.* On trouve *cluin-* employé en parlant d'un bruit continu, mais qui ne devient perceptible qu'à un moment donné.

Wi. *Táin* 3319 : *atchlunim cul carpait,* « j'entends le bruit d'un char. » Le bruit du char qui se rapproche commence à se faire entendre. Cf. Wi. *Táin,* 3342, *SC.* 17.

Ml. 112 b 12 : *is deniu adciam hua sulib risiu rocloammar infogur hua chluasaib,* ut est, *is toisigiu adciam teilciud in bela resiu rocloammar a guth sidi.* « Nous voyons plus tôt avec les yeux que nous n'entendons (= que nous ne commençons à entendre) le son avec les oreilles, *ut est* nous voyons le jet d'une hache, avant d'en entendre le son (= avant que le son ne nous en parvienne) », gl. unde citius oculis quam auribus in adsensum ducimur.

C'est de cet aspect inchoatif de *cluin-* que dérive le sens figuré : « apprendre par ouï-dire, entendre dire ».

Ml. 112 b 13 : l *is demniu liunn anadchiam hua sulib oldaas an rochluinemmar hua chluasaib,* « ou, nous regardons ce que nous voyons par les yeux comme plus certain que ce que nous entendons par les oreilles ».

Nous avons encore ici le sens propre, mais nous pourrions déjà comprendre avec le sens figuré « ce dont la connaissance nous parvient par l'ouïe ». Les deux sens se confondent ici (cf. Atk. 1739). Nous sommes plus près encore du sens « apprendre », *Wb.* 11 b 6 : *is bées tra donaib dagforcitlidib molad ingni innanétside aracarat an rochlúinetar.* « C'est en effet une coutume des bons professeurs de louer l'intelligence des auditeurs afin qu'ils prennent goût à ce qu'ils entendent (= ce qu'ils apprennent oralement) ». Cf. Wi. *Táin*, 3176.

Enfin le sens « apprendre par ouï-dire » est le seul possible, *Wb.* 23 b 41 : *imb icéin fa inaccus beosa nicchloor act forcaínscél.* « Que je soie loin ou près, puissé-je ne rien apprendre de vous que de bien, » gl. ut... *audiam* de uobis. Cf. *Wb.* 23 d 2, 26 b 23.

Ces différents aspects ne sont au reste qu'un seul et même aspect fondamental, et dans plus d'un passage on ne peut que constater l'aspect *déterminé* de *cluin-* sans en préciser davantage la nature :

Wb. 12 c 46 : *nithucci in cách rodchluinethar,* « ceux qui l'entendent ne le comprennent pas. » Cf. *Wb.* 12 c 22, 27 b 27.

L'action d' « entendre » est d'aspect aussi déterminé que l'action de « comprendre » à laquelle elle s'oppose ici ; « entendre » est au reste toujours une notion déterminée par opposition à « écouter ».

A côté de ce présent à nasale qui présente toutes les nuances possibles de l'aspect déterminé est attesté un prétérit à redoublement d'aspect plus complexe encore.

Ce prétérit est attesté avec les trois aspects correspondants à ceux du présent. Nous savons que l'aspect des thèmes autres que le thème de présent se modèle sur l'aspect du thème de présent (cf. p. 76) et nous avons eu l'occasion de citer des exemples du subjonctif de *cluin-*, à côté des exemples de ce présent (voir plus haut). Le prétérit ne fait pas exception à ce point de vue. On le trouve avec l'aspect :

1° *instantané*.

Lg. 9 : *atracht lasodain a andord ass. Amal ro chualatar Ulaid innund in andord, atraig cech fer dib di alailiu*, « alors il poussa son cri de guerre (?). Quand les Ulates entendirent ce cri, tous se levèrent en désordre ».

Cf. *FB.* 44. *Lg.* 17, 20, etc. *SC.* 38, 9.

2° *terminatif*.

Nous avons cité plus haut *Ml.* 53 b 26. Cf. *Ml.* 50 d 7 : *rocuala-su guth mernaigde-se*, gl. audisti, « tu as entendu la voix de mes prières ».

Cf. *Ml.* 130 b 11, *Wb.* 28 c 22, *Ml.* 95 c 9.

3° *inchoatif*.

SC. 17 : *intan m-bátar and iarum co cúalatar culgaire carpait Labrada dund insi.* « Donc ils étaient là quand ils entendirent le bruit du chariot de Labraid qui venait vers l'île. »

De ce sens on passe, comme au présent, au sens d' « entendre dire, apprendre par voie orale » : cf. *Wb.* 5 a 7 : *ní sochude rochretti doneuch rochualammarni huaitsiu, a dé, ... doneuch rochuale cach huanni*, gl. quis credidit auditui nostro, « ils ne sont pas nombreux, ceux qui ont cru ce que nous avons entendu (appris) de toi, Seigneur..... ce que chacun a entendu de nous. » Cf. *Wb.* 22 a 23, Atk., 3816, 3818, et pour le composé avec *at-* 289, 527, 538, etc.

De ce sens : « j'ai appris » découle le sens « je sais », le prétérit prenant la valeur de présent duratif qui est la seule valeur (à très peu d'exceptions près) de *rofitir*, prétérito-présent de *finn-* (v. p. 75).

Wb. 25 d 14 : *indí nachidchualatar et tremitíagat*, « ceux qui l'ignorent et ceux qui le transgressent », gl. his qui *non nouerunt* Deum et qui non obœdiunt euangelio.

Wb. 12 d 28 : *ciarúdchualatar ilbélre et cenuslabratar*, « quoiqu'ils connaissent beaucoup de langues et quoiqu'ils les parlent », gl. et nec sic exaudient me, dicit Dominus.

Wb. 30 a 11 : *ind hí rochualatar in precept et in mairb.* « Ceux qui connaissent la doctrine et la mort du Christ », gl. testes.

On voit que le prétérit de *cluin-* accuse une tendance à prendre la valeur d'un présent duratif ; mais il garde à côté de cette valeur la valeur de prétérit, et n'a jamais formé avec le présent à nasale une opposition régulière comparable à celle qu'on trouve entre *finn-* et *rofitir*.

Ce qui frappe tout d'abord, quand on considère l'aspect des verbes exprimant une opération sensorielle ou intellectuelle, c'en est la variété : nous avons rencontré tous les types possibles d'aspect déterminé ; c'en est aussi l'unité : la distinction de ces différents types, parfois possible, est bien souvent arbitraire, tous se fondant l'un dans l'autre par d'insensibles gradations, alternant l'un avec l'autre dans les divers composés d'un même thème. On peut définir comme *inchoatifs* plusieurs thèmes : *finn-*, s'opposant au prétérito-présent *rofitir* ; *gnin-*, s'opposant au prétérito-présent de thème *gen-* ; *mynnu* « concevoir le désir de » ; *smuain-* « s'aviser de » ; *bond-* « faire remarquer, apprendre » ; *mecc-*, par ailleurs, paraît être instantané. Mais un thème comme *glenn-*, inchoatif dans *foglenn-* « discere », est terminatif dans *esglenn-* « examiner » ; un thème comme *cluin-*, tour à tour inchoatif, terminatif ou instantané, ne peut se définir que comme d'aspect déterminé, au sens large où nous prenons cette expression (cf. p. 59).

finn-, gnin-, bond-, glenn-, cluin-, mecc-, n'apparaissent qu'en composition. Des thèmes attestés en gaélique, seuls *smuain-* et *tong-* sont attestés au simple.

CHAPITRE IV

VERBES DE MOUVEMENT

La même variété se rencontre parmi les verbes de mouvement, qui sont, comme on pouvait l'attendre, largement représentés dans la formation à nasale. L'opposition entre aspect déterminé et aspect indéterminé apparaît en effet particulièrement nette lorsque l'action envisagée est un mouvement dont on considère soit le développement, soit le point de départ ou le terme (cf. les verbes de mouvement du slave). — Les verbes qui expriment un mouvement instantané sont les plus simples et les plus nets quant à l'aspect, la notion verbale exprimée imposant un aspect unique. Les verbes exprimant un mouvement continu, soit périodique (circulaire) comme *cell-*, *fen-*, *fill-*, soit non périodique, comme *grenn-*, *ell-*, gall. *mynet* et, un peu à part, *ucc-* présentent des phénomènes d'aspect plus complexes.

1° *Verbes de mouvement instantané.*

Ils forment un petit groupe présentant une unité morphologique autant que sémantique : *cing-*, *dring-*, *ling-*, *scind-* ou *scing-* (ce dernier, ancien verbe à nasale radicale est, au point de vue irlandais, comparable à *cing-*, etc. Cf. p. 49).

cing- est attesté au simple et composé avec *to-* ou (en moyen irlandais) avec *frith-* (Pedersen, II, 491).

La traduction que donne M. Pedersen : *cing-* « gehen, schreiten » peut faire croire qu'il s'agit d'un verbe d'aspect duratif signifiant « aller, marcher » ; mais voyons les exemples :

Thes. II, 253, 10 : (Tract on the Mass) *na* III *chemmen cinges in fergraith foracúlu* 7 *tocing afrithisi,* « les trois pas que le prêtre fait en arrière et qu'il fait (ensuite) en sens inverse ».

Dans l'expression *cinges... cemmen* il y a une de ces figures étymologiques qui sont si familières à l'irlandais. *cing-* signifie ici : « faire un (des) pas » ; *to-cing-* « faire un (des) pas vers ».

Le vieil-irlandais nous fournit un autre exemple de ce verbe, mais cet exemple est fort obscur ;

Thes. II, 248, 6 (incantation du manuscrit de St-Gall). *aird goibnenn re n-aird goibnenn ceingeth ass,* « let Goibniu's goad (?) go out before Goibniu's goad ».

Le passage n'étant guère intelligible on ne peut tenter aucune précision d'aspect.

C'est entre l'aspect ponctuel et l'aspect inchoatif, que se partagent les exemples moyen-irlandais.

cing = « faire un saut, sauter ».

Wi. *Táin,* 1947 : Nathcrantail vient attaquer Cuchulainn, n'ayant pour toute arme que des baguettes de bois. Il jette contre Cuchulainn une de ces baguettes :

cingis Cuchulaind com-bái for ind uachtarach in bera (Cf. l. 1950). « C. sauta de façon à se trouver sur la pointe supérieure de la baguette ».

Le texte de *LU* diffère ici, mais est également caractéristique quant à l'aspect de *cing-: cingid iarom for rindriis na m-bera sin amail én.* « Il sautille ensuite sur les pointes de ces baguettes comme un oiseau ».

FB. 88 : *no cinged fora chúlu... fot n- aurchora on cathraig; docinged dano doridisi...* « Il saute en arrière... jusqu'à un jet de pierre du fort ; il bondit de nouveau, en sens inverse... », etc.

L'opposition entre *cing-* et *docing-* est ici la même que dans *Thes.* II, 253, 10 : *cing-* y exprime un mouvement en arrière (ou répondant à la question *unde*) non par lui-même, mais en tant qu'il s'oppose à *tocing-* qui exprime un mouvement en avant (ou répondant à la question *quo*). Cf. Wi. *Táin,* 3777 et 3782, 1995 (comparer pour l'aspect avec *tanic,* l. 1992), *Lg.* 17, 2 et 3.

Ce même sens de « sauter » se retrouve dans le composé moyen-irlandais avec *frith-*. *LU.* p. 89 a 44 : *friscichset for cenna dib,* « (vos têtes) sauteront loin de vous ».

cing- est le terme propre pour « monter (en char) » :

Wi. *Táin,* 3298 : *cind siu and,* « pour toi, monte (dans ton char) ».

d° 3299 : *Is ann sind cinnis... ina charpat.* « C'est alors qu'il monta... dans son char. « Un manuscrit (*St.*) présente la variante *teid,* bien moins satisfaisante pour l'aspect, puis qu'elle substitue un verbe exprimant un mouvement duratif, « il alla », au verbe dont l'aspect instantané convenait bien à l'action instantanée de « monter en char ». On voit ici comment le sentiment de l'aspect va en se perdant au cours de la période du moyen-irlandais.

cing-, enfin, se rencontre au sens (inchoatif) de « s'élancer au combat) ».

SC. 37, 17 : *cingid dar firu* « il s'élance parmi les guerriers ».

Wi. *Táin,* 4047 : *Nir ching din tress tinbhi chness... th' aidgin-siu, a meic deirg Damain.* « Il ne s'élance au combat meurtrier aucun guerrier qui te vaille, ô fils-rouge de Daman ». Cf. Wi. *Táin,* 1346 sq.

cing- est donc ou instantané, ou inchoatif ; les autres verbes de cette série sont, sinon plus nettement, du moins plus exclusivement, instantanés.

Le gallois *rhygyngu* « aller à l'amble » ne conserve pas l'aspect ancien ; il exprime un mouvement de marche continu : cf. Spurell *Dict.*, « to amble ; to caper ; to mince, Isa. III, 16 ». Le sens « to caper », « cabrioler » garde une trace du sens ancien : « faire un pas, un saut » ; par l'intermédiaire du sens fréquentatif (qu'on trouve dans Wi. *Táin,* 1947 *LU,* cité plus haut) ce verbe a passé au sens duratif.

ling- « sauter » d'où, au figuré, « omettre ».

Ml. 33 c 8 : *lias*, gl. prosilere.

Ml. 129 c 20 : *amal lengtae sidi inarddai intan cluichegatar,* « comme ils (les béliers) sautent en l'air quand ils jouent ».

FB. 20 : *ocus co raeblangtár ind laith gaile dia n-gaiscind,* « de sorte que les guerriers sautèrent (= se précipitèrent) sur leurs armes ».

Cf. *FB.* 25, 36, 82, 86 ; *ScM.* 20 ; *SC.* 47, etc. Pour le nom verbal, cf. *Sg.* 106 b 8 ; *Thes.* II, 5, 26 ; *Wb.* 5 c 16.

Au figuré :

Thes. II, 15, 43 : *lingidsem tar áes nesci beos ar chumbri,* « par souci de concision il omet encore (de spécifier) l'âge de la lune ».

Plusieurs composés de *ling-* ajoutent seulement au sens du simple l'indication de la direction vers laquelle s'effectue le saut :

to-air-fo-ling-, « sauter en bas ». *Tr.* 60 (*Thes.* I, 488, 21-22) : *air intan adcitaocæ rebeca inní isác doarblaing den chamull forambói... sic dano doarblaing indeclais din chamull indiumsa... intan adodairc sponsum.* « Car lorsque Rebecca aperçut pour la première fois Isaac, elle sauta du chameau sur lequel elle était,... ainsi l'Église sauta du chameau de l'orgueil quand elle aperçut l'Époux », gl. unde *desilit* sponsa de camello.

FB. 36 : *tairbling... asa charput.* « Il sauta de son chariot ».

Cf. *Thes.* I, 488, 20, *ScM.* 15, *TBF.* p. 138, 19, *FB.* 39, 40, 15.

for-ling- « sauter sur ».

Wi. *Táin,* 5616 : *Is ann forlengat na tri cet curadh... dar slesaibh agus dar brainibh na roth,* etc. « Alors les trois cents guerriers bondissent sur les côtés et sur le devant des roues », etc., etc.

imm-ling- « sauter contre » : O' Curry, *Ms. Mat.* p. 474, 3.

to-ling- « sauter vers » : Cormac, 37, p. 26 (cf. Pedersen, II, 568, § 765, 3).

CC. 5 LU. *dolinged míl mbec... dochum a bél,* « un petit animal sautait vers leurs bouches ».

com-ling- « bondir à la rencontre de », d'où « en venir aux mains avec ». De ce verbe, seul, l'abstrait est attesté :

Ml. 112 b 8 : *du chuimlengu .i. comchadugud frit su ón,* « le fait d'en venir aux mains avec toi, c'est-à-dire de combattre contre toi ». gl. hostium turmae *congressus* tuos ferre non poterunt.

Sur cet abstrait a été formé un dérivé *cuimlengaig-* « combattre » (cf. *Ml.* 16 a 11) qui illustre un des procédés employés pour l'élimination d'un verbe fort : la formation d'un dérivé sur le thème d'abstrait (cf. p. 145).

Un composé de *ling-* avec *fo-* présente un sens un peu à part, et où il est difficile de rendre compte de la valeur du préverbe : *fo-ling-* glose d'ordinaire *praeuenīre* « devancer ».

Ml. 95 d 11 : *foroiblang sa*, gl. proeueni.

Ml. 43 d 16 : *foroiblang*, gl. quoniam proeuenisti eum.

Cf. *Ml.* 107 d 13, 58 d 6.

Si on trouve *fo-ling-* glosant *subsilīre* (*Ml.* 129 c 21) c'est là un de ces cas où le glossateur irlandais transcrit plutôt qu'il ne le traduit le texte latin, cas qui ne sont pas rares dans la langue des gloses.

fo- paraît correspondre ici sémantiquement à lat. *prae-*. Ce préverbe exprime l'idée d'une action faite « en avance » ; il semble donc qu'irl. *fo-* puisse avoir le même sens. Malheureusement l'étude sémantique des préverbes celtiques, par quoi pourraient s'expliquer des faits de ce genre, est encore pour la plus grande part à faire.

Plus explicitement, *rem-fo-ling-* a le même sens que *foling-* :

Ml. 23 a 8 : *coremifoil*, gl. ut... anticipiet. Cf. *Ml.* 44 c 24.

Du sens « se jeter en avant » on passe au sens « se porter au secours de ».

Ml. 100 d 12 : *remfolaing*, gl. tu adiuua.

Rappelons que lat. *adiuuāre* signifie « porter secours à » (instantané) et non « aider » (duratif), ce dernier sens s'exprimant par l'itératif *adiūtāre*.

Dans le thème *scend-* (ou *scing-*) la nasale est radicale. Cependant l'analogie de sens et de forme l'a rattaché à la série de thèmes à nasale infixée *ling-*, etc (cf. p. 47). Ceci pouvait se produire d'autant plus aisément que, la notion exprimée imposant l'aspect instantané, le thème *scend-* ne se distinguait pas quant à l'aspect des thèmes à infixe nasal : il alterne dans les textes moyen-irlandais avec le thème *ling-* « sauter », sans différence de sens, semble-t-il.

Wi. *Táin*, l. 3896 sq : *scindis Laogh gó bhráthair*, « Laegh saute vers son frère » (mais *Eg.* 29 fournit la variante *linges*).

l. 3898 : *linceis Cuchulainn tar bile in sgeth*, « Cuchulinn saute sur le bord du bouclier ».

On trouve *scind-* alternant avec *doling-* :

CC. 5 : *dolinged míl mbec tarsin lind dochum a bél* (*LU*), « (quand ils approchaient la boisson de leurs bouches) un petit animal sautait à la suite de la boisson, vers leurs bouches », et plus loin :

o ra-uccad a bélaib, scéinti lea anail hochud, « dès qu'elle s'éloignait de leur bouche il sautait au dehors avec leur haleine ». Cf. *Three Ir. Gloss*, p. xl; *LU.* 79 b 39, 127 a 11, 127 a 13; Wi. *Táin*, p. 877, etc.

Le thème *scend-*, avec sa nasale radicale, ne se rattache qu'accidentellement au sujet de cette étude. Cependant, nous ne saurions laisser de côté une formation qui se rattache à ce thème, et qui intéresse l'aspect celtique en général : il s'agit du thème *scann-*, véritable itératif du thème *scenn-*.

scenn- n'étant employé qu'au simple, *scann-* n'est au contraire employé qu'en composition.

1° *fo-scann-* « agiter, secouer ».

Ml. 63 b 17 : *nanní frisoirc doib fascannat huan-adarcaib,* « tout ce qui les heurte, ils le secouent avec leurs cornes », gl. quae se cornibus ulciscuntur.

Ml. 96 a 4 *fuscannainn : asgleinninn* (sic lege), gl. uentilabam in mente.

L'aspect de ce composé est donc *fréquentatif.*

2° *to-ind-scann-* « entreprendre » ; *ind-to-ind-scann-*, même sens :

Thes. II, 36, 28 : *doinscanna,* gl. incipiat; cf. *Thes.* I, 487, 25, II, 299, 6, *Wb.* 17 c 8, *Sg.* 162 b 1, etc.

Thes. I, 487, 20 : *intosgaigther* .i. *intinscantar,* gl. initiatur; cf. *Wb.* 15 a 1, *Thes.* I, 487, 26, *Sg.* 136 a 1.

Ml. 23 c 3 : *nochis intinscanam,* gl. cum operis aliquid arripimus.

Ici le composé de *scann-* s'oppose à *scenn-* non par l'aspect, mais en tant qu'il est spécialisé au sens figuré.

scann-, employé seulement en composition, tantôt avec un aspect duratif, tantôt au sens figuré, présente tous les caractères d'un de ces itératifs italo-celtiques en *-ā-* dont on a toute une série en latin ; cf. *dīcere : dicāre : -cumbĕre : cubāre,* etc. (pour l'étude de ces formes, voir Vendryes, *MSL.* XVI, 309 sq.). Le thème *scann-* est au reste le seul thème de ce type qu'attestent les langues celtiques. L'opposition d'un thème d'aspect instantané (*scenn-*) et d'un thème d'itératif (*scann-*) n'est cependant pas sans analogue en irlandais. Nous avons vu qu'en face de quelques thèmes à nasale (*dlong-*, etc., cf. p. 12), sont attestés des thèmes de vocalisme radical, *-o-*, qui peuvent être d'anciens itératifs. Le rapport, en vieil-irlandais, des thèmes *scenn-* et *scann-* (dont l'opposition est, tout au plus, de date italo-celtique), nous fait comprendre ce qu'a pu être, à date préhistorique, le rapport des thèmes *dlong-* et *dluig-*, par exemple, dont l'opposition sémantique n'est plus sentie nettement à date historique (cf. p. 121). Les deux séries de faits, de couches différentes, s'éclairent mutuellement.

dring- « sauter sur, grimper » n'est attesté en vieil-irlandais que dans un seul passage, sémantiquement peu net :

Thes: II, 295, 16 (poème du ms de St Paul) : *oc cormaim gaibtir dúa, nadrengaitir dreppa dáena,* « en buvant la bière, on chante des poèmes, on gravit les beaux degrés (des généalogies) ».

En revanche les exemples moyen-irlandais sont plus nets.

SM. IV, 104, 9 : *riasiu rodrengad taris,* « avant qu'ils ne puissent sauter au delà » (*ro-* exprime ici la possibilité).

L'aspect est peu net dans le composé avec *frith* ; *SM.* Gloss. 419 *frisdrengar*, « is regulated » (IV, 210, 9).

En revanche le composé avec *for-* concorde sémantiquement avec le simple :

Strachán, *Táin,* p. 61, n. 7 : *iss and fordringtis na mná na firu día descin,* « Alors les femmes grimpèrent (sautèrent) sur les épaules des hommes pour le voir ».

e. l. : fordring Medb dano na firu lasodain dia descin, « et alors Medb aussi grimpa sur les épaules des hommes pour le voir ».

Le sens général de ce thème est donc « gravir (un échelon) », « grimper (d'un saut) », l'aspect étant le même que celui de *cing-*, et le sens étant parallèle, avec cette différence que *dring-* implique une direction ascendante du mouvement.

gall. *dringo* « to climb » est emprunté au gaélique.

Les verbes à nasale qui expriment un mouvement continu ont un aspect plus complexe que ceux exprimant un mouvement instantané ; ceci tient à la nature même du mouvement envisagé, qui se prête à être considéré par rapport à différents « points remarquables » ; ceux-ci se confondent, par définition, en un point unique dans le mouvement instantané.

Les verbes qui expriment un mouvement circulaire occupent une position à part dans l'ensemble des verbes de mouvement continu : comportant une périodicité précise, ils se prêtent particulièrement bien à revêtir un aspect déterminé. C'est ce que nous montrent les trois thèmes à nasale ; *cell-* « tourner », *fen-* « ployer », *fill-* « fléchir » (transitif ou intransitif).

Le thème *cell-* « tourner », n'apparaît qu'en composition. Il se confond partiellement avec les formes de deux autres verbes : *cel-* (de la même racine que lat. *celāre,* v. h. all. *helan*) « cacher », et *ciall-* (dénominatif de *ciall* « raison »), de sens peu net. Le départ entre les formes de ces trois verbes est souvent malaisé à faire. Parmi les composés réunis dans Pedersen, II, 482 sq. (§ 678), il semble qu'on puisse rattacher à *cell-* (sans préjudice des influences possibles des autres racines) les composés avec : *to-air-*, *imb-*, *to-imb-*, *imb-to-imb-*.

1° *to-air-cell-*.

Ce composé est moins largement attesté que les composés avec *imb-* qui tendent à le supplanter (O'Dav., n° 1584, cite l'abstrait *timmchell* gl. *·tairceall*). On en relève cependant quelques exemples nets en moyen-irlandais :

SM. IV, 344, 20 : *taircella tomus,* « he goes round its measurement ».

Wi. 181, 30 (*LBr*) : *donoirchell didiu mur luaidi for lassad,* « un mur de plomb flamboyant l'entoure » (*timchellaid* LU, qui ici paraît donner la lecture la plus récente).

Wi. 311, 2 : *Cúachi di ór for a dib cúladaib hi taircellad a folt,* « une boucle (?) d'or sur sa nuque encerclait sa chevelure ».

On voit ici comment « ceindre » peut en venir à signifier « retenir », d'où « dompter » sens qu'on a Wi. p. 311, 4 (*LU.* 122 b 30) : *bruitne... dia tairchelland a eochu,* « l'aiguillon... avec lequel il tient ses chevaux dans l'obéissance ».

Ces passages éclairent les textes du vieil-irlandais.

Wb. 12 b 33 : *tairchella hic tra huili dánu in spirito.*

Les auteurs du *Thesaurus* traduisent « he collects (?) *hic,* then, all the gifts of the spirit ».

Mais nous ne voyons pas d'autres exemples de *tairchell-* signifiant « réunir ».

M. Pedersen (II, p. 482) traduit : « er geht alle Gaben des Geistes durch ». Mais ceci ne rend pas l'aspect très précis de *tairchell-* « faire le tour de, entourer complètement ». Nous traduirions « Il comprend (dans son énumération) les dons du Saint-Esprit » (litt. « il les entoure sans en rien laisser échapper »), gl. Et si habuerim prophetiam et nouerim omnem scientiam ; et si habuero omnem fidem...

Wb. 9 d 1 : *a ra-tairchela ná tuári,* « afin qu'il puisse restreindre les excès de table (litt. les viandes) ».

Le sens de « restreindre » s'explique par le sens d' « entourer, retenir ».

2° Les composés avec *imb-* sont plus largement attestés et, partant, sémantiquement plus nets.

imb-cell- (*to-imb-cell-*) « entourer », « accomplir un circuit ».

Ml. 67 d 12 : *imm-e-chella* « elle entoure » (en parlant d'une chaîne de montagnes encerclant une ville).

D'ordinaire c'est *to-imb-cell-* qu'on a au sens d' « entourer, accomplir un circuit fermé autour de ».

Thes. II, 33, 18 : *it trí mís deacc* soli *oc timchull áerat tonimchéla* Luna *inna óen mís.* « Le soleil met treize mois à accomplir la révolution que la lune accomplit en un seul mois. »

L'aspect de *timchell-* est terminatif, le sens en étant « accomplir une révolution », et non « tourner autour » (indéterminé). Le mouvement circulaire est considéré ici non en tant qu'il est continu, mais en tant qu'il est fermé sur lui-même. C'est à lat. *uoluere* et non à lat. *uertere* que correspond pour l'aspect *timchell-*. Le sens ordinaire de l'abstrait verbal est « circuit ».

Thes. II, 33, 22 : *iar thimcul,* « une fois son circuit terminé », cf. *Thes.* II, 26, 35.

En moyen-irlandais le sens est le même : « accomplir un mouvement tournant de façon à encercler » (terminatif).

Wi. *Táin,* 542 : *Sernsat 7 immsit na slóig impu.* « Les bataillons se déployèrent et les encerclèrent. »

Nous avons en variante à *immsit : rotimchiollsat, Add. ; Rostimcillsid, St.*

Cette dernière variante montre bien comment l'aspect terminatif du thème à nasale se combine avec l'aspect parfait qu'entraîne l'adjonction de *ro-* : « ils les encerclèrent, de façon à les tenir encerclés ».

Strachan, *Táin,* 1110 : *is ē timchellas hErind ind ōenlō.* « C'est lui qui fit le tour de l'Irlande en un seul jour. » Cf. *Three Hom.* p. 32, 21 ; Atk. 1570.

Du sens de « décrire un circuit autour », avec mouvement, on passe au sens de « ceindre, être disposé autour », sans mouvement. On a déjà vu ce sens pour le thème *tairchell-* ; on le retrouve dans *timchell-*.

Ml. 108 a 14 : *duimcheltar,* gl. si in aquarum medium quis discenderit, ita eius omne corpus *ambitur* ut nulla pars esset intacta.

Ml. 108 a 12 : *du-m-imm-er-chell,* gl. uallauit.

Ml. 90 d 5 : *doimchelltis,* gl. amicarentur.

Cf. *Ml.* 67 d 8 ; *FA.* 8, 17 ; Wi. *Táin,* 1132, 1133, 6091, etc.

imb-to-imb-cell- ne se distingue pas pour le sens de *to-imb-cell* (Cf. p. 101).

On rencontre ce thème glosant :

cingĕre (ac-).

Ml. 24 a 7 : *imtimcélfam ni,* gl. et cingemus.

Ml. 28 d 10 : *imthimchell su,* gl. accingere in ultionem. Cf. *Ml.* 32 a 19, 43 b 9, 40 c 14.

ambīre (au sens statique « entourer »).

Ml. 109 c 5 : *imthimchéltar,* gl. mare fluminaque quæ eius imperio *ambientur.* Cf. *Ml.* 108 a 9.

amiciāre.

Ml. 121 a 1 : *amal immetimcheltar nech hua brot.* « Comme quelqu'un est enveloppé d'un manteau. » Gl. sicut pallis *amictus.* Cf. *Ml.* 65 c 2.

uallāre.

Ml. 123 b 9 : *ní uaimthimchiull* « non pas en entourant », gl. non uallando. Cf. *Ml.* 108 a 13.

circumdare.

Ml. 44 c 25 : *im-im-thimmerchelsat,* gl. circumdederunt me. Cf. *Ml.* 130 b 12, 116 a 2, 68 d 3, 69 b 7.

tegĕre.

Ml. 127 b 17 : *imthimcheltar son*, gl. tota superficiae *tegatur* plagis.

Les deux séries de composés, en *to-air-* et en *to-imb-* étaient donc synonymes; elles ont été confondues dans un thème moyen-irlandais *tairmchell-*.

FB. 31 : *co rothairmchellsat tír n-Erend fon n-innasin.* « Si bien qu'ils firent le tour de l'Irlande de cette façon. »

Cf. *FB.* 16, 55. Pour l'abstrait verbal *tairmchell*, « Umkreis », cf. Wi. p. 803.

Sans doute faut-il rattacher à *cell-* le thème *clo-* « vaincre » (Pedersen, II, 493). Malheureusement le sens figuré s'en explique difficilement en partant du sens propre « tourner » et l'on ne peut guère apprécier l'aspect ancien du thème (pour *clo-* glosant lat. *uincere*. Cf. *Ml.* 30 c 1, 43 d 18, 37 a 5, 67 a 11, etc.).

Peut-être le composé *com-air-clo-* permet-il de restituer l'évolution sémantique du thème : *com-air-clo-* glose ordinairement *agere* (verbe d'aspect *indéterminé* par opposition à *facere*). Cf. *Ml.* 18 d 19, *Sg.* 17 a 7, *Wb.* 4 a 14, etc. Le sens ordinaire en est alors « manier, mener, entraîner » ; on s'explique comment un thème signifiant « tourner, retourner » a pu prendre ce sens. On trouve aussi *clo-* glosant *agitāre* (itératif) *Ml.* 38 c 29, et même *exagitāre* « tourmenter », *Ml.* 33 d 16. C'est sans doute de ce dernier sens qu'il faut partir pour expliquer le sens du simple.

Le thème *cell-* nous fournit un premier exemple de mouvement circulaire conçu sous un aspect déterminé, ici spécialisé au sens terminatif : étant donnée la racine de lat. *colō* « je cultive » (je retourne la terre), skr. *cárati* « il tourne, se tourne », d'où « il va », gr. τέλλομαι « je me produis, je suis » (cf. lat. *uersarī*), πολέω « je me meus », etc., racine qui signifie « tourner », d'un mouvement continu et se poursuivant indéfiniment, l'irlandais nous fournit de cette racine un thème à affixe nasal qui signifie « faire le tour », « accomplir une révolution complète autour », d'où « ceindre, entourer ». Nous voyons ici nettement l'opposition entre l'aspect déterminé-terminatif et l'aspect duratif-indéterminé.

Le thème *fen-* est sémantiquement analogue.

Ce thème ne se rencontre qu'en composition. Au simple, seule une forme de participe est attestée dans l'expression *tech fithi* « maison d'osier », exactement « une maison de vannerie (tressée) », *SM.* V, 95, 8; 316, 9.

On a de ce thème deux composés :

1° *aith-fen-* « récompenser », ou « punir ».

Wb. 20 b 7; *digail .i. adfether do,* « châtiment, c'est-à-dire il sera puni », gl. qui autem conturbat uos portabit indicium.

Wb. 21 d 11 : *asber iarum dano arandathidisom di maith.* « Il dit ensuite qu'ils devraient répondre (aux faveurs de la grâce divine) par leur bonne conduite », gl. ut digne ambuletis uocatione qua uocati estis.

L'adjonction de *di maith*, ainsi que le rapprochement avec *Wb.* 20 b 7 prouve que *aith-fen-* n'a pas toujours le sens favorable. Le sens en est « donner en retour » qu'il s'agisse de récompenser ou de punir. L'abstrait verbal *aithi* glose foenus, *Sg.* 111 b 3, *Thes.* II, 227, 21. Cf. *cenlóg cenaithi* « sans salaire ni récompense », *Wb.* 14 c 8, 14 c 9, 14 c 10, 15 b 11, etc.

2° *imb-fen-*, par opposition à *aith-fen-*, a conservé le sens propre : « entourer » (en parlant, par exemple, d'un rempart).

Ml. 110 a 7 : *imm -a-feithe,* gl. ut pateret ad incursus hostium uel templum uel populus, ammouisti id per quod *sepiri* consuerat.

Le participe glose *septo* (*Ml.* 112 b 17) et *circumseptus* (*Ml.* 128 a 9).

L'abstrait signifie « ce qui entoure, clôture » (*Ml.* 102 a 13 : *an imbe* gl. maceriam ; *Ml.* 110 b 2 : *hua imbib* gl. *sepibus*).

aith-fen- signifie donc « retourner », « donner en échange », c'est-à-dire, au propre, « faire aller en sens inverse « faire faire demi-tour » ; *imb-fen-* signifie « faire le tour de ». Les deux composés expriment l'idée fondamentale de « tourner, ployer », de façon différente mais sous le même aspect terminatif : « faire (ou faire faire) un tour (ou un demi-tour) ». Nous retrouvons la même notion, mais sous l'aspect indéterminé, dans skr. *váyati* « il tisse », lat. *uieō* « je ploie, je tresse », v. sl. *vi ti* « rouler, tourner ».

fill- est, pour l'aspect, tout à fait comparable aux deux

thèmes précédents. On le trouve, au simple, au sens de « fléchir » (transitif ou intransitif).

Thes. II, 228, 27 : *fillim* l *álgenaigim*, gl. lento, lentor.

Three Hom. p. 68, 25 : *ro fill... a glúni fo thrí*, « il fit trois génuflexions », gl. genu flexit. Cf. *LBr.* 261 b 43.

Atk. 1348 : *fillid a glúine*, « il s'agenouille ».

L'abstrait signifie « flexion, fait de se fléchir ».

Ml. 138 a 2 : *issi briathar glunoe 7 chos a filliud fri slechtan.* « C'est le langage des genoux et des jambes, de se ployer en flexions. »

Dans cet emploi particulier *fill-* a un aspect nettement déterminé : « plier en deux, faire un mouvement de flexion ».

Atk. 2633 (il s'agit d'étendards qui s'inclinent d'eux-mêmes miraculeusement pour rendre hommage au Seigneur) : *amal rofillset na merceda d'a ndeoin fen*, « comme les étendards se sont inclinés d'eux-mêmes », cf. 2636, 2638. Cf. Wi. *Tàin*, 3812.

Au sens figuré : « fléchir sous la fatigue », « se lasser ».

Sg. 145 a 1 : *álgenaigim* l *fillim*, gl. dificiscor (*recte* defetiscor).

Le verbe à nasale irlandais correspond ici à un inchoatif latin. Nous rencontrerons d'autres exemples de cette équivalence.

On trouve *fill-* employé dans la langue technique de la grammaire pour exprimer l'idée de « fléchir », soit « décliner », soit « conjuguer » (cf. en latin *flectiō*, etc., qu'irl. *filliud* ne fait que traduire).

Sg. 203 b 9 : *air is hé in fogur cétna filter and*, « c'est le même son qui est fléchi ici ». Cf. *Sg.* 203 b 12 et, pour *filliud*, *Sg.* 157 b 1 (gl. declinatio), 158 b 6, *Thes.* II, 230, 21.

fill- se rencontre en composition :

1° avec *in-* : « se ployer de façon à entourer ».

Ml. 33 c 11 : *in-ru-fill*, gl. ita peccandi consuetudo omnes *implicuit*. Cf. *SM.* IV, 378, 10.

2° avec *con-*, même sens.

ZfCPh. VII, 485 : *incobfillter*, gl. utrum implicetur. Cf. *SM.* IV, 286, 6.

Le verbe *fill-*, soit au simple, soit en composition, signifie donc « ployer, fléchir », « donner » ou « recevoir un pli », soit au propre, soit au figuré. Ce thème se rattache à la même racine que lat. *uoluō*, gr. ἐλύω, qui signifient « tourner », d'un mouvement indéfini. En face de ces formes d'aspect indéterminé *fill-* présente un aspect déterminé-terminatif. Notons que, de la même racine le grec possède un présent thématique à redoublement ἴλλω (< *ϝίϝλω). Nous aurons à revenir (p. 128 et 203) sur la coexistence et l'équivalence sémantique, au moins partielle, du présent à nasale et du présent thématique à redoublement.

A côté des verbes exprimant un mouvement circulaire, nous rencontrons quelques verbes à affixe nasal exprimant un mouvement continu sans périodicité précise ; ceux-ci ne tendent pas vers l'aspect déterminé-terminatif aussi naturellement que les trois thèmes que nous venons de voir. Leur exemple n'en est que plus significatif.

grenn- « aller, marcher ». Ce thème n'est attesté qu'en composition.

1° *con-grenn-* « réunir ».

O' Dav. n° 411 : *Congreinn .i. tional* [*ut est*] *congrenn saeghlonn sochaidi.* « *Congrenn* c.-à-d. réunit, *ut est* : le capitaine réunit une troupe ». Cf. K. Meyer, p. 473, *SM.* I, 194, 24.

Le sens est factitif : « faire que quelqu'un (ou quelque chose) rencontre » ; d'autre part l'aspect est terminatif. Le mouvement exprimé est considéré non pas sous l'aspect indéterminé, « aller, marcher » qu'on a dans lat. *gradior* « je marche », mais sous l'aspect déterminé : « venir, rencontrer », « marcher vers quelqu'un (ou quelque chose) jusqu'au point de rencontre (qui est le terme du mouvement) ».

Du sens de « rencontrer » on passe au sens de « en venir aux mains avec, attaquer ».

Wi. *Táin,* 4741 : *Is uissiu a bás 7 a éc 7 a aided ind fir congreiss in rig samlaid.* « Il est plus juste que meure, périsse et soit exterminé l'homme qui s'est ainsi attaqué au roi ».

Cf. pour l'évolution du sens lat. *congredior*.

2° *ingrenn-* « poursuivre, persécuter », glose différents composés de lat. *sequor* : *persequor*.

Ml. 39 d 13 : *a-tam-grennat,* gl. persequntur, « ils me poursuivent ». Cf. *Ml.* 36 d 2, 140 c 2, 54 b 23, 73 c 1, etc.

insequor.

Ml. 127 c 4 : *ingrennat,* gl. quos in tui nominis iniuriam *insequantur* hostes.

prosequor (?).

Ml. 44 a 13 : *toibned* l *ingrainned,* gl. etiam filios eorum tua seueritas *prosequatur* (uel *per-*).

On conçoit qu'en latin un composé de *sequor* « je suis » en vienne à signifier « je poursuis ». Mais que, en irlandais, un composé d'un verbe signifiant « aller, marcher » en vienne à signifier « poursuivre », ceci ne s'explique que par l'aspect déterminé de *grenn-*, aspect qu'on peut au reste interpréter de deux façons. Si, dans le composé *in-grenn-*, le thème *grenn-* était d'aspect indéterminé le sens du composé serait « marcher vers » ; le sens de « poursuivre, persécuter » (car c'est toujours cette valeur hostile qu'a *in-grenn-*) peut s'expliquer en partant d'un aspect inchoatif de *grenn-* « se mettre en marche », et partant de *ingrenn-* « s'élancer vers ». On a vu à propos du thème *cing-* (p. 95) comment, de « s'élancer vers », on en vient à « attaquer ». Au reste on peut aussi bien partir d'un aspect terminatif de *grenn-* « marcher jusqu'à atteindre », d'où *ingrenn-* « entrer en contact hostile, en conflit », d'où encore « attaquer ». Nous venons de voir un exemple de cette évolution dans *con-grenn-*.

Qu'il soit à l'origine inchoatif ou terminatif, l'aspect de *grenn-* dans *ingrenn-* est, en tous cas, déterminé.

3° *to-grenn-* « atteindre (à la course) » d'où « s'emparer de », « percevoir (un impôt) ».

Nous trouvons *to-grenn-* au sens propre Strachan, *Táin,* 676 : (si vite volait le char de Cuchulainn) *co togrennitis ind eich fon charpat in gaith 7 na neonu for luamain,* « ... que les chevaux attelés au char atteignaient à la course le vent et les oiseaux ».

D'où au figuré :

O' Dav. n° 617 : *dogrinn* « il perçoit (un impôt) ».

O' Dav. n° 671 : *dogrenar .i. toibgither* « est exigé ».

Le composé *intogrinn* (O' Dav. n° 1551) est synonyme de *togrenn-*.

Les trois composés de *-grenn-* concordent donc quant à l'aspect, qui est chez tous déterminé, en général terminatif, quoique peut-être inchoatif dans *ingrenn-*.

Le thème *ell-* (*la-*, cf. Pedersen, II, 509) présente des exemples plus variés et plus complexes encore de l'aspect déterminé dans un verbe de mouvement continu.

ell- « aller » ne se trouve qu'en composition ; l'aspect déterminé y revêt des nuances diverses selon le sens des préverbes composants.

On peut citer cependant un exemple, à vrai dire isolé et tardif, de *ell-*, au simple. Atk. 4139 : *dia n-ellad... ón fhuigell fhíren,* « s'il s'écarte de la sentence équitable ».

Le sens de *ell-* est ici le même qu'on a dans le composé *di-ell-* ; en effet le sens du verbe est déterminé ici par la préposition régie comme il le serait par un préverbe composant. L'aspect concorde également avec celui de *di-ell-*, inchoatif : « s'écarter de, dévier », c'est-à-dire « s'engager dans une direction divergente de... »

On trouve *ell-* composé avec :

1° *ad-* : *ad-ell-* « parvenir jusqu'à », « rendre visite ».

Wb. 19 b 15 : *indí ata hiressig ataella bendacht doratad for Abracham,* « à ceux qui sont fidèles est transmise la bénédiction qu'a reçue Abraham ».

Wb. 7 a 4 : *oral cúairt fuiribsi at-dub-elluib lemm,* gl. spero quod praeteriens uideam uos, « afin de vous faire une visite je passerai parmi vous (et Tertius ?) avec moi ».

Cf. *Ml.* 102 a 15 : *Thes.* II, 320, 7, *Wb.* 14 a 6, 14 a 7, 14 a 8.

On trouve *to-ad-ell-* avec le même sens :

Wb. 9 d 5 : *ardoecmalla in mertrech cuicce pecthu indlína do-da-aidlea.* « Car la courtisane réunit en elle les péchés de ceux qui lui font visite ». Cf. *Wb.* 30 d 20, 25 d 14.

2° *ad-com-* : *adcomell-* « réunir, unir ».

Ml. 58 b 12 : *innahi-siu adrochomul,* gl. hos quos mihi uel necessitudo uel familiaritas longa coniunxerat.

Notons ici comment l'aspect inchoatif de *adcomell-* se combine avec l'aspect parfait « ils s'unirent à moi (à un moment donné), et me sont maintenant unis ».

Cf. *Sg.* 212 b 7, *Wb.* 16 a 19, 25 b 16, 3 c 13, 4 a 10, etc.

De même, en moyen-irlandais :

Atk. 5006 : *7 ro n-accomailset dón chásc* traduit : (on avait changé la date de Quadragésime) ac Paschae iunxerat. Cf. Atk. 4553, 7066.

Le composé *fo-ad-com-ell-* combine la notion de « réunion », qu'exprime *adcomell-*, avec la notion de subordination.

Ml. 30 b 10 : *hu duiic an imchomarc* .i. iustus, autem quid fecit *fo(a)ccomla dano iarum frecrae comadas ndusuidiu.* « Après avoir posé la question, c'est-à-dire *iustus*, etc., il y surajoute une réponse convenable. Cf. *Sg.* 18 a 2, 212 a 15.

toincomell- « réunir, se réunir ».

Wb. (prim. man.) 7 a 7 : *tuercomlassat comtinol,* « ils ont réuni une somme par contribution » ; cf. 14 a 1, 9 d 5.

Même sens pour *imb-to-in-com-*, *Wb.* 14 a 2.

3° *to-in-od-ell-,* même sens.

Thes. II, 633 : *otinola,* gl. colligere. Cf. *Thes.* II, 244, 27, *Ml.* 51 a 21, etc.

com-to-ind-od-ell-, même sens. Cf. *Sg.* 66 b 23.

Dans tous ces composés l'aspect est terminatif, le sens du (ou des) préverbes spécifiant le *terminus ad quem* ; cependant dans un composé comme *to-in-od-ell-* on trouve spécifié, à côté du terme du mouvement (*to-in-*), le point de départ de ce mouvement (*od-*); le sens général du composé reste cependant terminatif : « réunir après avoir pris ».

Là où le préverbe composant spécifie, non le terme, mais le point de départ du mouvement, l'aspect est naturellement inchoatif; c'est le cas des composés avec :

1° *di- : di-ell-* « s'écarter, se détourner de ».

Thes. II, 26, 42 : *direllsat,* gl. deuiasse. Cf. *Ml.* 36 c 22, 106 c 4.

Ml. 105 b 18 : *durellsat ho chloini,* « ils se sont détournés de l'iniquité », gl. iniquitatem declinantes. Cf. *Ml.* 54 d 8.

C'est par des formes de *di-ell-* que se traduit dans la langue des grammairiens l'idée de « déclinaison » (lat. *declinatiō*). Cf. *Sg.* 75 b 3, 109 a 4.

2° *fo-ind-ell-* « s'éloigner ».

Ml. 25 a 5 : *fonindlea .i. ni barigin,* « qu'il s'éloigne (de son sujet) », gl. longius euagari. Cf. *Ml.* 121 d 8.

Enfin, là où le préverbe précise un point situé sur le parcours du mouvement, l'aspect est déterminé sans être ni inchoatif ni terminatif : c'est ce qui arrive dans le composé *sechm-ell-* « dépasser », d'où « passer à côté, omettre, éviter ».

Ml. 61 a 5 : *lase sechminella,* gl. præteriundo. Cf. *Ml.* 33 c 21 ; 35 d 13 ; 25 a 3 ; *Sg.* 196 b 2.

to-ell- présente deux sens bien distincts : α. « prendre, voler » ; β. « contenir, avoir une capacité ».

α. *to-ell-* « prendre, enlever »,

Ml. 58 c 6 : *tiagsa ɔtall a chenn dínd aithiuch labar fil oc du dibirciud su,* « j'irai enlever sa tête (litt.) à l'insolent vassal qui t'attaque. »

Wb. 22 b 7 : *madudéll ní taibred ní taraéssi do bochtaib de labore suo.* « S'il a volé quelque chose, qu'il donne quelque chose en compensation aux pauvres », gl. qui furabatur iam non furetur. Cf. Atk. 3298, 3300.

Il semble qu'on attendrait ici une forme comportant la particule perfectivante *ro-*. Il est possible que *to-ell-* n'ait jamais pris la particule *ro-* et ne connaisse que l'emploi perfectif, selon l'hypothèse de M. Pedersen (II, 272-3 et 511). Malheureusement le nombre très restreint des exemples vieil-irlandais ne permet pas de décider sur ce point.

β. *to-ell-* « contenir ».

Ml. 30 c 17 : *feib dundalla indib,* « (le châtiment s'appesantira sur l'âme et le corps des pécheurs) autant qu'il y a place en eux ».

Wb. 5 c 13 : *nitella doneuch and moidem a arilte,* « personne n'a lieu de se vanter de ses mérites. » Cf. Atk. 5479.

Du sens « trouver place » dérive le sens « être possible » (*Wb.* 25 b 18, 25 c 2).

Du sens « donner place » dérive le sens « admettre » (*Ml.* 97 a 7).

Pas n'est besoin, pour expliquer les deux sens du verbe *to-ell-*, de distinguer dans ce composé deux verbes indépendants à l'origine, quoique homonymes (cf. Thurneysen, *Handb.* § 79 et 150 c).

Étant donné en effet un composé du thème *ell-* « aller jusqu'à » (ici d'aspect terminatif), avec le préverbe *to-* « vers, à », le sens premier de ce composé pourra être « atteindre » d'où « porter la main sur, s'emparer de ». — Ce sens explique à la fois le sens α) « prendre, voler », et le sens β) « contenir », qui dérive aisément du sens α). Pour le rapport sémantique entre « prendre » et « contenir », cf. irl. *gat-* « prendre » en face de gall. *genni* « contineri » (cf. p. 142), lat. *capere*, franç. « tenir », etc.

Cette série de composés du thème *ell-* nous montre comment l'aspect déterminé de *ell-* se différencie en aspects inchoatif, instantané, ou terminatif selon le sens du préverbe composant, sans que la langue établisse aucune délimitation tranchée entre ces différentes variétés d'aspect.

Si l'on considère les thèmes verbaux formés sur la racine **elə-* par les différentes langues indo-européennes, on est amené à penser que cette racine (qui fournit au grec un aoriste ἐλθεῖν, ἦλθον, ἤλυθον) ne fournissait pas de présent indo-européen, en raison de son aspect aoristique (cf. p. 30).

Dans un cas de ce genre, ce n'est pas l'adjonction du suffixe nasal qui entraîne l'aspect déterminé du thème verbal celtique, mais c'est au contraire l'aspect déterminé de la racine qui a entraîné la formation d'un présent à nasale en celtique.

L'analogie des sens amène à côté d'irl. *ell-* gall. *mynet* « aller ». Ce thème ne conserve plus rien de l'aspect ancien, ce qui n'a rien de surprenant pour un thème qui n'est attesté en celtique que par les langues brittoniques. Si l'on admet qu'en latin *minārī* « menacer » signifiait primitivement « faire mettre en marche un troupeau », d'où « menacer » (évolution analogue à celle de français « huer »), ce thème serait apparenté à *meāre* et comparable à gall. *mynet*. Il est dès lors possible que *mynet* ait été à l'origine inchoatif comme *minārī*, mais avec un sens absolu (« se mettre en marche »).

Rien dans la sémantique du thème gallois ne permet de confirmer ou d'infirmer cette hypothèse, les langues brittoniques ne présentant qu'exceptionnellement des restes de l'aspect ancien des thèmes verbaux.

irl. *ucc-* « mener, apporter » a deux emplois distincts :

1° *ro-ucc-* et *to-ucc-* se trouvent seulement avec l'aspect parfait et fournissent des formes supplétives au paradigme de *ber-* « porter », *do-ber-* « apporter » ;

2° *to-ucc-* « comprendre » a un paradigme complet et indépendant.

1° *Sg.* 174 a 1 : *ar rohucad airechas inna Rómæ co Constan-*

tinopoil rucad dano a ainmm. « Car l'empire de Rome a été amené à Constantinople, le nom aussi (de Rome) a été appliqué (à Constantinople). »

Cf. *Ml.* 125 b 7. Au figuré *Ml.* 46 a 19, 44 a 15, etc.

Du sens de « emporter » dérive le sens de « remporter (une victoire) ».

Ml. 104 a 8 : *amal runucad buáid diib in aimsir innam britheman oructhæ buaid diib inaimsir innam machabdæ,* « afin que, de même qu'ils ont été vaincus (litt. « qu'une victoire a été remportée sur eux ») du temps des juges, ils puissent être vaincus du temps des Macchabées ».

D'où « obtenir (un avantage) », *Ml.* 23 b 5 ; au passif « naître ».

Arm. 18 a 1 (*Thes.* II, 241, 9) : *toisclimm fer óinsétche dunarructhæ act œntuistiu.* « Je désire un homme qui n'ait épousé qu'une femme, et n'ait eu qu'un enfant ».

Il est inutile de multiplier ici les exemples de *rucc-* dont les sens sont aussi variés que ceux de *beir-*.

to-ucc- « apporter, amener » n'a, comme *rucc-*, que l'emploi parfait.

Wb. 10 d 37 : *amal donuic testimni ó altorib innanídol,* « car il a invoqué en témoignage les autels des idoles (litt. tiré des témoignages des autels) ».

Ml. 44 d 14 : *as ndiadudnuic issanimned,* « c'est Dieu qui l'a plongé dans l'affliction », gl. quod Deus illum deduxerit.

Au sens figuré, « promulguer une réforme ».

Thes. II, 28, 30 : *athscribend rucad on phapa Leo domolad in chicuil tucad ó Prospir,* « une bulle qui fut promulguée par le pape Léon pour approuver le cycle qu'avait introduit Prosper. »

tucc- signifie souvent, dans le langage des grammairiens, « employer une expression » et particulièrement l'employer dans un sens autre que son sens primitif « faire un transfert (d'expression) ».

Ml. 38 c 5 : *issain fuantuc side frisaní fuandragab petar.* « Ce à quoi il applique (cette expression) est différent de ce à propos de quoi Pierre l'avait énoncée. » Cf. *Wb.* 23 a 10, *Ml.* 56 a 13, etc.

On trouve au même sens un composé *trem-ucc-* : *Ml.* 2 b 17 :

cenelæ ciuil inso 7 trimirucad disuidiu coneperr libro psalmorum. « C'est le nom d'une sorte de musique, qu'on a appliqué au livre des psaumes », gl. *psalterium.*

tucc-, comme *rucc-*, présente des sens dérivés variés, que nous n'avons pas à étudier ici. — En revanche la spécialisation de ces thèmes dans l'emploi parfait pose une question. Y a-t-il corrélation entre l'aspect déterminé, normal dans les thèmes à nasale, et l'aspect parfait que nous rencontrons ici ? ou les deux ordres de faits sont-ils indépendants ?

Les notions d'aspect *déterminé* et *parfait* sont distinctes et doivent être soigneusement distinguées. On conçoit cependant comment, dans le cas de *rucc-*, l'aspect déterminé a pu, indirectement et, en quelque sorte, accidentellement, entraîner la spécialisation dans l'emploi parfait.

Soit un thème *ucc-* « amener » d'aspect déterminé-terminatif. Comme tous les thèmes de ce type (cf. *ell-*, p. 108, *grenn-*, p. 106) il tendra à se composer avec des préverbes dont le rôle est d'indiquer explicitement le point remarquable de l'action, ici le terme. C'est ainsi qu'il se composera, d'une part, avec *do-*, d'où le thème *tucc-*; d'autre part, avec un préverbe qui exprime le fait que l'action est menée à terme : c'est là le sens propre d'irl. *ro-* = lat. *pro-* ; dans le thème *rucc-*, le préverbe *ro-* avait donc, à l'origine, non sa valeur grammaticale (sans doute postérieure) mais son sens concret, le même qu'il a dans *fo-ro-ben-*, *to-ro-ben-* (p. 161). Il renforçait l'aspect terminatif de l'action. Le développement considérable de *ro-* en tant que particule de formation de parfait, a pu amener secondairement à méconaître la valeur de *ro-* dans *ucc-* et à l'interpréter comme un parfait, qui s'est alors associé au paradigme de *beir-*. Ce ne serait qu'ensuite, et par analogie avec *rucc-*, que *tucc-* aurait été employé comme parfait de *do-beir*, selon le rapport : *beir-*, parf. *rucc- : do-beir*, parf. *tucc-*. Au reste, cette spécialisation du thème *tucc-* est restée partielle, puisque celui-ci a conservé, par ailleurs, un paradigme indépendant et complet, avec un sens distinct.

2° *to ucc-* « comprendre, appréhender ».

Ce composé se rattache par son sens dérivé aux verbes exprimant une opération intellectuelle (cf. chapitre III), d'une part, aux verbes exprimant l'idée de « prendre, saisir » (cf.

chapitre VII), d'autre part. Le sens de « appréhension (intellectuelle) » apparaît nettement :

Thes. II, 293, 25 (poèmes du mss. de saint Paul) :

hi tucu cheist ndoraid ndil,
os me chene am fælid.

« Quand je parviens à comprendre une question difficile et qui m'est chère, moi aussi je suis joyeux. »

Ce sens figuré s'explique en partant d'un aspect terminatif du sens propre « conduire » : « amener à destination, mener à terme » d'où « élucider (une difficulté) ».

Wb. 12 c 46 : ... *ní tucthar cid frissasennar* ..... *ni thucci in cách rodchluinetar.* « (Si les sonneries d'une trompette ne sont pas modulées) on ne comprend pas la signification des sonneries... (si une langue étrangère n'est pas traduite) aucun de ceux qui l'entendent ne la comprend ».

Cf. *Ml.* 51 d 1, 125 d 4.

On trouve *tucc-* glosant lat. *intellegere.*

Wb. 21 c 11 : *mod conidtuccid,* « de façon que vous puissiez la comprendre », gl. prout potestis legentes *intellegere* prudentiam meam in misterio Christi.

tucc- glose ailleurs lat. *cognoscere.*

Wb. 8 a 10 a : *ní thucsat som per suam sapientiam,* « ils ne le comprirent pas *p. s. s.* », gl. non cognouit mundus.

Pour l'aspect, *tucc-* est comparable aux verbes signifiant « prendre, saisir », auxquels il correspond sémantiquement, comme le sens figuré correspond au sens propre.

Dans l'ensemble, les verbes de mouvement comportant l'affixe nasal se répartissent en trois groupes :

1° verbes où le caractère du mouvement exprimé impose l'aspect instantané : *cing-* « faire un pas », *ling-* « faire un bond », (*scind-*), *dring-* « gravir un degré » ;

2° verbes exprimant un mouvement circulaire ; ceux-ci ont un aspect terminatif : *cell-* « faire (ou « faire faire ») un circuit » ; *fen-* « faire (ou « faire faire ») un tour (ou un demi tour), retourner » ; *fill-* « fléchir, imposer (ou prendre) un pli » ;

3° différents verbes de mouvement continu où l'aspect se spécialise diversement selon le sens du préverbe composant :

-grenn- (*to-*) « s'attaquer à, persécuter » ; *ell-* « aller », avec un aspect terminatif, inchoatif ou instantané selon le préverbe composant ; *ucc-*, enfin, tantôt spécialisé en un emploi parfait qui s'explique en fonction de son aspect terminatif ancien, tantôt, dans le composé *tucc-* exprimant l'action de « concevoir, comprendre », d'aspect déterminé-terminatif.

Les thèmes *cell-*, *fen-*, *grenn-*, *ell-*, *ucc-* ne s'emploient qu'en composition. Parmi les verbes de mouvement, seul *fill-* et les verbes exprimant un mouvement instantané se rencontrent au simple. Nous avons déjà signalé (p. 66) cette tendance du thème à affixe nasal, dont l'aspect déterminé appelle cette détermination de la notion verbale qu'entraîne l'adjonction de préverbes.

CHAPITRE V

VERBES SIGNIFIANT « COUPER, BRISER »

Une série de thèmes à nasale exprime l'action de « briser, couper, fendre », action instantanée et qui entraîne par conséquent la spécialisation de l'aspect *déterminé* du thème à affixe nasal en aspect *instantané*. Ces thèmes sont *ben-*, *bong-*, *dlong-*, *bronn-* ; au reste ce dernier thème, que son sens ancien rattache à cette série, s'apparente, par le sens dérivé qu'il a pris en irlandais, à la série des verbes signifiant « s'évanouir, disparaître » (cf. p. 121). Un thème brittonique, gall. *crynu* exprime une idée analogue de discrimination.

A cette série celtique correspond en latin une série de thèmes à affixe nasal de même sens quoique d'autres racines : *findere*, *frangere*, *rumpere*, *scindere*.

ben- « couper ».

Tel est bien le sens premier de ce verbe, quoique le sens « frapper » y soit également commun (Pedersen, II, 461, « schlagen »). Le vieux breton *etbinam* : lanio (bret. mod. *benaff* « je coupe », *kemener* « tailleur »), le lat. *perfines : perfringas,* Festus 244 *Thd P.* attestent que le sens ancien de ce thème en italo-celtique est bien « couper » : voir Loth, *RC.* 37, 301, et *Vocabulaire v. bret.* p. 124 ; ce sens est au reste conservé largement en vieil-irlandais, même dans le verbe simple, et est le sens le plus commun dans les composés.

Thes. II, 254, 3 : *in pars benar a hichtur indlithe,* « la parcelle qui est séparée de la moitié (de l'hostie) ». Cf. *Ml.* 100 b 2, 123 c 17.

Ailleurs nous trouvons *ben-* rapproché de *bong-* (cf. p. 119) et avec le même sens :

Wi. *Táin*, 680 : (quatre ennemis de Cuchulinn discutent pour savoir lequel d'entre eux) *no benfad a chend de artús*, « lui couperait la tête d'abord ».

Mais Cuchulinn : *topacht a cethri cinnu dib colléic*, « leur coupa la tête à tous quatre d'un coup » (cf. l. 673, et *ScM.* 12 et 10).

Atk. 996 : *bentar a cúibrige dib*, « leurs chaînes sont rompues et leur sont arrachées ». Cf. Atk. 993.

Du sens « couper en frappant » on passe au sens « frapper de façon à couper », d'où « frapper ». Quelques exemples illustrent la transition d'un sens à l'autre :

Lg. 15 : *is amlaid robíth Nóisiu tria mac Fergusa anuas.* « C'est ainsi que Noisiu fut pourfendu de haut en bas par le fils de Fergus ».

Thes. II, 346, 5 : *rosmbī Brigit fria boiss iarum co mmebaid hi trí.* « Brigitte le frappa contre sa main si bien qu'il se brisa en trois ». Cf. *Thes.* II, 42, 7 : pinso *benim*

Wb. 13 d 25 : *cote in rinnd diaruba uitam,* « où est l'aiguillon avec lequel tu as frappé », gl. ubi est, mors, aculeus tuus ? Cf. *Ml.* 45 d 6, 114 c 12, *Thes.* II, 249, 7 ; II, 250, 11 ; Wi. *Táin*, 6014-5, *FA.* 18, *FB.* 88, Atk. 3004, 8014, etc.

On trouve *ben-* glosant l'itératif latin *pulsāre* ; mais, même alors, l'aspect en est instantané.

Ml. 93 d 16 : *benar,* gl. auris tua utriusque partis uoce *pulsetur,* « ton oreille est frappée » ; *pulsāre* n'exprime ici aucun aspect particulier, mais signifie « frapper » par opposition à *pellere* qui signifierait « pousser », l'opposition entre le simple et l'itératif n'intéressant plus, dans un cas de ce genre, l'aspect mais le sens ; de même *Ml.* 54 a 17.

Dans les composés le sens « couper » est souvent le seul attesté :

1° *to-ad-ben-* ; seul l'abstrait *taipe* « epitome » est attesté : *Ml.* 14 d 4, 37 a 15.

2° *com-ben-* « couper ».

TBF. L, 18 : *comben a chen den mil,* « il coupa la tête de l'animal ».

Thes. I, 496, 37 : *cuimthe*, gl. eunuchus.

aith-com-ben- a le même sens. Cf. *Wb.* 23 d 22, *Thes.* II, 254, 3-4.

3° *imb-di-ben-* « retrancher », d'où « circoncire ».

Sg. 143 b 4 : *imdibenar*, gl. absciditur. Cf. *Wb.* 15 b 9, 23 d 25-30, 18 d 9, 1 d 17, etc.

to-imb-di-ben- a le même sens :

Ml. 88 a 11 : *dunindbithe muchland beus,* « mes enfants étaient décimés toujours davantage ». Cf. *Wb.* 17 d 22.

4° *to-ess-ben-* « couper ».

Sg. 80 b 18 : *doaerbai*, gl. concidit.

5° *to-fo-ben-* glose toute une série de composés de *caedō : abscīdō, excīdō, incīdō, succīdō*. Cf. *Ml.* 96 a 7, 24 c 6, 35 c 1, 2.

Ml. 92 d 6 : *dufubaitis*, gl. ut truncarentur ; cf. *Wb.* 5 b 41.

6° Quelques composés avec *di-* prennent le sens de « tuer, détruire » (cf. lat. *occīdō*) :

air-di-ben-, gl. *interimere : Sg.* 30 a 4, cf. *Ml.* 41 d 5, 135 d 6, 49 a 25, etc.

etar-di-ben-, gl. *interimere : Ml.* 42 a 17, *perimere : Ml.* 15 b 6. Cf. *Ml.* 114 c 8, 44 c 31, etc.

to-di-ben- ; même sens. Cf. *Thes.* II, 325, 19.

7° Le composé avec *fo-* a le même sens que ces derniers composés, mais avec cette valeur atténuative que présentent souvent les composés avec *fo-* : « blesser, gâcher ».

Ml. 15 a 11 : *fombia,* gl. inficere multorum corpora atque uitiare. Cf. *Wb.* 27 c 27, *Sg.* 26 a 8, *Wb.* 13 b 13 (obscur).

8° Dans les deux composés avec *od-* le sens prédominant est celui du préverbe, exprimant l'éloignement.

air-od-ben- « extraire ».

Thes. II, 28, 33 : *co arubbnem,* gl. ut rei ipsius euisceremus interna.

ind-air-od-ben- « repousser ».

Sg. 146 b 10 : *inárbenim*, gl. appello προσωθῶ.

Ml. 15 c 5 : *innárbantar*, gl. impellantur.

Ml. 73 a 20 : *inárbanar,* gl. a templo excluditur.

Cf. *Wb.* 5 b 33, *Ml.* 56 a 22, 65 a 14, 23 d 8, etc.

Le verbe *ben-* exprime donc, anciennement, l'action instantanée de « couper, briser », et, secondairement, l'action, également instantanée, de « frapper ». On sait que le latin possède une série de thèmes à nasale signifiant « briser » (cf.

p. 116) ; il présente également une série de ces thèmes exprimant l'action de « frapper (piquer, toucher) » : *pungere, tundere, plangere, tangere, pangere.*

temn-, tamn- (cf. Stokes, *Urkelt. Sprachsch*, p. 122) « mutiler » n'est attesté qu'à date tardive :

Four Masters, A. D. 733 ; *ro-machtait laoich 7 ro-tamhnait colla léo*, « des guerriers furent tués et leurs corps mutilés ».

L'irlandais moderne conserve *tamhnaim* « je coupe, décapite ».

bong- « couper, trancher », d'où « moissonner ».

Thes. II, 334, 3 : *lathe búana dí madbocht.* « Au jour de sa moisson on moissonnait bien ». *madbocht* est glosé par *maith ro boinged*, forme postérieure.

Cf. O'Dav : *boing .i. brisi*, « il brise ».

« faire irruption ».

Stráchan, *Táin*, 1718 : *conboing in ceithri tarsna sluagaib*, « si bien que le bétail fit irruption au travers de l'armée ».

On a un emploi parallèle du thème *maid-* « briser », e. g. Stráchan, *Táin*, 1627 : *co memsad ort*, « si bien que (le bétail) se précipitera sur toi ».

Au figuré « enfreindre ».

Stráchan, *Táin*, 1739 : *is annsin conbocht fír fer fairseom alasin.* « C'est là que les lois de la chevalerie furent enfreintes à ses dépens ce jour-là. »

On trouve le même sens figuré pour le thème *briss-* « briser », it. p. 61 n. 7 : 7 *brister fír fer fair.*

com-bong- « broyer, mettre en pièces ». Le préverbe *con-* exprime l'achèvement complet de l'action, comme dans lat. *confringō, conterō.*

Wb. 4 d 15 : *inti dothuit foir ɔboing a chnámi*, « celui qui tombe dessus brise ses os ».

Thes. II, 251, 12 : *isund conbongar in bairgen*, « c'est ici que le pain est rompu ».

Ml. 18 a 7 : *co cho-ta-bosad si*, gl. ut uos... contereret

Cf. *Thes.* II, 346, 4 ; I, 195, 1 ; *FB.* 24.

D'où, comme pour le simple, « faire irruption ».

FB. 52 : *comboing tar écrait n-écomlund*, « il s'élance parmi les ennemis en nombre supérieur (?)».

Nous avons déjà vu cette même idée d'élan guerrier exprimée par un autre verbe a nasale, p. 95.

to-bong- « arracher ».

FB. 86 : *Co tóerbaig a cride este,* « si bien qu'il arracha le cœur (du monstre) ».

L'abstrait *tothrebach* (composé de *to-tre-*) gl. *eruptio, Ml.* 123 d 2, 129 d 9 ; un nom d'agent moyen-irlandais *athboingid* signifie « ravisseur, celui qui enlève », *SC.* 26.

Sans doute ne faut-il pas séparer de ce thème les formes d'un thème *bong-,* alternant avec un thème sans nasale *beg-,* que l'on trouve en composition avec *to-aith-* et avec *to-*. Ces composés n'apparaissent qu'au figuré, mais avec un sens qui s'apparente à celui de *bong-* « couper, briser ».

1° *to-aith-bong-* « abroger ».

S. M., II, 382, 3 : *conda tathbongat a meic,* « her sons may dissolve them », « ses fils peuvent abroger (les contrats) ».

2° *to-bong-* « prendre, exiger ».

S. M., I, 162, 10 : *no do-boing ini dligis dia oicillmus,* « ou il prend ce à quoi il a droit de ses fermiers ».

S. M., 272, 3 : *nitobongar dia comarbaib iarna ecaibh,* « n'est pas exigé de ses héritiers après sa mort ».

Cf. la formule légale *doboing eiricc,* « il exige des dommages et intérêts ». *S. M.*, II, 124, 11 ; II, 14, 10.

Le thème sans nasale correspondant a le même sens :

to-aith-beg- « abroger ».

Sg. 22 b. 2 : *doaithbiuch*, gl. abrogo.

S. M., V, 254, 2 : *na contoibget lesa,* « by which no advantage is levied ».

to-aith-bong-, qui signifie « abroger », c'est-à-dire « briser », *to-bong-*, qui signifie « enlever » (cf. au paragraphe précédent *to-bong-* « arracher »), s'expliquent comme présentant des spécialisations au sens figuré du sens « briser » que nous avons dans *bong-*.

Sans doute les deux séries de composés que nous venons de voir se rattachent-elles donc à un seul et même thème *bong-*, à côté duquel on avait à l'origine un thème sans nasale *beg-* seulement conservé dans le composé *to-aith-beg-*.

dlong- « fendre » n'est attesté au simple qu'en moyen-irlandais (*Salt.* 8348, 7958, 3555, *Ériu.* II, 10). A côté du thème à infixe nasal on a un thème de type intensif *dluig-*, qui, à époque historique, ne se distingue plus pour le sens de *dlong-*.

Wi. *Tain,* 3810. *Ba sé dlus n-imaric daronsatar, go ro dluigset* 7 *go ro dloiingset a sceith a m-bile go a m-brontib.* « Si rude était leur corps à corps que leurs boucliers se fendirent et s'ouvrirent depuis le bord jusqu'au milieu ».

Il s'agit d'un passage de style recherché (Cf. l'anaphore six fois répétée de *Ba sé dlus n-imaric daronsatar*, les nombreuses allitérations, etc.) et le rapprochement des deux thèmes *dlong-* et *dluig-* est un simple redoublement oratoire, sans qu'aucune distinction de sens soit à établir entre les deux formes. Cf. Wi., IV, 2, 238, l. 22.

Pour le rapport ancien entre *dlong-* et *dluig-*, de même qu'entre *bong-,brenn-*, *srenn-*, et les thèmes d'intensifs-itératifs correspondants, cf. *Mélanges Vendryes,* p. 330).

in-dlong- « fendre ».

Sg. 15 a 5 : *indlung,* gl. findo.

Thes. I, 496, 35 : disecabantur cordibus suis *indloingtis.*

Ml. 96 a 8 : *huanchomacnabud nephindlachtu .i. ní indail a trocairi* 7 *nidignea aerscailiud du danaigiud neich dúnni di.* « Sa coutume n'est point de partager, c'est-à-dire il ne partagera pas sa miséricorde, il ne la brisera pas pour ne nous en donner qu'une partie ». gl. *inscisa* misericordiae suae consuetudine. Cf. *Ml.* 48 c 32. Pour l'abstrait, cf. *Ml.* 32 a 1, 40 d 16, et, au sens grammatical de « diérèse ». *Sg.* 19 a 3, 207 a 12.

On voit que *dlong-* glose tantôt *findō* tantôt *scindō,* c'est-à-dire des verbes latins comportant eux-mêmes la nasale infixée.

bronn-.

Le sens premier de ce thème est sans doute « briser, se briser », comme l'indique le rapprochement avec gall. *briwo* « endommager, briser » ; *bronn-* se rattache par là à la série de *ben-*, *bong-*, *dlong-* ; cependant le seul sens attesté en vieil-irlandais est « s'évanouir, disparaître » ; par là *bronn-* se rattache à un autre groupe, celui de *tin-*, *arachrin-*, etc. (Cf. p. 123).

Thes. II, 310, 2 : *maraith a és, ní bronna,* « sa trace (du pied du saint) demeure et ne disparaît pas ».

En moyen-irlandais on a le sens actif « endommager ». *S. M.* V, 216, 12 : *brondaid,* « he damages (the pledge) » I, 188, 29 : *nil bronnus,* « ce n'est pas lui qui cause le dommage ». Cf. III, 234, 2, VI, 110, s. v. *bronnaim.*

A côté de ce thème *bronn-,* fléchi au reste le plus souvent comme un thème en *-ā-,* on trouve le thème de conjugaison faible *bronna-* encore représenté par irl. mod. *bronnaim* « je fais présent ». Ce thème est, à l'origine, identique au thème *bronn-* ; le sens « donner » s'explique en partant du sens « consommer » d'où « dépenser », qui n'est que l'aspect transitif du sens absolu « s'évanouir ».

Le thème *brúi-* de type intensif-itératif, qu'on trouve en vieil-irlandais à côté de *bronn-,* est resté plus près que *bronn-* du sens propre qu'on a dans gall. *briwo.*

Ml. 36 d 27 : *conup bruitheo,* gl. comminuta.

Pour l'aspect, *bronn-,* en tant que terminatif, s'apparente plutôt aux thèmes que nous allons voir maintenant qu'aux instantanés *ben-, temn-, bong-, dlong-.*

CHAPITRE VI

VERBES SIGNIFIANT « DISPARAITRE » OU « CONSOMMER »

Le thème *bronn-* qui, par son sens premier, se rattache au groupe des verbes signifiant « briser » (cf. p. 116) s'apparente, si l'on considère le sens dérivé qu'il a d'ordinaire en irlandais (« disparaître » ou « dépenser »), à la série des thèmes exprimant la notion de « disparition, évanescence ». Cette notion peut être envisagée transitivement ou intransitivement : l'action intransitive de « disparaître » s'exprime dans les trois thèmes *ara-chrin-* « disparaître » ; *tin-*, même sens ; *at-baill-* « périr » ; l'action transitive-factitive de « faire disparaître » s'exprime dans trois autres thèmes : *sluc-* « avaler » ; *long-*, même sens ; *glenn-* « consommer, engloutir ».

Le thème *crin-* n'apparaît qu'en composition avec *air-* et précédé d'un pronom infixe à sens réfléchi ; ceci explique que le thème *arachrin-*, se rattachant à une racine dont le sens est « endommager, détruire » (cf. p. 36), ait toujours la valeur absolue : « s'évanouir, disparaître ».

arachrin- glose parfois lat. *dēficere : Sg.* 145 b 1 : *arachrinim*, gl difficio. Cf. *Ml.* 73 c 2, 85 d 1.

Ailleurs ce thème glose des inchoatifs latins : *ēuānescere* (*Ml.* 57 a 10) *ueterāscere* (Wb. 32 c 10).

Dans plusieurs exemples il apparaît nettement qu'*arachrin-* exprime une disparition complète ou soudaine :

Ml. 57 c 12 : *is denithir sin arachrin cumachtae innapecthach*, « si rapidement s'évanouit le pouvoir des méchants » Cf. p. 130, le même sens exprimé par *atball-*.

L'aspect est ici instantané. De même, *Ml.* 73 c 2 : *intan aracrínat a charait ar nech no a nerta,* « lorsque l'ami d'un homme ou sa force lui font défaut », gl. defectu quippe solaciorum uiriumque.

Ml. 26 d 6 : *ɔar-r-cheoratar a n-arma doib oc ar ndibiercud,* « ... de façon que leurs armes leur firent défaut quand ils nous visèrent », gl. ita ut deficerat eis quod in nos torquere possint atque iaculari. Cf. *Ml.* 85 d 1, *Ml.* 136 a 8, 59 b 9.

Dans tous ces exemples le temps que demande la disparition n'est pas envisagé, ou cette disparition est supposée instantanée. L'idée durative de « être en voie de disparition, vieillir, se faner » s'exprime par le dénominatif *crínaim* de même racine :

Echtra Condla chaim, 2 (Wi. *Ir. Gramm.*, p. 118, sq.) : *ní chrinfa do delb,* « ta beauté ne se flétrira pas ». Cf. K. Meyer, 518 et *Thes.* II, 249, 7, *LL.* 319 c 3.

A côté de ces exemples où *arachrin-* est instantané, on en trouve où ce thème exprime l'accomplissement final d'une dissolution qui a exigé un certain temps. En d'autres termes, *arachrin-* a aussi l'aspect terminatif : cf. *Wb.* 32 c 10 : *amal arinchrin étach,* gl. et omnes ut uestimentum *ueterascent.*

Le fait qu'à *arinchrin* correspond un inchoatif latin ne doit pas nous faire méprendre sur l'aspect de cette forme. Ici, comme souvent ailleurs, la glose irlandaise ne traduit pas exactement le texte latin mais le précise ; là où le latin dit simplement « ils se sont usés comme un vêtement », l'irlandais reprend, pour justifier la comparaison : « comme un vêtement se consume d'usure ». C'est bien cette nuance que rend la traduction du *Thesaurus Palaeohibernicus* : « as a garnment wears away ».

Étant donné ce que nous savons de l'aspect des thèmes à nasale, *arachrin* pourrait cependant aussi bien exprimer le début du procès de disparition (considéré comme durant un certain temps) que le terme de ce procès ; on peut s'attendre à y rencontrer aussi bien l'aspect inchoatif que l'aspect terminatif, quoique ce dernier soit plus naturel et doive être plus fréquemment attesté dans un verbe de ce sens. Il est possible qu'on doive interpréter comme inchoatif l'exemple suivant : *Ml.* 57 a 10 : *amal arindchrin dœ 7 ɔoindbail,* gl. uice fumi omnis eorum elatio *euanescit* et deperit. « Comme la fumée s'évanouit et s'anéantit. »

Le fait qu'*arindchrin* correspond à un inchoatif latin, le fait surtout qu'il est suivi d'un verbe d'aspect terminatif (cf. plus bas, p. 130) donnent à penser qu'*arindchrin* peut exprimer ici le début d'un procès dont *asindbail* exprimerait la fin, *arindchrin* signifiant « commence à se dissoudre » *asindbail* « achever de s'évanouir ». Mais il est également possible qu'*arachrin-* ait ici son ordinaire aspect terminatif et qu'il y ait, dans le texte irlandais et dans le texte latin, redoublement d'expression et non opposition d'aspect.

tin- « disparaître », de même sens qu'*arachrin-*, glose parfois, comme lui, un inchoatif latin :

Sg. 4 b 6 : *tinaid 7 atbail*, gl. euanescit.

Faut-il interpréter *tinaid* comme terminatif ou y voir un inchoatif par opposition à *atbail*, terminatif ? Ici comme dans *Ml.* 57 a 10, il n'est pas possible de trancher la question, les deux aspects étant également possibles. Par ailleurs le fait que *tinaid* glose *euanescit* ne prouve rien quant à l'aspect, car nous retrouvons le même thème glosant le même inchoatif latin dans un exemple dont l'aspect est terminatif : Atk. 4659 : 7 *tinas focetoir*, « et elle s'évanouit immédiatement », traduit *euanescens*. Cf. l. 1785.

tin-, comme *arachrin-*, exprime une disparition complète et soudaine.

RC. II, 396 : *o ra chuala diabul na briathra sin rothin focetoir*. « Dès que le diable entendit ces paroles il disparut sur l'instant ».

FB. 57 : *rothinsat na cait, o robo maten*, « les chats disparurent dès qu'il fit matin ».

Atk. 4243 : *tinaid 7 feodaigit focetoir iarna táidbsin*, « (les fleurs) se flétrissent et meurent aussitôt après leur apparition ». Cf. Atk. 6061, 1784, etc.

Dans la prose un peu lâche des *Passions and Homilies*, *tin-* est d'ordinaire suivi d'une expression adverbiale comme *focetoir* « immédiatement » (Atk. 4659, 4243) ou *fri prapud n-œn uaire* « en un moment » (l. 6062), qui souligne l'aspect instantané du verbe.

On trouve les deux thèmes *tin-* et *arachrin-* rapprochés : Atk. 4265 sq : *ro ercransat sin uli amal foscad no ciaig 7 rothinsat amal na delba dímaine tádbditer do doinib in aislingthi.* « Ils se sont tous évanouis comme l'ombre ou le brouillard ; ils ont disparu comme les vaines images qui apparaissent aux hommes dans leurs songes ».

Dans tel passage il est possible que *tin-* doive être compris comme un inchoatif, et non comme un instantané ou un terminatif. Cf. Atk. 7023 (il est question du traitement qu'on fait subir aux cadavres) : *co n-id maillite thinaid.* Faut-il comprendre : « afin qu'ils entrent plus tard en décomposition » (inchoatif) ou « afin qu'ils soient plus lents à tomber en poussière » (terminatif) ? Le contexte ne permet pas de décider et, au reste, l'aspect fondamental reste le même : déterminé.

La seule forme du verbe *tin-* attestée en vieil-irlandais est une forme de thème de présent (voir plus haut *Sg.* 4 b 6) et les autres thèmes, qui n'apparaissent qu'en moyen-irlandais, sont d'un type secondaire, avec généralisation de la nasale de formation de présent. Il semble qu'il faille séparer étymologiquement *ro-tetha* (cf. Pedersen, II, 649) de *tin-; ro-tetha* est, non une forme de prétérit à redoublement à rattacher à *tin-*, mais, semble-t-il, un thème de présent à redoublement d'une autre racine (cf. Marstrander, p. 14), la même qu'on retrouve dans gr. τήκω, lat. *tābes.*

ro-tetha paraît bien avoir la valeur d'un *présent* précédé de *ro-* dans l'exemple qu'on en cite : *Fél. Oengusso, Prol.* 193 : *borg Emna rotetha,* « la cité d'Emain est disparue », que M. Marstrander (*l. c.*) rapproche avec raison d'un passage parallèle où l'on trouve un présent : *op. cit.* 177 : *Ráth chruachan roscáichi,* « Rathcroghan est évanoui ».

Un autre thème qui, indépendant étymologiquement de *tin-*, lui est associé pour le sens est *ded-* ; ce thème, conjecture M. Pedersen (II, 504-5), n'aurait été employé à l'origine qu'en dehors du thème de présent, suppléant *tin-* qui n'aurait été employé qu'au thème de présent. M. Pedersen appuie cette hypothèse du fait que le thème de présent *ded-*, étant redoublé, se confond avec le thème de futur, homonymie choquante et qui ne peut avoir été primitive (« da Prasensstamm und Fut Stamm nicht seit jeher identisch gewesen sein können »).

Comment se présentent à nous les différents thèmes vieil-irlandais se rattachant à la racine *ded-*?

On trouve attestés :

1° Un thème de présent *ded-*.

2° Des thèmes de subjonctif et futur en *-a-*.

3° Un thème de prétérit sigmatique (secondaire).

Les exemples vieil-irlandais de présent, tous deux précédés de la particule *ro-*, ont le sens du parfait :

Ml. 22 d 7 : *ho rudeda indfeúil forsnaib cnamaib citabiat iarum in chnamai in fochaid,* gl. ad augmentum dicti superioris uim mali, quo *tabefactae* carnes eius *fuerunt,* dicit etiam ossa sentire. « A partir du moment où les chairs ont achevé de se décomposer, c'est alors que les os commencent à souffrir ».

Ml. 118 b 2 : *con rodeda,* gl. contabuit.

Ces formes correspondent aux formes de parfait latin exactement comme ailleurs les formes de prétérit sigmatique :

Ml. 111 b 12 : *roded,* gl. contabuit.

Ml. 44 d 10 : *rodedus sa,* gl. contabui.

Ml. 50 b 3 : *rodedus sa,* gl. tabefactus sum.

Ml. 22 d 6 : *horudedsat,* gl. tabefactae fuerunt.

En face de ces formes de présent qui se comportent comme des formes de parfait, des formes d'imparfait glosent des formes d'imparfait latin.

Ml. 131 c 4 : *notedmais,* gl. tabescebamus.

Ml. 102 d 14 : *nodedais,* gl. fatiscebant.

On a donc, d'une part, un thème de présent redoublé, dont le présent proprement dit est employé comme un prétérit tandis que l'imparfait garde sa valeur de présent secondaire ; d'autre part un thème de prétérit sigmatique, qui concorde pour le sens avec le thème de présent.

Cette situation assez incohérente s'explique si l'on suppose à l'origine un thème de présent thématique redoublé de forme *ded-* (à rapprocher de got. *diwans* « mortel » v. norr. *deyai* « mourir », cf. Pedersen, II. 505). Au point de vue irlandais un thème *ded-*, insolite en tant que thème de présent, avait l'apparence d'un prétérit, le redoublement en *-e-* étant caractéristique du prétérit fort irlandais, aussi ce thème a-t-il été employé comme un prétérit radical, sur lequel on a même formé plus tard un prétérit sigmatique.

En revanche l'imparfait formé sur le présent *ded-* ne trouvait pas sa place dans le système du prétérit gaélique, qui ne comporte pas de temps secondaire. Force lui était donc de garder sa signification de présent, qu'il conserve en effet comme le prouvent les deux exemples vieil-irlandais de cet imparfait.

L'hypothèse qui fait de *ded-* un ancien thème de présent thématique redoublé est encore confirmée par ce que nous savons de l'aspect de ce thème : *ded-* est synonyme des thèmes à nasale d'aspect déterminé *tin-*, *arachrin-* ; il glose, comme ceux-ci, des inchoatifs latins : *tābescere*, *contābescere*, *fatiscere*. Nous verrons d'autres exemples où le verbe à nasale glose un inchoatif latin dont il a l'aspect déterminé ; *ded-* apparaît donc, lui aussi, comme un présent d'aspect déterminé, c'est-à-dire qu'il concorde pour l'aspect avec les présents redoublés thématiques qui sont, en grec par exemple, d'aspect déterminé-terminatif (cf. p. 203). Dans ce groupe de thèmes signifiant « s'évanouir, disparaître » s'enchevêtrent : 1° des thèmes à nasale irlandais *tin-*, *-chrin-*, 2° un présent à redoublement *ded-* synonyme de ces thèmes, 3° des inchoatifs latins en -**sk* $^{e}/_{o}$- glosés tantôt par les thèmes à nasale, tantôt par le thème *ded-*. Si bien que les trois formations de présent nous apparaissent comme équivalentes pour l'aspect en tant qu'elles sont d'aspect déterminé, malgré les distinctions secondaires d'inchoatifs ou de terminatifs (cf. p. 202 sq).

Le vieil-irlandais possède trois thèmes exprimant l'idée de « mourir » qui, étymologiquement indépendants, sont presque synonymes et de forme assez analogue pour avoir pu s'associer et même se confondre partiellement au cours de l'histoire de l'irlandais : ces trois thèmes sont : *ball-* (Pedersen, II, 459), *ba-* (id., II, 458), *bath-* (id., II, 460).

ball- n'apparaît qu'en composition avec *ess-* et précédé d'un pronom infixe, c'est-à-dire sous la forme *atball-* (*atbaill-*) ; ce thème à suffixe nasal se rattache à la même racine que gr. βάλλω « je jette » (cf. p. 38-9), lat. *uolessit* « perierit », racine qui, dès l'indo-européen, aurait eu le double sens de « jeter » et « mourir. »

ba-, au contraire de *ball-*, n'apparaît pas en composition (sauf dans un exemple peu concluant, p. 132); il se rattache à la racine *$g^w\bar{a}$- qu'on a dans gr. ἔβη « il alla ».

C'est apparemment sur un thème de participe en *-to-* de cette même racine *$g^w\bar{a}$- qu'a été formé le thème *bath-* : ce dernier, toujours composé avec *ad-*, ne fournit que des formes de prétérit, soit narratif, soit parfait, mais en tous cas dépourvu de particule perfectivante (cf. Zimmer, *KZ*, 30, 148, Thurneysen, *KZ*, 37, 112, 120, Strachan, *RC*, 28, 205).

Le sens de « mourir » dans ces thèmes s'explique à l'origine par un euphémisme ; dans *atbaill-*, le passage du sens « jeter, rejeter cela (le pronom infixe jouant le rôle d'un complément au neutre) » au sens de « mourir » s'explique si l'on compare des expressions comme franc. « rendre l'âme, rendre le dernier soupir ». Une évolution de sens analogue est attestée pour les formes de la même racine en latin, en germanique, en lituanien : lat. *ualessit* : « perierit » (Paul. Fest., p. 577, Th), v. angl. *cwelan* « mourir », etc., lit. *giltinė* « déesse de la mort » (cf. Vendryes, *RC*, XL, 435 sq.).

Quant à *ba-*, *atbath-*, ils ont de nombreux analogues, le passage du sens d' « aller » au sens de « mourir » s'expliquant par l'ellipse euphémique d'un complément ; à côté de gr. ἐκ βροτῶν βῆναι, on a, pris absolument, des expressions comme lat. *perīre, transīre,* franç. *trépasser, s'en aller* (on trouve encore exprimé le complément que sous-entend cette dernière expression dans Ronsard : Je m'en vais, sans plus de séjour, Au lieu d'où plus on ne retourne).

De ces deux racines qui, exprimant à l'origine un mouvement, en sont venues à exprimer l'action de « mourir », notons que c'est la racine exprimant un mouvement instantané (« jeter ») qui a l'affixe nasal, ce en quoi elle s'oppose à la racine exprimant un mouvement continu (« aller »).

C'est seulement en moyen-irlandais qu'on trouve quelques traces du sens de « jeter » dans *atbaill-*, *RC.*, XXIV, 149, 17 (*Táin bo Fraich*) : *inn ingen tra, olsé, atbeluit a béoil side immarach*, « la jeune fille, dit il, ses lèvres rejeteront (son souffle) demain (elle mourra) » ; cf. *ibid.*, 150-151.

En vieil-irlandais *atbaill-* n'a que le sens de « mourir ». On le trouve glosant différents composés latins :

perīre. *Ml.* 36 d 16, 110 b 9, 29 c 4, 48 a 14.

interīre : *Sg.* 30 a 3, *Ml.* 54 c 33, 131 b 13, 100 a 1.
dēperīre : *Ml.* 91 d 2, 38 b 6, 77 a 13.
disperīre : *Ml.* 99 b 2.

Et même *experior*, qu'apparemment le copiste a compris comme *expereō*, *Ml.* 108 a 3.

Jamais *atbaill-* ne glose *morī*; s'agit-il de gloser des formes de *morī*, c'est toujours aux formes de *ba-* que le glossateur irlandais a recours.

Pour *ba-* glosant *morī*, cf. *Ml.* 23 d 13, *Sg.* 216 a 4, *Ml.* 40 a 2. Le fait que *atbaill-*, par opposition à *ba-*, glose toujours des *composés* latins, nous fournit déjà une indication sur l'aspect de ce thème ; l'examen de quelques exemples confirme cette indication.

Ml. 36 d 16 : *co atbeltais*, gl. ut festinato... *perirent*.

L'aspect du verbe est ici instantané comme l'indique l'adverbe *festinato*. Cf. *Ml.* 131 b 13.

Ml. 77 a 13 : *robu arna eplet -i- acht buith doib hipein fotai* 7 *hitodernam*, gl. uel certe, *non semplici et una plaga depereant*, ne per *uelocitatem consummationis memoria ultionis intereat*. « Qu'ils ne meurent pas subitement, mais qu'ils souffrent de longues peines et des supplices ».

Le texte latin ne laisse aucun doute sur la façon dont il faut traduire *arna eplet*.

Ml. 102 b 10 ; *diandadercaither su atbelat som*, gl. subficere illis ad perditionem uel hoc solum potest, si eos tantum uultu indignantis aspicias. « Si tu jettes les yeux sur eux ils périront ».

On sent combien l'aspect instantané de *atbelat* ajoute à la force de l'expression.

Le moyen-irlandais fournirait des exemples analogues. Cf. Wi., *Táin*, 2446.

Ailleurs *atbaill-* exprime une destruction complète, plus encore que soudaine.

On le trouve employé parallèlement à *forcenn-*, « finir » : *Ml.* 73 d 7 : *na eiplet huan bás coitchen huanepil cach, acht foirciniter hua sain bás sech cách*. « Qu'ils ne périssent pas de la mort commune dont périssent tous les hommes, mais qu'ils trouvent leur fin par une mort particulière, différente de toutes les autres. » Cf. *Ml.* 48 a 14 et 48 a 15, la même association.

Au figuré, c'est *atbaill-* qu'on trouve, exprimant la disparition et non la mort.

Ml. 110 b 9 : *asindbelad*, gl. quicquid apud nos fecit elegantiæ... quicquid prœstans... hoc nobis in captiuitatem *perire* fecisti. Cf. *Ml.* 85 d 8, *Wb.* 30 d 14, *Sg.* 28 b 20.

Ailleurs *atbaill-* exprime la destruction complète de l'impie et de sa fortune.

Ml. 57 a 3 : *atbelat sidi 7 innasoinmecha fesin*, « (toutes les sources de leurs richesses) périront, et leur prospérité avec eux », gl. quoniam illorum causæ *dilabuntur* cum fuerit eorum potentia *desoluta*.

Cf. *Ml.* 144 d 3, *Wb.* 1 d 4, 13 b 20, etc.

Exprimant une mort ou une ruine soudaine ou complète, *atbaill-* est donc tantôt instantané, tantôt terminatif, mais toujours déterminé ; il doit à cet aspect déterminé une valeur expressive particulière, qui apparaît nettement dès qu'on compare les passages viel-irlandais où *ba-* est attesté.

Les exemples du thème *ba-* sont peu nombreux en vieil-irlandais.

Ml. 23 d 13 : *nombaad*, gl. mori.

« Le fait de mourir sans héritier était considéré comme une honte », tel est le sens général du contexte latin. Ici l'idée de la mort est envisagée en elle-même, sans qu'aucune modalité particulière soit impliquée, en dehors aussi de toute condition émotive spéciale.

Sg. 216 a 4 : *nombaad*, gl. ut « emori » pro « mori ».

Ici *nombaad* glose le composé *ēmori*, mais ceci a lieu précisément dans un passage où le texte latin spécifie que ce verbe est employé comme équivalent de *morī*, sans la nuance particulière (terminative) qu'implique le préverbe *ē-*.

Ml. 40 a 2 : *nombatis*, gl. tu qui homines *mori* prima constitui sanctione iussisti.

La mort est considérée ici comme phénomène naturel et de la façon la plus générale.

Quand on veut indiquer la mort d'un individu comme point de repère chronologique, c'est une forme de *ba-* qu'on emploie. -

Thes. II, 314, 6 (*Fiacc's Hymn*) : *ba lēir Patraicc co mbebae.* « Patrick fut zélé jusqu'à sa mort. » Une glose de ce passage (*.i. co a bas* TF, « jusqu'à sa mort ») montre bien comment la forme était sentie, en dehors de toute considération d'aspect. Et le passage est parallèle à tel autre passage où on a une forme nominale, comme *Arm.* 17 a 2 (*Thes.* II, 238, 18) : *dibliadin rembas,* « deux ans avant sa mort ».

De même, *Wb.* 3 b 3 : *oinecht appecad amal noinect rombebe colinn Crist.* « Renoncez une bonne fois au péché, comme en une fois le corps du Christ est mort », gl. quod enim *mortuus est* peccato, mortuus est semel.

Le résultat « est mort maintenant » est seul considéré ; le passage est parallèle à *Wb.* 3 b 6 : *adib mairb arainn pecctha,* « vous êtes morts au péché », gl. existimate uos *mortuos* quidem *esse* peccato.

Ici on a une forme nominale, là une forme verbale, sans qu'on puisse saisir de nuance de sens. On sent, au contraire, le contraste avec un passage comme *Ml.* 144 d 3 : *nachtorbatu coitchenn roboi indib fridenum nuilc atrubalt tarhœsi á pectha.* « Tous les avantages qui leur étaient communs avec les autres hommes, et dont ils tiraient parti pour le mal, ont péri à cause de leur péché ».

La valeur du parfait est la même que dans *Wb.* 3 b 3 : « ils ne sont plus » mais *asrubalt* exprime de plus le fait qu'ils ont été réduits à néant par la vengeance divine. On voit ici comment l'opposition entre déterminé et indéterminé peut se poursuivre à l'intérieur de l'aspect parfait.

Enfin, un dernier exemple vieil-irlandais nous montre encore *ba-* exprimant l'action de « mourir » considérée en tant que phénomène naturel, sans qu'il y ait lieu d'en spécifier l'aspect, ni d'en préciser la valeur affective : *Wb.* 25 b 16 : *atcomlasom* hic, *lasnahi do fuircifea bráth imbethu* et *bebté* et *asséirset isind óin uáir.* « Il se joint ici à ceux que le jugement trouvera vivants, et qui mourront et ressusciteront au même moment ».

Ajoutons un exemple isolé d'un composé de *ba-*, *Ml.* 125 d 9 : *remimbaat,* gl. præmori ; ce composé, quoique artificiel et calqué sur le latin, est intéressant en ce qu'il confirme l'équivalence sentie entre les formes de *ba-* et les formes de *mori*.

Là s'arrête la liste des exemples vieil-irlandais de *ba-*. On voit que l'opposition entre ce thème et le thème à nasale *atbaill-* est nette; *atbaill-*, glosant différents composés latins comme *perīre, transīre,* etc., synonymes emphatiques de *morī,* exprime l'idée de mort soudaine (aspect instantané), de destruction complète (aspect terminatif); l'action de « mourir » étant au reste d'aspect déterminé et terminatif par elle-même, l'expression plus explicite de cet aspect déterminé entraîne dans plus d'un passag une valeur affective ou pittoresque d'*atbaill-* par opposition à *ba-*. Ce dernier thème, qui glose lat. *morī,* est moins explicite quant à l'aspect, et partant moins expressif.

Il est dès lors naturel que les exemples de *ba-* soit relativement peu nombreux, même en vieil-irlandais, et tendent à devenir de plus en plus rares à mesure qu'on avance dans l'histoire de la langue. Nos plus anciens textes irlandais sont en effet des textes religieux, où l'idée de la mort est d'ordinaire évoquée pour prédire la destruction de l'impie ou pour déplorer l'extermination des fidèles. Dans l'un comme dans l'autre cas c'est la forme la plus expressive qui convient. Peut-être si nos plus anciens textes irlandais étaient d'un autre caractère, s'il s'agissait, par exemple, de textes historiques, la proportion respective des formes de *ba-* et d'*atbaill-* serait-elle modifiée.

Si l'opposition de ces deux thèmes est nette, leurs rapports avec le troisième thème (*adbath-*) le sont moins. Le fait que ce thème n'est qu'un thème de prétérit le met à part.

M. Pedersen (II, 274, 285) conjecture qu'à l'origine *adbath* pouvait fournir un parfait supplétif à *atbaill-*, le préverbe *ad-* étant un préverbe perfectivant. — Quoi qu'il en soit, aucun supplétisme de ce genre ne subsiste plus, en vieil-irlandais, *atbaill-* ayant aussi bien que *ba-* des formes de parfait comportant le préverbe *ro-* (cf. *Ml.* 144 d 3, 100 a 1, cités plus haut). Cependant différentes influences analogiques trahissent une association entre *atbaill-* et *adbath-* : une graphie comme *apaltu* (*Ml.* 30 d 14), à côté de *epeltu* (*Ml.* 98 c 6, 4 d 20), abstrait de *atbaill-*, trahit l'influence de *aptu* (*Ml.* 74 c 11), abstrait (au reste de formation secondaire) de *adbath-*; de même l'*-a-* initial de telle forme prototonique de *atbaill-* (*oid-apail, Ml.* 91 d 2, à côté de *huan-epil,* 73 d 7) s'explique encore par l'analogie de *adbath-*.

Enfin, sémantiquement, *adbath-* se rapproche de *atbaill-* plutôt que de *ba-* :

Ml. 36 d 10 : *asindbathatar,* gl. Deo dicit persequente suos aduersarios *interisse.*

Ici *adbath-* glose *interire*, comme *atbaill-* ailleurs. Et le passage appelle la même intensité expressive que nous avons relevée dans plusieurs exemples d'*atbaill-* (*Ml.* 102 b 10, 73 d 7, etc., voir plus haut). L'abstrait *aptu* gl. *interitus* (*Ml.* 104 b 5), *perditiō* (*Wb.* 23 c 5), *exitium* (*Ml.* 74 c 11).

En moyen-irlandais, la situation est toute autre, si bien qu'ici les exemples moyen-irlandais ne permettent pas de compléter les exemples vieil-irlandais, qui se situent dans un ensemble de faits différents. La racine *ba-* tend à s'éliminer (malgré la création des formes secondaires prét. *bebais,* fut. *béba*, etc. Cf. Pedersen, II, 458). Seuls subsistent *atbaill-* et *adbath-,* ce dernier thème tendant à monopoliser l'emploi de prétérit (narratif ou parfait), à l'exclusion de *atbaill-*, avec lequel il constitue un véritable paradigme supplétif. Dans ces conditions toute opposition d'aspect tombe.

Ainsi, dans les *Passions and Homilies* nous trouvons *atbaill-* n'exprimant aucune nuance d'aspect spécial :

Atk. 1245 : *uair ba marb aen fhecht 7 atrachtais ; atbela in fecht tanaise 7 dogensa do todusead.* « Déjà tu es mort une fois et tu as ressuscité ; tu mourras une deuxième fois et je te ramènerai de nouveau à la vie. » En vieil-irlandais c'est le thème *ba-* que nous avons vu employé parallèlement à une expression formée de la copule et de l'adjectif *marb-* (voir plus haut). Nous voyons qu'ici *atbaill-* a pris sa place. Cf. Atk. 1157, 7111, 3014, 6559.

Le prétérit d'*atball-,* moins fréquemment attesté que *adbath-,* ne s'en distingue pas pour le sens.

Atk. 3844 : (Satan persuada aux Juifs de blesser au côté Jésus) *co n-. erbailtt de,* « si bien qu'il en mourut. » Cf. Atk. 7948-9 (parfait).

Mais on a, Atk. 6648, dans le récit de la mort d'un Macchabée : *atbath* « il mourut » sans qu'il y ait de différence d'aspect entre les deux thèmes. Cf. 1532, 2973, 1860, 2391, 1065.

En gallois *aballu* et le simple *ballu* signifient « périr, mourir », de même que le thème sans nasale de même racine *ad-feilio* < **atebal-* « mourir, passer » (Cf. Loth. *RC*. XXXVIII, 61). Peut-être faut-il rattacher à la même racine gall. *pallu* « tomber en faiblesse, mourir » : *B. of An.*, 26, 12 Ev. : *pawb pan ry dyngir yt ball*, « chacun meurt au jour fixé par le destin. »

Nous avons vu comment l'action, en elle-même d'aspect terminatif, de « mourir » s'exprimait en vieil-irlandais par deux thèmes, qui s'opposent l'un à l'autre pour l'aspect : *ba-*, qui se rattache à une racine exprimant un mouvement continu, et ne comporte pas d'affixe nasal ; *atbaill-*, qui se rattache à une racine exprimant un mouvement instantané et comporte un affixe nasal ; ce dernier thème s'oppose à *ba-* par son aspect déterminé, tantôt instantané, tantôt terminatif, et, partant, par sa plus grande force expressive.

Un peu à part, le prétérit et parfait *adbath-* étymologiquement apparenté à *ba-*, mais sémantiquement plus proche, semble-t-il, de *atbaill-*, flotte entre ces deux thèmes sans se rattacher nettement à aucun. Le fait qu'il n'est largement attesté qu'à une époque assez tardive achève d'en rendre l'étude sémantique malaisée.

Une nouvelle série de thèmes nous amène à considérer l'idée de disparition, non plus sous son aspect intransitif mais sous son aspect transitif-factitif. De l'action de « disparaître, mourir », nous passons à l'action de « faire disparaître, absorber », avec les trois thèmes *sluc-* « avaler », *long-*, même sens, *glenn-* « consommer ».

sluc- « avaler » traduit lat. *absorbēre*, *Wb.* 14 d 21 : *arnách róllea derchoiniud dilgid dó et dandonid.* « De peur que le désespoir ne l'engloutisse pardonnez-lui et consolez-le », gl. magis donetis et consulemini, ne forte abundantiori tristitia *absorbeatur* qui huius modi est.

Wb. (prim. man.) 13 d 24 : *roslogeth*, gl. *absorpta est* mors in uictoria.

Le verbe simple à affixe nasal glose ici encore le composé terminatif latin ; *absorbēre*, comme *exsorbēre* « faire disparaître par absorption » est en effet terminatif par rapport à *sorbēre*.

Ml. 76 b 5 : *sluicthi alluaithred,* « la poussière l'engloutit », gl. *consummaturque* prursus a puluere.

Ici encore *sluc-* glose un composé d'aspect terminatif, composé avec le préverbe perfectivant *con-* ; cf. *Ml.* 123 d 3.

Ailleurs l'aspect est instantané :

Thes. II, 255, 16 (Tract on the Mass) : *ni techte a slocod in parsa cen amlaissiuth.* « Il ne convient pas d'avaler la parcelle de l'hostie sans la goûter ». Cf. Wi. *Táin,* 1021.

Atk. 3628 : (tous les hommes se lèveront au jugement dernier) : *do neoch díb ro-shluic talam 7 robáid tond, ro loisc tene 7 aduatar biasta.* « Tous ceux que la terre a engloutis, que les flots ont noyés, que le feu a consumés, que les bêtes fauves ont dévorés ».

L'aspect instantané se combine avec l'aspect parfait : « la terre les engloutit soudain si bien qu'ils y sont encore ensevelis ». Cf. *FA,* 20, *SC.* 5.

Le thème *long-* diffère légèrement pour le sens du thème *sluc-* : il signifie non précisément « avaler » mais « manger », l'action de « manger » étant envisagée sous un aspect déterminé. Il est synonyme de *ith-* « manger », si on fait abstraction de la différence d'aspect.

Thes. II, 258, 31 : *ni longe colonge céle dé remut nó fer fas sruithiu.* « Ne mange pas avant qu'un Culdée (membre d'une congrégation religieuse) ou un homme plus âgé que toi ait mangé avant toi ».

Le contexte éclaire l'aspect de *long-* : Saint Findan, tourmenté par le démon de la goinfrerie, ne pouvait attendre, pour prendre son repas, l'heure fixée pour le repas commun (*nam usque ad horam, qua ceteri reficiebantur, expectare nequaquam poterat*) ; il implore contre la tentation l'aide de Saint Aidan, qui lui envoie du ciel la règle de conduite qu'on vient de lire. Il faut donc comprendre « ne te mets pas à table, ne touche pas aux mets avant, etc. » avec un aspect inchoatif.

Inversement, l'aspect déterminé apparaît plutôt comme terminatif : *Dúil Laithne,* p. 194 : *loisiom ar colluit,* gl. edamus portionem nostram.

Postérieurement *loisiom* fut à son tour glosé : *etham ar gccuit,* glose qui méconnaît l'aspect de *loisiom.*

On saisit la différence d'aspect avec le thème *ith-* quand on compare *Ml.* 102 a 15 (il est question d'une vigne, que grapillent les passants, et que déracine un sanglier) : *Itius anuas, dusclaid anís ; air nifoirenea in fini hithe neich di anuas amal dungni int ais sechmaill asmbeir som.* « Ils (les passants) en mangent (quelques grappes) par-dessus ; lui (le sanglier) la déracine par-dessous ; car la vigne n'est pas détruite si on en mange une partie (prise) par-dessus, comme font les passants dont il parle ».

ith- exprime l'action, d'aspect duratif-indéterminé, de manger plus ou moins de raisin, tandis que *long-* exprimant l'action de dévorer entièrement ferait contresens dans ce passage.

C'est *ith-* (non *long-*) qu'on trouve glosant lat. *edo* (*Ml.* 133 a 5) et *mando* (*Sg.* 146 b 5).

C'est généralement *long-* et non *ith-* qu'on trouve dans les expressions du type « boire ou manger », « manger ou dormir ». *FB.* 58 : *ocus nír chotail ocus ni ro-loing co cend tri lá ocus teóra n-aidche.* « Il n'a ni dormi ni mangé durant trois jours et trois nuits ».

Cf. *Ol na longud,* « boire ou manger ». *FB.* 26, 32 ; *SC.* 1 ; *Lg.* 17, *Eg.* 52, toujours dans des phrases négatives.

Le caractère négatif de ces expressions explique qu'on ait *long-* et non *ith-* ; l'aspect instantané de *long-* le rendait ici plus expressif que n'aurait été le duratif *ith-* ; nous disons de même familièrement : « je n'ai rien pu avaler », ou « je n'ai pas pu fermer l'œil » de façon plus expressive que si nous disions : « je n'ai pu ni manger ni dormir ».

Le même aspect instantané se retrouve dans des phrases négatives en dehors des formules que nous venons de citer.

Strachan, *Táin,* 1606 : *ni roloing cen airchisecht.* « (Aussi longtemps qu'il vécut) il ne put rien avaler sans souffrir ».

Atk. 4186 : 7 *didiu co na roloinge re n-a trath,* « et qu'il ne touche à aucune nourriture avant le temps convenable ».

On voit comment un même aspect déterminé peut se traduire de façons diverses et même opposées : *longim* signifie tantôt « je dévore entièrement », tantôt (particulièrement dans des phrases négatives) « je touche à la nourriture », tantôt « je me mets à manger », alternativement terminatif, instantané ou inchoatif.

Le brittonique atteste à côté du thème à nasale, gall. *llyncu* « avaler, absorber », bret. *lonka,* un thème sans nasale, gall. *llewa* « manger, avaler, absorber ». Au reste l'opposition d'aspect entre les deux thèmes n'y paraît plus sensible.

Le thème *glenn-* « consommer, dévorer » ne se rencontre qu'en composition avec les préverbes *for-di-od-,* le thème *glenn-,* qui apparaît dans d'autres composés étant tout à fait indépendant (Cf. p. 14 et 85). On a, en irlandais même, un thème sans nasale de même racine dans *gel-* « manger, brouter » (Pedersen, II, 536), qui est attesté au simple ou composé avec *fo-*.

Le fait que le thème à nasale apparaît en composition avec les préverbes *od-* et *di-* qui expriment l'accomplissement complet de l'action, est déjà une présomption en faveur de l'aspect terminatif de ce thème.

Le préverbe *for-* a sans doute une valeur intensive symétrique de la valeur alternative qu'à *fo-* dans *fo-ger-* « chauffer », en face de *guir-* (Pedersen, II, 537, *Mél. Vendryes,* p. 331).

On trouve *for-di-od-glenn-* glosant *absorbēre* (Cf. p. 135) et *dēuorāre. Ml.* 134 b 5 : *amal bemmis fordiucailsi* « comme si nous avions été engloutis », gl. tanquam *deuorati* fero austu, uelut *absorpti* aquis magnis.

Glosant *uorāre :*

Ml. 44 c 32 : *for-tam-diucuilset sa,* gl. uorare. Cf. *Ml.* 84 d 2.

Le sens figuré « détruire » est plus fréquent que le sens propre « manger ».

Ml. 36 a 32 : *arnach-t-fordiucail in fer sommae,* « afin que le riche ne te dévore pas ». Cf. *Ml.* 102 a 10, 104 b 5.

gel- se comporte vis-à-vis de *glenn-* comme *ith-* vis-à-vis de *long-*.

Le sens ordinaire de *gel-* est « brouter, paître ».

Wi. *Táin*, 549, 550 : *con geltat eich Sualtaig fri coirthi a túaid fér co húir, fogeltat eich Conculaind fri corthi aness fér co húir 7 connici na lecga lomma.* « Alors que les chevaux de Sualtach avaient brouté l'herbe au nord du pilier jusqu'à la terre, les chevaux de Cuchulinn avaient brouté l'herbe au sud du pilier jusqu'à la terre et jusqu'à la pierre nue. »

gel- glose dans plusieurs passages *dēpascī* « se repaître de, dévorer ».

Sg. 143 b 1 *gelid,* consumit, uirgilianum, gl. implicat et miseros mursu depascitur artus.

Dans un passage comme celui-ci on peut être tenté de donner à *gel-* une valeur terminative, en raison du rapprochement avec *consumit* : mais *consumit* n'est pas donné ici comme un équivalent de *gelid. Gelid* traduit le *depascitur* de Virgile dont le sens est « il se repaît aux dépens de » duratif; *consumit* est une seconde traduction de *depascitur,* qui donne un équivalent grossier mais usuel de ce terme poétique, équivalent inexact quant à l'aspect, au reste, puisque *depascitur* n'implique pas l'absorption complète que suppose *consumitur.* Cf. *Thes.* II, 227, 34; I, 5, 41; *Ml.* 80 a 11.

On a vu que le participe de *for-di-od-glenn-* glose *deuorati* et *absorpti.* Le participe de *gel-* s'y oppose nettement pour l'aspect. Quoique l'affixe nasal ne s'étende pas en dehors du thème de présent, l'aspect particulier qu'il exprime se retrouve, dans tout le système du verbe, par solidarité avec le thème de présent (cf. p. 63 et 76), et apparaît même dans les formes nominales qui se rattachent étroitement au système verbal.

Thes. II, 46, 21, intonsi ·*i- nephglidi* l intacti.

Le participe de *gel-*, précédée de la négation, signifie donc « non coupé, intact », la forme positive correspondante signifierait « entamé, mutilé », tandis que le participe de *for di-od-glenn-* signifie « détruit entièrement ».

On voit comment se reflète dans l'adjectif verbal l'opposition des aspects déterminé et indéterminé.

L'aspect de ces thèmes signifiant « disparaître » ou « faire disparaître » est, dans l'ensemble, terminatif, comme le veut la notion verbale exprimée. Ces thèmes retiennent cependant quelque chose de la diversité d'aspects que comporte l'aspect déterminé : *arachrin-* et *tin-* glosent des inchoatifs latins en -**sk* $^{e}/_{o}$-, ils concordent par ailleurs pour l'aspect avec un thème de même sens, *ded-*, qui est un ancien présent redoublé thématique. L'aspect commun à ces trois catégories verbales ne peut être qu'un aspect déterminé au sens le plus large du terme.

Il en est de même pour *atbaill-,* terminatif ou instantané, et ne glosant que des composés latins (*perīre*, etc.); *sluc-,* terminatif; *long-,* qu'on trouve avec toutes les variétés d'aspect possibles dans un verbe déterminé, y compris l'inchoatif; *glenn-,* enfin, qui est seulement terminatif, comme l'indique et l'exige le sens des préverbes avec lesquels il est composé. L'aspect de ces thèmes présente la même unité d'ensemble, sous une certaine variété superficielle.

CHAPITRE VII

VERBES SIGNIFIANT « PRENDRE, ACHETER, VENDRE »

Une série de thèmes à nasale expriment, les uns l'action de « prendre » : *gat-*, *tlen-*, ou d' « acheter » : *cren-*, les autres l'action contraire de « vendre » : *ren-* et (secondairement) *mairn-*.

Au point de vue de l'aspect ces différents verbes sont comparables entre eux.

gat- « prendre, enlever, voler ».

Wb. 9 d 4 : *ingét a bullu ar crist?* « enlèverai-je ses membres au Christ? », gl. *tollens* ergo membra Christi faciam membra meretricis ?

Wb. 22 b 6 :*nagatad dia nairi esé a deo,* « qu'il (le diable) ne dérobe pas Dieu à l'homme ni l'homme à Dieu », gl. qui furabatur iam non furetur.

Cf. *Ml.* 106 c 13, *Wb.* 9 c 8, 10 b 1.

TBF. § 16 : *gatuid a étach de,* « il arrache ses vêtements ». Cf. *Three Hom.*, p. 64, 30 et 12 ; Wi. *Táin*, 3875, 943.

Le vieil-irlandais ne fournit pas d'exemples de *gat-* avec la particule perfectivante *ro-*, mais, étant donné le petit nombre des passages où l'on a *gat-* en vieil-irlandais, ceci peut être l'effet du hasard ; en revanche les exemples de ce type ne manquent pas en moyen-irlandais.

Wi. *Táin*, 6102 : *ra gattá 7 ra brattá in slúag sa indiu*, « cette armée a été enlevée et emportée aujourd'hui ». Cf. Wi. *Táin*, p. 798 (= *LL.* 266 b 42).

Le composé *tris-gat-* signifie « transpercer, fendre de part en part », que le sujet soit l'instrument qui transperce ou l'agent qui transperce à l'aide de cet instrument.

Wi. *Táin,* l. 3790 : *Ratregdastar mar thregdas fodb omnaid.* « Il t'a fendu de part en part comme une cognée fend un chêne ». Cf. Wi. *Tàin,* p. 881.

Wi *Táin,* 2307 : *co ro-thregda a chridi na chliab,* « si bien que (le javelot) transperça son cœur dans sa poitrine ». Cf. Wi. *Táin,* 1342, 2305.

Ce sens s'explique par un sens plus général « se frayer un passage à travers, trouver place dans » (ou par le factitif correspondant à ce sens s'il s'agit non de l'instrument mais de l'agent). C'est précisément ce sens que présente le correspondant gallois de *gat-* : *genni* « être contenu ».

Le sens actif correspondant au sens absolu de gall *genni* se trouve dans gr. χανδάνω « je contiens, j'ai une capacité de » ; ce sens n'est qu'une acception spéciale du sens « prendre » qu'on a dans irl. *gat-* (au simple) et lat. *praehendō*. Nous trouvons dans le verbe français « tenir », dans lat. *capere*, les deux valeurs que se sont partagées gr. χανδάνω et gall. *genni* : on dit qu'un récipient « tient » un litre ou qu'un litre « tient » dans un récipient. Parallèles pour le sens à franç. *tenir*, gr. χανδάνω, gall. *genni* et irl. *gat-* s'y oppose par l'aspect, qui y est, non duratif-indéterminé, comme dans le cas de « tenir », mais déterminé et inchoatif, l'action de « prendre » étant naturellement inchoative par rapport au fait d'avoir ou de tenir.

La même association entre le sens « prendre » et le sens « contenir » se retrouve dans un autre thème à nasale : *to-ell-* (p. 110).

tlen- « emporter, dérober, se dérober ».

O'Dav., n° 1529 : *dia tlethar,* « if one... be abstracted ». Cf. Wi., p. 829 : *tlenim* « j'esquive ».

L'irl. *tlen-,* comme le lat. *tollere,* a donc l'aspect déterminé-inchoatif : « emporter » ou, absolument, « se dérober ».

tlen- apparaît en composition avec une série de préverbes précisant d'ordinaire le point de départ.

di-tlen- « emmener ».

SM. V, 466, 6 : *dotlean,* « drives off », « il emmène ».

ess-tlen- « s'enfuir, échapper par la fuite ».

Wi. *Táin*, 2980 : *Ra étla óenfer díb úad immunigin a retha*, « un seul d'entre eux lui échappa par la fuite mettant son espoir en sa course ». Cf. *Lg.* 9, Wi. *Táin* 5678.

fo-ess- « emporter ».

SM. V, 318, 23 : *foetlaither*, « est emporté ».

to-ess-tlen- « s'enfuir ».

Wi. *Táin* 5646 : *agus ro tetlaidhsid a n-gabhra uile uaidhibh*, « et tous leurs chevaux s'enfuirent d'auprès d'eux ».

fo-tlen-.

SM. IV, 314, 25 : *fotlen* (?) ; cf. Gloss. VI, p. 413.

De *to-tlen-* on a seulement l'astrait : *SM.* Gloss. 731, *toethlo*, « act of evading, going away or carrying off secretly ».

Les verbes *cren-* « acheter », et *ren-* « vendre » se trouvent, par suite de coïncidences phonétiques, former un couple où l'analogie des formes souligne l'opposition des sens.

cren- « acheter ».

Wb. 10 b 7 : *amal nahí nadchrenat*, « comme ceux qui n'achètent pas », gl. et qui emunt tanquam non possedentes ».

Ici la glose explique sans le traduire exactement le texte latin. Étant donnée la phrase précédente dans le texte latin (« qui *habent* uxores tanquam non *habentes* sint ») le glossateur, choqué par le manque de symétrie que constitue *non possedentes* reprenant *qui emunt*, a tenu à souligner qu'il fallait comprendre comme s'il y avait *tanquam non ementes*. Cf. *Thes.* II, 332, 3, etc.

to-aith-cren- « racheter ».

Ml. 73 b 5 : *duarchiuir*, gl. redemit.

Wb. 21 a 6 : *ar taidchrecce*, gl. redemptionem.

Cf. *Ml.* 123 c 10, *Wb.* 2 b 9, 32 d 10, etc.

fo-cren- ; en vieil-irlandais, seul l'abstrait est attesté.

Wb. 16 a 13 : *ind fochricc*, gl. remunerationes. Cf. *Wb.* 13 b 27, 3 c 1, etc.

SM. IV, 212, 31 : *ma focrethther*, « s'il est acheté » ; V, 284, 3 : fer *focrenur*, « un homme qui est stipendié ». Cf. VI, 377, s. v. *focrenaim*.

ter-fo-cren- ; seul l'abstrait est attesté : *Ml.* 36 a 32 : *tero-*

chraicci, gl. munera. Cf. *Ml.* 14 a 14, 115 d 6, 36 b 1, etc.

Le verbe *cren-* s'élimine en moyen-irlandais et est remplacé par un dénominatif *cennaigim* (Atk. *Gloss.*, p. 579. Cf. *cennach* « buying, redeeming »).

gall. *prynu* « acheter », et ses composés *adbrynu* « racheter », *gobrynu* « rétribuer », concordent pour le sens avec irl. *cren-*.

ren- « vendre, livrer (en échange) ».

Wb. 3 c 38 : *romrir mothol cholnide, condumfel fomám pectho*, « mon désir charnel m'a vendu (= m'a livré) si bien que je suis sous le joug du péché », gl. uenumdatus sub peccato.

Ml. 120 d 1 : *innaní rendae .i. inna cennaige*, « de ceux qui vendent, c'est-à-dire les marchands », gl. uendentium.

Cf. *Wb.* 28 c 2, *Thes.* II, 327, 18, II, 240, 1, 2, *Ml.* 36 a 37 (Gérondif, gl. *uenalem*).

Lg. 18, 31 : *rorir a einech ar chuirm*, « il a vendu son honneur pour de la bière »,

Cf. Wi. *Táin*, 1626 (LU), *Three Hom.*, p. 52, 26, Atk. 5298,

di-ren- « payer ».

SM. II, 244, 6 : *doren lethfiach*, « il paye une demi-amende ».

SM. II, 394, 26 : *doranar*, « est estimé à ».

Dans *SM.* V, *direnar* et *direnaiter* sont fréquemment glosés par *eirnither*.

ess-ren- « donner en échange ».

Ml. 36 a 30 : *huare asren fuilem fuani arareilced do*, « parce qu'il paye des intérêts pour ce qui lui a été prêté », gl. dum *reddit* amplius quam accipit. Cf. *Ml.* 36 a 29, *Ml.* 127 a 18.

Wb. 25 b. 6 ; *asriri dia digail darési*, « Dieu leur infligera un châtiment en retour », gl. quoniam uindex est Deus de his omnibus. Cf. *Sg.* 27 a 2, *Wb.* 1 c 3.

Wb. 18 a 14 : *asririusa mochumang dar far cenn*, « je dépenserai mon pouvoir pour vous », gl. ego autem impendam et super impendar ipse pro animabus uestris. Cf. *Ml.* 44 a 6.

« donner, accorder ».

Atk. 3971 : *co nach nama ernes Dia dona firenaib in itche forpthe condagatt fair, acht dosbeir cech maith aile doib.* « Non seulement Dieu accorde aux justes l'impeccable requête que ceux-ci lui adressent mais il leur donne n'importe quel autre bien ».

d'où, au sens absolu, « se consacrer à ».

Ml. 20 c 2 : *errenaid*, gl. cogitationibus rectis adpendite. Cf. *Ml.* 32 b 10. Atk. 7092.

Peut-être a-t-on le sens « donner pour, faire passer pour », *Thes.* II, 342, 2.

ceta-ess-ren-, *in-ess-ren-* concordent pour le sens avec *ess-ren-*, et ne soulèvent pas de questions particulières.

Comme *cren-*, *ren-* s'élimine en moyen-irlandais ; on le rencontre encore dans les *Passions and Homilies* mais il tend à céder la place à *creccaim* ; déjà *Thes.* II, 327, 18, on rencontre *ni ró-recc* (dénominatif de l'infinitif *reic*) glosant *ni rir*. Cf. Wi. *Táin*, 1626, où, à côté de *nírriri* (*LU*), on a *ní recfaind se* (*LL*) en variante.

Il semble d'abord que les composés de *di-* ou de *ess-*, signifiant « payer », expriment un sens contraire au sens du simple qui signifie « vendre » : c'est une oppsition du même ordre qu'on trouve entre grec πέρνημι « je vends » et lit. *perkù* « j'achète » et pas n'est besoin pour l'expliquer de faire intervenir le sens des préverbes. Ces contradictions se résolvent en partant d'un sens plus général « donner en échange de » ; pour des peuples familiarisés avec le maniement de la monnaie l'action de « vendre », consistant à recevoir de l'argent pour se séparer d'un objet, et l'action d'acheter consistant à donner de l'argent pour acquérir un objet, s'opposent nettement ; la notion de l'échange, à la fois vente et achat, n'est plus usuelle. Au contraire à un stade de civilisation où toute transaction se ramène à un échange de valeurs réelles — en l'absence de valeurs fictives — l'opération de « vendre » et celle d' « acheter » ou de « payer » ne vont pas l'une sans l'autre : lorsqu'un Celte donnait dix vaches et recevait une femme esclave, qui peut dire s'il vendait dix vaches au prix d'une femme, ou s'il achetait une femme au prix de dix vaches ? Le fait d'acquérir un objet, celui de se dessaisir d'un objet sont comme les deux faces complémentaires d'une même transaction : c'est cette transaction non différenciée qu'exprime le thème *ren-*.

Le thème *mairn-*, par son sens primitif se rattachait sans doute à la série des verbes signifiant « briser » (cf. p. 116). On peut en effet le rapprocher de skr. *mṛṇāti* « il endommage », gr. μάρναμαι « je m'attaque à » ; mais, en irlandais, on ne le trouve qu'au sens de « livrer, trahir », glosant lat. *prōdere*.

Ml. 140 c 1 : *nummerat sa,* gl. tenebrae me *produnt* persequenti.

Ml. 24 c 20 : *co nu-merad,* gl. et quaesiuit ut superficie *proderet.*

Cf. *Wb.* 30 c 20, *Ml.* 75 d 5 ; pour l'abstrait (glosant *prōditiō*), cf. *Ml.* 72 b 1, *Wb.* 18 b 18, etc.

Wi. *Táin,* 3688 : *ní tu acht Medb rarmarnestar,* « ce n'est pas toi, mais Medb qui nous a trahis ».

Cf. O' Dav. nº 1020, Wi. *Táin,* 1081-2, *SC.* 31, 7, Atk. 3083, 5037, 8006, etc.

Ces notions de *prendre, donner, acheter, vendre,* sont par elles-mêmes d'aspect déterminé (instantané) ; aussi les trouve-t-on, en dehors du celtique, exprimées par des verbes à affixe nasal comparables à ceux que nous venons de voir ou par d'autres formations d'aspect déterminé ; ainsi, en face de *gat-*, gr. χανδάνω et lat. *praehendō* attestent l'ancienneté de l'infixe nasal dans ce thème ; nous avons vu que *to-ell-* (p. 110) et *tlen-* (p. 142) fournissent, en irlandais même, d'autres exemples de verbes à affixe nasal signifiant « prendre » ; rappelons que la racine à laquelle se rattache *tlen-* fournit en grec un *aoriste* τλῆναι, et que le correspondant lat. *tollere* de *tlen-* est perfectif par opposition à *ferre* (cf. Barbelenet *Aspect,* p. 178).

A irl. *cren-*, gall. *prynu*, où l'affixe nasal est ancien, comme l'indique la comparaison avec véd. *krīṇāti,* etc. (cf. p. 28), répond pour le sens en lat. le perfectif *emere* (v. sl. *imą* est, lui aussi, déterminé), à *ren-* et à *mairn-* les composés perfectifs *uendere, prōdere* du thème par lui-même perfectif *dăre* ; dans ces deux thèmes la nasale est ancienne aussi comme l'indiquent grec πέρνημι et μάρναμαι ; notons qu'en face du thème à nasale *ren-* un thème à suffixe -**sk* $^{e}/_{o}$- est attesté dans gr. πιπράσκω (qui est, de plus, un présent à redoublement). Le fait confirme l'équivalence, que nous avons déjà signalée, entre les thèmes à nasale et les thèmes en -**sk* $^{e}/_{o}$-, en tant qu'ils expriment, les uns comme les autres, l'aspect déterminé.

CHAPITRE VIII

VERBES SIGNIFIANT « ADHÉRER A » ET « LACHER »

Deux thèmes signifiant « adhérer à », *glen-* et *len-*, forment un couple d'autant plus étroitement associé qu'à l'identité de sens s'ajoute l'analogie de forme ; il en est de même pour les deux thèmes signifiant « lâcher » : *léic-* et *tréic-*.

glen- « se coller à » (et non « être collé à »).

Ml. 65 b 7 : *giulait,* gl. et *herebunt* (sagittae tuae) in cordibus inimicorum tuorum (Tes flèches *iront se fixer* dans le cœur de tes ennemis).

Thes. II, 293, 20 et 24 (Poèmes du ms. de St-Paul) : le scribe compare son labeur d'érudit au travail de son chat qui, à ses pieds, chasse les souris.

glenaid luch inna lín sam.

« une souris se prend dans son filet »

Faelid sem, cun-dene dul.

Hinglen luch inna gerchrub.

« Il se réjouit, avec un élan rapide, quand une souris tombe sous sa patte fine » (on a *tucu* au vers suivant avec le même aspect; cf. p. 114).

Ml. 127 b 19 : *glete de són,* « qui s'attachent à lui », gl. non remisse sed adstrictis *inherentibusque* tormentis impius adfligatur.

Ici on peut hésiter sur l'aspect de *glete* ; faut-il traduire « qui s'attachent à lui » (inchoatif) ou « qui restent attachés à lui » (duratif) ? — L'analogie de passages, comme *Ml.* 65 b 7 (voir plus haut), décide en faveur de l'aspect inchoatif ; ailleurs encore on trouve *glen-* glosant *haerēre,* cf. *Thes.* I, 493,

20, *Ml.* 86 b 8. On sait que lat. *haereō* signifie, dans la langue des comiques, « me voici pris », avec le même aspect inchoatif que nous retrouvons ici dans *glen-*.

to-glen- n'est représenté en vieil-irlandais que par l'abstrait *toglenamon* « addition », *Sg.* 78 b 1, 104 b 2, 95 a 7.

Le correspondant brittonique de *glen-* : gall. *glynu* (*di-lyn, can-lyn, ymgan-lyn*) présente, à côté de l'aspect inchoatif ancien, un aspect duratif que n'a pas *glen-* en vieil-irlandais.

RB. I, 230, 11 (*Peredur*) : *dylin a oruc Peredur y twrncimeint, yny vyryawd pawb yrl lawr.* « Peredur poursuivit le tournoi jusqu'à ce que tous fussent vaincus » (duratif). Mais *RB.* I, 193, 4 : *ac ual y mae mynych yr neb a ymkanlyno ac ymladeu a ryueleod...* « Et, comme il arrive souvent à ceux qui recherchent les batailles et les combats (inchoatif)... ».

M. bret. *englenaff* « j'adhère », Ernault, *Et.* 2, 211, paraît conserver mieux l'aspect ancien de *glen-*.

len-, qui signifie au propre « s'attacher à » comme *glen-* (cf. skr. *lināti*, même sens) a souvent le sens dérivé « suivre ».

Wb. 29 a 23 : *armad pecthaid intí forataibre grád lenit apecthe dindí dobeir angrád.* « Car si celui à qui tu confères l'ordination est un pécheur, ses péchés s'attachent à celui qui confère l'ordination », gl. neque commonicaueris peccatis alienis.

Ml. 96 c 13 : *roleldar díb són connachagluaistis incharbait,* gl. rotae axibus adheserunt. « Elles adhérèrent (aux essieux), si bien que les chariots ne purent pas se mettre en mouvement ».

L'aspect parfait se superpose à l'aspect inchoatif : « elles adhérèrent, si bien qu'elles restèrent collées ». Cf. *Wb.* 10 a 5, *Thes.* II, 291, 16, *LU.* 114 b 29, *SC.* 6.

Au figuré *Wb.* 5 c 16 : *is menand is dindinsci riam lenid.* « Il est évident qu'il adhère à l'opinion susdite ». Cf. Wi. *Táin*, 1058, *LU.* p. 114 b 16, 114 b 29 (Wi. p. 657-8).

Du sens de « adhérer à » on passe à celui de « suivre, se mettre à suivre », *SC.* 43 (Cuchulain s'apprête à abandonner sa femme Emer pour la fée Fann) : « *bés, ar Emer, no co nerr in ben día lenai* », « Assurément, dit Emer, la femme que tu t'apprêtes à suivre (que tu te mets à suivre) ne vaut pas mieux ».

Ailleurs, *len-* a une valeur différente.

Sg. 9 b 17 (loi d'accentuation) : *lenaid dingutai thöisig,* gl. abscissione extremae uocalis tamen aspiratio *mansit* ex superiore pendens uocali.

Traduire : « l'aspiration reste sur la voyelle précédente », comme si *len-* était duratif, serait effacer la nuance d'aspect très précise par quoi l'irlandais répond au *tamen* du texte latin ; « l'aspiration n'abandonne pas la voyelle précédente (comme on aurait pu s'y attendre, *tamen*) ». L'aspect est ici terminatif et c'est à grec μίμνειν, non à grec μένειν que correspond pour le sens *len-*.

Atk. 4194 *a De... ni ro-aircessi dón forind fédligit co dúr ina n-imorbus 7 lenait choidche di-a n-ulcc.* « Seigneur... ne prends pas en pitié ceux qui s'obstinent avec acharnement dans leurs iniquités et *persistent jusqu'au bout* dans leur péché ». Cf. 2412, 4595.

Cet aspect terminatif donne une force particulière à un passage comme *Ml.* 54 d 7 ; *rolil* (mss. *rolin*) *dím m'ernigde 7 ni dechuid huaim,* « ma prière a refusé de me quitter, et m'est restée attachée ». gl. numquam a me promouit oratio mea, *adhesit* mihi, aures iudicis non intrauit, mecum atque in sinu meo diuersata est.

A côté du thème *len-* on a un thème en *-ā-* composé avec *ess-* : *ass-len-* « souiller ». Ce sens s'explique en partant du sens inchoatif de *len-* « attacher », ou « s'attacher à », « enduire ». Une évolution sémantique parallèle est attestée dans lat. *oblinō.*

Le thème *léic-* « laisser aller, lâcher » se fléchit comme un thème en *-ī-*. Il ne suit donc plus la conjugaison des thèmes à infixe nasal (p. 5). Il n'en conserve pas moins nettement l'aspect propre à ces thèmes.

léic-, en vieil-irlandais et encore en moyen-irlandais archaïque, exprime l'action de « laisser » sous l'aspect inchoatif.

Tr. 110 c (*Thes.* I, 492, 22) : (on amenait deux boucs dans le temple) 7 *noleichte indala nái fon díthrub co pecad in popuil,* « et l'on envoyait (litt. on laissait aller) l'un des deux dans le désert, avec les péchés du peuple ». cf. *föid-* « envoyer » qui se trouve un peu plus loin, 110 e : *esföite ... asföite fon díthrub,*

« qu'on envoyait... qu'on envoyait dans le désert ». *fóid-* a ici même sens que *léic-*, 110 c. Cf. *Ml.* 105 b 16.

Wb. 6 c 7 : *léic uáit inna biada mílsi,* « repousse loin de toi les mets délicats. » Cf. 6 c 8.

FB. 81 : *léicthe Lœgaire secha.* « Lœgaire laissa passer (le trait) au-dessus de lui. »

ScM. 16 : (il ôte de sa ceinture la tête d'Anluan). 7 *nosleice do Chet ar a bruinni,* « et la lance dans le giron de Cet. »

Cf. Atk. 4713, 4830, 4831, etc.

Au figuré *léic-* = « renoncer à ».

FB. 41 : *ocus ni léicfem ni uaind hé airsin,* « nous ne renoncerons pas pour cela (à notre revendication) ». Cf. *Wb.* 6 b 29.

« livrer (bataille) ».

Atk. 7228, *lécset cathugud do'n béist,* « Ils livrèrent bataille au monstre. »

« permettre ».

Sg. 222 b 4 : *léic,* gl. sine.

Cf. *Wb*, 3 d 13, *Ml.* 30 a 10, *FB.* 3, Atk. 1693.

léic- s'oppose en ce sens à lat. *licet,* comme l'inchoatif-factitif : « faire que quelque chose soit permise » au verbe d'état : « être permis ». C'est une opposition dont nous verrons bien d'autres exemples (cf. p. 186).

L'aspect s'est maintenu plus nettement dans *léic-* que dans le verbe latin correspondant *línquere.* Aussi sont-ce des formes *composées* de *linquere* que glose *léic-* ; *Ml.* 14 d 8 : *alléicfimme,* gl. relinquentes ; *Ml.* 44 b 10 : *romleicisse,* gl. me dereliquisti. On a, plus explicitement encore, *Ml.* 53 b 6 : *ralleic,* gl. dimisit.

Souvent l'aspect déterminé de *léic-* donne une force particulière à l'expression ; cf. *SC.* 44. Cuchulinn, pressé de choisir entre la fée Fann et sa femme Emer, affirme à celle-ci la constance de son amour :

« *Mo lecud-sa didīu !* » *ol Fand.* « *Is coru mo lecud-sa* » *ar Emer.* « *Ná thó* », *or Fand,* « *messi leicfidir and, ocus is mé robæglaiged o chéin* ». *Ocus forópair oc dogru ocus oc domenmain móir, ar ba nar lée a lécud ocus dul dia tig a chétóir, ocus ro buadir in rograd hi dorat do Coinculaind, ocus is amlaid robói oc dogru ocus doroni in laid sea :*

« *Messe ragas for astur... robad ferr lim tairisem* »,

« C'est donc moi qu'on renvoie ! » dit Fann. — « Il serait plus juste de me renvoyer, moi, » dit Emer. — « Non pas, « dit Fann, « c'est moi qui partirai, et c'est ce qui me menaçait depuis longtemps ». Et elle se prit à se lamenter et à s'affliger grandement, car elle estimait à honte d'être renvoyée et de rentrer sur le champ chez elle, et elle souffrait du grand amour qu'elle portait à Cuchulinn, et aussi se lamentait-elle, et elle composa ce poème :

« C'est moi qui me mettrai en route..., quoique j'eusse préféré rester, » etc..

Le sens exact de *léic-* ne saurait faire de doute ; des expressions comme : *a lécud ocus dul dia tig, messe ragas for astur,* indique bien que l'abandon de Fann se double d'une véritable répudiation, et le rapprochement avec les textes vieil-irlandais cités (*Tr.* 110 c, *Ml.* 53 b 6, où *léic-* glose *dīmittere*) prouve que *léic-*, par lui-même, peut exprimer cette nuance. On sent combien ce beau passage perdrait de force si l'on négligeait de tenir exactement compte du sens et de l'aspect de *léic-*.

Un exemple d'un type différent et d'une langue beaucoup plus récente est plus significatif encore : Atk. 7961 (7968) : *nach-ar-léic in-amus,* « ne nous livre pas à la tentation », trad. et ne non *inducas* in tentationem. Le texte français du *Pater* admet ici une variante : à côté de « ne nous induisez pas en tentation » (calqué sur le latin) on trouve la traduction, « ne nous laissez pas succomber à la tentation ». Il ne faudrait pas voir dans le *nach-ar-léic* de l'irlandais un équivalent de cette dernière version. C'est au contraire à franç. « induire », qu'équivaut ici irl. *léic-*, ce qui n'est pas sans importance au point de vue doctrinal. Cf. *Ml.* 77 d 6 et 7, où la comparaison avec le texte latin du psaume LIX permet de préciser le sens de *léic-*.

Quand il s'agit de rendre l'idée de « laisser » sans insister sur l'aspect inchoatif, ce n'est pas *léic-*, mais *fo-ad-gaib-*, qu'on trouve en vieil-irlandais : *Arm*, 18 a 1 (*Thes.* II, 240, 14 et 15) : *Facab nóib dia muintir and.... Facib nóib n-aile isuidiu.* « il laissa là un saint homme de sa communauté....., il laissa là un autre saint homme » (mais cf. *léic-* au sens duratif, Atk., 6559, l'aspect étant partiellement effacé dans le moyen-irlandais des *Passions and Homilies*).

Les composés de *léic-* confirment ce que nous venons de voir de l'aspect du simple :

1° *to-ad-léic-* « laisser aller ».

Ar. (*Thes.* II, 240, 22) : *áilsi patricc... aratailced maccu Cathbad 7 Isserninum leo.* « Patrick le supplia de relâcher les fils de Cathbad et Iscrninus avec eux ».

D'où, au figuré, « céder à, apaiser ».

Ml. 69 c 6 : *lase donatalcfe*, gl. cum *delenueris* animum cupientis.

Cf. *Wb.* 23 c 4. *Ml.* 111 b 23.

2° *air-leic-* « prêter ».

Ml. 57 a 13 : *arleicfither*, gl. motuabitur. Cf. *Ml.* 127 a 18.

com-air-léic- « permettre ».

Dans *Ml.* 58 c 6 le simple et le composé sont employés concurremment et avec le même sens : *nileic duaid anisin arrofitir side ba dia ɔrairleic fobith a pectha som.* « David ne permit pas (que l'on châtiât son persécuteur) car il savait que c'est Dieu qui avait permis cela, à cause de ses péchés. »

Cf. *Ml.* 74 c 15, 32 c 4, Atk., 4077, 6248, etc.

On trouve aussi, quoique plus rarement, *com-air-léic-* avec le sens propre de *léic-* « lâcher, laisser aller ».

Ml. 121 b 12 : *conairlecet .i. dolecet huadib sís*, gl. demittunt. Cf. *Ml.* 125 a 9. Atk. 4374, 4438.

3° *od-ess-léic-* « ouvrir, relâcher en ouvrant ». Les composés *air-od-ess-léic-* et *to-od-ess-léic-* ont le même sens.

De *od-ess-léic-* (irl. mod. *osglaim* « j'ouvre ». Cf. Wi., 726) on n'a en vieil-irlandais que l'infinitif *oslucud* « fait d'ouvrir », *Ml.* 46 b 5.

air-od-ess-léic- glose *resserrare*, *Ml.* 98 a 4. Cf. *Sg.* 147 a 2.

to-od-ess-léic- glose *soluendo*, *Ml.* 127 a 17. Cf. *Sg.* 19 a 1.

4° *to-léic-* « laisser aller, jeter ».

Wb. 13 b 13 : *dolleicet forru indáil*, « ils laissent la foule les dépasser » : le sens est le même qu'on a pour *léic-*, *FB.* 81 (voir plus haut); cf. *FB.* 10 et 11.

Ml. 121 b 12 *dolecet* a le même sens que *conairlecet* (voir plus haut).

Au sens de « jeter », on a *to-léic-* à côté de *to-air-léic-*, *ScM.*

10 : *Tarlaic urchor do gai mór dam sa. Dos leicim-se dana do som in-gai cétna.* « Il me lança un coup d'un grand javelot. Je lui jette ensuite le même javelot ».

FB. 11 : *dolléci im budin Conchulaind,* « il se précipite dans le groupe de Cuchulinn ». Cf. *FB.* 10.

Les composés de *léic-* ont sensiblement le même sens que le simple, ce qui s'explique par l'aspect déterminé de ce simple; *léic-* exprimant l'action de « laisser » sous l'aspect inchoatif signifiait déjà « relâcher, laisser passer, permettre, jeter ». Les composés qui se partagent ces différents sens ne font qu'exprimer plus explicitement à l'aide de préverbes de sens approprié (*od-ess-, to-*, etc.) les diverses nuances de sens qu'impliquait l'aspect déterminé du simple.

gall. *ellwng* est étymologiquement comparable à irl. *in-long-* (et gall. *ymollwng* « se laisser aller, tomber » à irl. *imfolung*). Cependant c'est avec *léic-* qu'il se groupe au point de vue sémantique. Le sens ordinaire en est en effet « lâcher, verser (des larmes), délivrer ».

RB. I, 206, 26 (*Peredur*) : *a than ellwng y dagreu y dyuot racdi yr ystauell*; « et, versant des larmes, elle se dirigea vers la chambre ».

RB. I, 233, 20 : *a allwyf ellwng y vorwyn,* « si je puis délivrer la jeune fille ».

Il est possible au reste que ce sens soit secondaire (cf. Loth. *RC.*, XXXIX, 63). Dans un passage moyen-gallois *ellwg* paraît en effet signifier « lier » : *Elucidarium* (*Anecdota Oxoniensia*), p. 25 : *a allant wy ellwg neu dillwg,* possunt soluere uel ligare; *dillwng* (bret. m. *dilloenter*) signifiant « délier », il semblerait ici qu'*ellwng* ait le sens contraire. Mais on voit mal comment s'explique le rapport du sens « lier » au sens « lâcher » (cf. cependant Loth, *loc. cit.*).

tréic- a, comme *léic-*, abandonné la flexion des thèmes à infixe nasal pour celle des thèmes en *-ī-*. Il n'en a pas moins conservé l'aspect déterminé des thèmes à nasale. Il est, comme *léic-*, inchoatif.

tréic- signifie « renoncer à, abandonner ». Wi., *Táin,* 1661 : *noco treciub duit frim ré immain tana bó Cualnge,* « je ne renoncerai pas pour toi à poursuivre tant que je vivrai la

Razzia des bœufs de Cooley » (Cf. le même sens pour *léic-*, *FB.* 41). Cf. W., *Táin*, p. 509 *St.*

Dans Atk., 7721 sq., on trouve *tréic-* rapproché d'expressions de même sens qui en précisent bien l'aspect : « les hommes abandonnèrent Dieu (*do threicset hé*) lui, l'époux de l'âme qui jamais ne la délaisse (*nach dénand siubal uathi*) mais dont l'homme lui-même se sépare (*scuire in duine fen uadha he*) ». Cf. Atk. 8339, 7580, 7724.

A irl. *tréic-* correspond un thème gallois *trengu*, thème en -*ī*- comme *tréic-* et qui concorde avec ce dernier, sinon pour le sens, du moins pour l'aspect. *trengu* signifie d'abord « passer, s'évanouir, disparaître », ainsi, dans l'exemple moyen-gallois cité, Pedersen, II, 338, 6. *trengid golud, ni threing molud,* « la richesse passe et la gloire ne passe pas », d'où « mourir » (cf. gall. mod. *tranc* « fin, dissolution, mort », la nasale étant étendue même aux formes nominales). *trengu* est, pour le sens, à rapprocher des thèmes que nous avons vus au chapitre .

D'une part *glen-* et *len-* ont donc l'aspect inchoatif « s'attacher à », et, à l'occasion, l'aspect terminatif « ne pas quitter » (μίμνειν); d'autre part *léic-* et *tréic-* expriment l'aspect inchoatif de l'action de « laisser », « lâcher », d'où « jeter » ; opposés pour le sens, les deux couples sont comparables pour l'aspect.

CHAPITRE IX

DEUX VERBES SIGNIFIANT « COULER »

Deux thèmes à nasale irlandais expriment l'action de « couler » : *lin-*, et *brenn-* ; partant de sens originellement différents, ils arrivent à exprimer des sens proches, à la suite d'évolutions différentes.

lin- « couler » n'est pas attesté au simple. Seul l'abstrait correspondant *lie* est attesté :

Ml. 81 c 3 : *is gnath lie in aibnib indigaid flechud mór.* « Un débordement des rivières se produit ordinairement après les grandes pluies ».

Un abstrait composé de *to-od-* a le même sens, *Ml.* 93 b 13 ;

Thes. II, 27, 33 : *óndintólu*, gl. exundantia.

Les formes personnelles du verbe *lin-* ne sont attestées qu'en composition avec *to-* :

Sg. 158 a 1 : *dolinim,* gl. mano, permano.

Ici, faute de contexte, l'aspect est ambigu.

Ml. 68 b 11 : *dulin .i. imdaigedar doib a Deo,* gl. sed putius studeant quemadmodum pro adfluentibus commoditatibus gratias Deo agant, ut ipsarum rerum possit illis manere certa perfussio uel functio.

dolin glose *manēre,* qui a été confondu par le glossateur avec *manāre*, sans doute sous l'influence de *adfluentibus* qui précède et de *perfussio* qui suit.

Le glossateur a donc compris non « de façon qu'ils puissent les conserver en abondance (*perfussio*) » mais « de façon que le flot puisse en déborder jusqu'à eux » (venant de Dieu)

C'est le texte ainsi compris que paraphrase la glose irlandaise : « elle déborde, c'est-à-dire, ils en reçoivent en abondance de Dieu ».

Au figuré *dolin-* signifie « abonder en, déborder de ».

Ml. 2 a 9 *dolin* : gl. pululat.

Ml. 83 c 7 : *indí dunilat ón,* « ceux qui en ont en abondance (litt. ceux qui en débordent) », gl. singulari religione pollentes.

Ml. 133 c 7 : *dolinad,* gl. pollebat.

Sg. 173 b 1 : *dolinim,* gl. polluceo, apparemment confondu par le glossateur avec *polleo.*

Au figuré, comme au propre, *dolin-* signifie donc toujours : « déborder ». Au propre nous avons vu qu'il glosait lat. *mānāre* (lui-même thème à affixe nasal) ; or *mānāre* ne signifie pas « couler » (comme *fluere*) mais « suinter, déborder » en parlant d'un liquide qui affleure à la surface, de larmes qui coulent, de la résine qui suinte d'une écorce, etc. ; au figuré, c'est de l'idée de « débordement » que dérive l'idée d'« abondance » qu'exprime *do-lin-,* glosant lat. *pollēre, pululāre.*

On voit donc qu'étant donnée une racine **pelu-* « verser, faire couler » et, intransitivement, « couler » (cf. lat. *pluit,* etc.), le thème à affixe nasal formé sur cette racine exprime l'action de « découler, se déverser, déborder ». L'aspect en est déterminé-inchoatif.

La racine **pelə-* « emplir », presque homonyme de **pelu-* « verser » a donné à l'irlandais le nom *lín-* « nombre entier » (lat. *plēnus*), d'où le dénominatif *lín-* « emplir » (Pedersen, II, 566-7). Les deux racines ne paraissent pas s'être confondues en irlandais, mais, en brittonique peut-être gall. *llenwi,* « to fill, to replenish ;... to flow in, to flow, as the tide » (*Dict.* Owen Pughe), est-il le résultat d'une confusion des deux racines dont il cumule les sens.

brenn- « couler ».

Les exemples de ce verbe au simple sont des plus rares. Cf. cependant *LL.* 116 a 17 : *bebarnatar* (Prét. Pl. 3).

D'ordinaire *brenn-* apparait en composition avec *to-ess-.*

Sg. 209 b 20 : *doneprennet,* gl. liquefiunt, « ils se résolvent en liquide ».

Ml. 39 d 2 : *doeprannat .i. imdaigitir,* gl. afluant.

Sg. 145 à 4 : *is áilgen doneprinn*, gl. *liquitur* pro pedetemptim dissoluitur.

Dans ce dernier exemple le procès envisagé dure un certain temps, « il se liquéfie peu à peu ». Cependant l'aspect reste déterminé : quel que soit le temps que demande la réalisation complète de l'action considérée, cette action n'en est pas moins déterminée par rapport à un point de son développement : le moment idéal où se produit le passage d'un état physique à l'autre.

De « se liquéfier » on passe au sens de « jaillir », « couler » (inchoatif).

Goid.[2], p. 70 : *doreprendset cóic bainne a méraib Pátraic*, « cinq gouttes jaillirent des doigts de Patrick ».

Atk. 5747 : *as ro-theprenset ná srotha isin díthrub*, « (la pierre) d'où jaillirent les flots dans le désert ». Cf. 5749.

Pour un autre composé, *to-od-brenn-*, avec le même sens cf. Stokes, *Goid.* [2], p. 70 : *toiprinnit*, gl. influunt.

A côté du thème *brenn-* un thème *bruinn-* (cf. p. 14) a, semble-t-il, le même sens (peut-être y avait-il à l'origine une opposition d'aspect entre les deux thèmes) ; cf. *Ml.* 81 c 14 : *dubrúinn*, gl. influxerit.

Les deux thèmes à nasale qui expriment l'action de « couler » l'expriment donc tous deux sous un aspect inchoatif. Notons que *lin-* ne se rencontre qu'en composition, et qu'il en est de même, du moins en vieil-irlandais, de *brenn-*.

CHAPITRE X

VERBES SIGNIFIANT « DEVENIR, ADVENIR, CROITRE »

ben- « être, devenir ».

La racine indo-européenne **bhewə-* « croître » s'est, en celtique comme dans d'autres domaines (latin, sanskrit), associée à la conjugaison du verbe d'existence. En irlandais, elle fournit à ce verbe, entre autres thèmes, deux thèmes de présent de type secondaire ; un thème **bhwī-* ou **bhwije-* à suffixe -*$y^{e}/_{o}$-; un thème à suffixe nasal *ben* , dont la fòrme trahit le caractère secondaire, et qui a été formé d'après l'analogie des présents *ben-* « frapper », *fen-* « tourner » (cf. p. 27).

ben- « être » ne se rencontre qu'exceptionnellement au simple ; une explication suffisante de ce fait serait l'existence de *ben-* « frapper ». Nous avons vu en effet (cf. p. 13 et 36) que l'irlandais élimine d'ordinaire les homonymies gênantes de thèmes verbaux en réservant l'emploi au simple à un seul des deux homonymes.

Mais ce que nous savons de l'aspect des thèmes à nasale indique par ailleurs une explication sémantique de ce fait, le thème d'aspect déterminé étant réservé aux composés, dont l'aspect est normalement plus déterminé que celui du simple.

Les exemples de *ben-* non composé (cf. Pedersen, II, 334, et note) sont, à cet égard, significatifs.

Wb. 20 c 8 : *benad fria chubus fessin.* « Que cela concerne sa propre conscience. »

Atk. 7314 : *ón aithne do na secht n-uithneduib benas fris-in chomarsuin*, « un des sept commandements qui ont rapport au prochain ».

Dans ces deux exemples *ben-* « avoir rapport à, concerner « est déterminé quant au sens par la préposition *frith* qu'il régit comme il le serait par un préverbe : le cas de *benaid frith* est comparable au cas de *fris-ben* (p. 161). Le sens « concerner » s'explique comme dérivant d'un aspect déterminé de *ben-* ; on peut comparer gr. προσήκω, où le sens « concerner » est dû à la combinaison avec le préverbe πρός, correspondant pour le sens à *frith*, d'un verbe signifiant « arriver », d'où « advenir ». De même, dans irl. *benaid frith*, le sens premier de *ben-* est « advenir », déterminé-inchoatif par rapport au duratif, « être, exister ».

Un troisième exemple, d'un type différent, est plus net encore.

Sg. 3 b 28, 15 : *archuit foguir ní ruban and, ní ar-chuit scribind,* « c'est impossible à cause du son, non à cause de de l'écriture », litt. (avec la valeur de possibilité que comporte *ro-*) « cela ne peut pas arriver, etc. ».

En composition *ben-* est tantôt largement attesté et d'aspect net, tantôt conservé seulement à titre de survivance dans des composés où prévaut le thème *bi-*.

1° *cét-bi-* (ou *cita-bi-*) « remarquer » ou « sentir » (sans suffixe nasal).

Ml. 36 b 1 : *intan cita-mbí ind lám in terochraic,* « quand la main sent la rétribution ».

Wb. 12 c 8 : *cetabiinn,* gl. sapiebam.

Le sens du suffixe *cét-* « d'abord » impose un aspect inchoatif, peu net cependant dans les exemples dont le sens est « sentir ».

Sur *cét-bi-* au sens de « sentir » a été formé un composé avec *con-*, au sens nettement déterminé de « consentir (tomber d'accord avec) ». Dans ce dernier composé le thème à nasale *ben-* est substitué au thème *bi-*, d'où *concétben-* « consentir », par opposition à *céitbi-* « sentir ».

Wb. 1 c 9 : uoluntate *.i. lase océitbani,* « quand tu consens ».

Wb. 1 c 10 : *an olcc dia cocéitbani,* « le mal auquel tu consens ».

Wb. 15 c 21 : *cotchétban im,* « nous y consentons », gl. et bonam uoluntatem habemus.

2° *to-ess-ben-* « manquer, faire défaut ».

Nous avons déjà vu ce sens dans un autre thème à nasale p. 124.

La seule forme de *ben-* attestée dans ce composé est la 3e personne pluriel.

Wb. 11 d 11 : *tesbanat bóill aíriu,* « il leur manque des membres », gl. et imbiciles.

Cr. 65 a 2 (*Thes.* II, 230, 17) : *ní tesbanat,* « ils ne manquent pas », gl. non poenitus *absistunt* haec a primitiuorum significatione.

Le thème sans nasale se trouve sans différence de sens : *LU.* 34, 46 : *aran-es-bat araile baill a cuirp* (cf. Wi. p. 528-9) : « ... auxquels il manque quelque membre de leur corps ».

A la 3e p. du singulier on n'a que des formes comme *doesta* ou *testa* (*Ml.* 35 d 20, *Thes.* II, 13, 27, etc.) et une forme de la racine *bi-*, *Wb.* 28 d 31 : *mani-d-tes-ar-bi ní di maith ass-a gnimaib in tain ro-m-bói etir tuáith is uisse a airitiu in æclis* (règle pour l'admission des veuves dans l'Église), « si aucun mérite n'a fait défaut à sa conduite quand elle vivait dans le siècle, il est juste de la recevoir dans l'Église ».

La présence de la particule *ro-* n'explique pas ici l'absence d'affixe nasal dans la forme *-tesarbi* ; nous avons vu à plus d'une reprise qu'il n'y a pas incompatibilité entre l'affixe nasal et la particule perfectivante *ro-* (*contra* Pedersen, II, 264, Rem. 2); l'absence d'affixe nasal ne requiert pas d'explication ici ; en effet le thème *ben-* n'est pas attesté par ailleurs au singulier, et dans la seule forme où il est attesté il alterne avec le thème *bi-*, sans différence de sens. Peut-être y avait-il à l'origine une opposition d'aspect entre *to-ess-ben-* « venir à manquer » et *to-ess-bi-* « être absent » ; mais cette opposition a disparu par le fait que le thème *ben-* tendait à s'éliminer au profit du thème *bi-* ; ceci n'est qu'un fait particulier de l'élimination de la conjugaison forte à affixe nasal. Là où le thème à affixe nasal était le seul thème de présent dont disposait la langue, il se normalisait par extension de la nasale à tout le paradigme ; là où il coexistait à des thèmes de présent de flexion plus commode, il tendait à s'éliminer au profit de ces thèmes. C'est le cas de *ben-* à côté de *bi-* ; dans le composé avec *to-ess-* l'élimination est, dès le début de la tradition, très avancée, et, dès lors, aucune opposition d'aspect n'est plus possible.

3° *fris-ben-* « guérir ».

Ce sens s'explique en partant du sens premier : « venir à l'aide de ».

Ml. 125 c 4 : *frisben-som,* gl. medetur.

Aucun thème de présent correspondant sans affixe nasal n'est attesté. Aussi l'élimination du présent à nasale, qui ne peut pas se faire comme dans le cas de *to-ess-ben-*, se fait par un des autres procédés possibles : substitution à l'ancien verbe fort d'un dérivé formé sur le thème d'abstrait verbal : sur *frebaid* (O' Dav. n° 1001 : gen. *freptha*) on a formé *frepthanaig-*, déjà attesté en vieil-irlandais : *Ml.* 103 a 6, 76 a 17.

4° *oc-ben-* « atteindre, entrer en contact avec » ; l'aspect est inchoatif comme dans lat. *tangere*, de même sens.

Ml. 54 a 12 : *ni aisndet duaid airmdis hé* iusti *indí nach ocmanatar ho throgaib acht it hé* iusti *les indí ocubendar ho throgaib innan ingramman.* « David ne dit pas que ceux-là sont justes, qui ne sont pas atteints par les épreuves, mais il estime que ceux-là sont justes, qui sont atteints par les épreuves des persécutions », gl. non *intactos* aerumnis adsereret.

Cette forme de 3ᵉ personne pluriel passif est la seule qui atteste l'existence du composé *oc-ben-*. Aussi, si on a *Ml.* 76 a 12 : *ní con-r-ocmi* « ne peut pas atteindre », le fait qu'on a le thème *bi-* et non le thème *ben-* n'est pas imputable à la présence de la particule *ro-* (cf. p. 160), mais au fait que le thème *ben-* est, dès les plus anciens textes, en voie d'élimination, aussi bien dans le composé avec *oc-* que dans le composé avec *to-ess-*.

Deux composés du thème *ben-* avec *ro-* sont de beaucoup les plus vivaces que forme ce thème et par conséquent les plus nets sémantiquement.

Ce sont : *fo-ro-ben-* (interprété *for-fen-*).

et *to-ro-ben-* (interprété *to-for-fen-*).

5° *fo-ro-ben-* « achever, accomplir, parfaire ».

Wb. 14 d 27 : *ar isglicesom oc aslug in phectho aforbanar, adslig derchóiniud iárnaforbu.* « Car il (Satan) manœuvre pour persuader de pécher, avant que le péché ne soit accompli ; après qu'il est accompli, il persuade de désespérer ».

Ml. 64 c 2 : *forfen,* gl. perficiat.

Cf. *Sg.* 143 a 4; *Thes.* II, 227, 32, etc.

Au passif :

Sg. 148 a 11 : *biid intinnscann... and 7 ni forbanar.* « Il y a un commencement... et ce n'est pas terminé ».

Thes. I, 487, 18 : *aní foirbthigther .i. aní forfenar,* « ce qui est parfait, c'est-à-dire, ce qui est complet ». gl. quod *consummatur*; cf. Atk. 1412.

Un passage vieil-irlandais atteste un présent sans nasale de ce composé :

Ml. 15 a 6 : *ho burorbaither in gnim,* « aussitôt que l'action est accomplie ».

Ce passage conserve la seule forme survivante du thème sans nasale dans ce composé. L'histoire de *fo-ro-ben-* est contraire à ce que nous avons vu pour *to-ess-ben-* et *oc-ben-*; ici ce n'est plus le thème *bi-* qui a éliminé le thème *ben-*, mais c'est le thème *ben-* qui a supplanté le thème *bi-*. On retrouve le thème *ben-* encore vivant dans le moyen-irlandais tardif des *Passions and Homilies*.

Cette évolution, qui va à l'inverse du procès normal, puisque c'est la forme la moins commode morphologiquement qui survit s'explique, sans doute, par des raisons sémantiques. Dans un composé d'aspect aussi nettement terminatif que *fo-ro-ben-*, composé avec le préverbe *ro-* (lat. *pro*) dont le sens propre est « jusqu'au bout » le thème à affixe nasal était sémantiquement beaucoup plus satisfaisant que le thème *bi-*, ce qui explique qu'il ait éliminé ce dernier.

Si le thème de présent sans nasale s'est éliminé très tôt dans le composé *fo-ro-ben-*, et n'a, dès le début de la tradition, aucune valeur sémantique spéciale, dans le seul exemple où il soit attesté, un reflet de son aspect ancien paraît se conserver, en dehors du thème de présent :

Nous avons vu (p. 76) que, là où le présent irlandais comporte deux thèmes d'aspects opposés, les autres thèmes verbaux confondent les deux aspects que le présent distingue.

Or le futur *forbia* qui, à date historique, ne correspond plus qu'au thème terminatif *forben-* se rencontre avec l'aspect duratif.

Echtra Condla chaim, 7 (cf. Wi. p. 567) : *iss ed ainm forbia co bráth.* « C'est là un nom qui durera éternellement ».

Ceci semble indiquer qu'à côté du thème *forben-* (factitifterminatif), « mener à bonne fin », il existait un thème de présent (absolu-duratif), « exister indéfiniment, durer », qui est apparemment le thème *for-bi-*, attesté *Ml.* 15 a 6.

6° *to-ro-ben-* : ce thème a deux sens :

α. « être utile à ».

Ml. 62 a 20 : *do-r-or-ban* : gl. proficit (noter la particule de parfait *ro-* avec le thème à nasale).

Wb. 12 b 32 : *ní torban dom níi disin.* 33 *nitorban na áe maniböe deserce.* 32 « Rien de cela ne m'est utile ». 33 « Rien de cela n'est utile, à moins que je n'aie la charité », gl. caritatem [autem] non habeam, nihil sum. Cf. *Ml.* 43 b 5, *Wb.* 17 d 18, *Thes.* II, 29, 35.

On a le même sens en dehors du thème de présent. *Ml.* 123 d 5, *Sg.* 203 a 18.

L'aspect est ici ambigu, l'action d' « être utile » pouvant aussi bien se concevoir sous un aspect déterminé (lat. *adiuuāre*) que sous un aspect indéterminé (lat. *adiūtāre*). Il n'en est plus de même pour le deuxième sens de *to-ro-ben-*.

β. « advenir ».

Ml. 61 a 22 : *dufórban,* gl. eueniat.

Même sens en dehors du thème du présent : *Ml.* 105 b 6 : *du-nd-órbiam ni,* gl. peruenire. Cf. 27 a 10, 44 b 29.

Nous trouverons cette même notion déterminée d' « advenir » (lat. *ē-uenit, ac-cidit, con-tingit*) exprimé par un autre thème à nasale p. .

7° *di-ro-ben-* « gêner », s'oppose exactement pour le sens à *to-ro-ben-* au sens de « être utile à ».

Thes. II, 294, 1 : (Poèmes du ms. de St Paul) : *cia beimmi amin. nach ré ni derban cách a chele.* « Quoique nous soyons toujours ainsi, aucun de nous ne gêne son compagnon ».

8° *to-aith-ben-* « apparaître », (attesté seulement en moyen-irlandais).

Three Hom. p. 80, 24 : *nóm tádbanar,* « m'a été montré, m'est apparu ».

FB. 28 : *nói crotha no tadbantais forri,* « neuf formes apparaissaient en elle » ; « elle pouvait revêtir neuf formes ».

De toutes ces formes, dont la sémantique est assez complexe, chaque composé ayant évolué pour son compte, quelques faits d'ensemble se dégagent.

La racine *bhewə- « croître » d'où « devenir », d'aspect déterminé par rapport à la racine *es- « exister », d'aspect duratif, a fourni à l'irlandais deux thèmes de présent dérivés, formés apparemment tous deux pour des raisons de commodité morphologique : l'un *bhwī- ou *bhwije- était formé à l'aide d'un suffixe de dérivation sans valeur sémantique spéciale ; l'autre, ben-, était formé à l'aide d'un suffixe d'aspect déterminé, et particulièrement apte par conséquent à donner un présent à la racine *bhewə-.

Ces deux thèmes se trouvaient en concurrence. Le thème ben- avait pour lui l'avantage d'un aspect plus net : faible avantage, car la compréhension de l'aspect va en se perdant à mesure qu'on avance dans l'histoire de l'irlandais : il avait en revanche l'inconvénient d'appartenir à un type de flexion fort. Aussi est-ce ben- qui a cédé la place au thème bí-, excepté dans les deux composés to-ro-ben- et fo-ro-ben-, au reste interprétés en moyen-irlandais comme se rattachant au thème fen- « tourner » : to-for-fen- et for-fen-.

Déterminé, l'aspect de ben- peut apparaître selon le sens du préverbe comme inchoatif (cf. con cét-ben-), terminatif (cf. fo-ro-ben-), instantané (cf. oc-ben-).

Il est frappant de constater que les composés de ben- glosent le plus souvent non des composés de *esse* mais des composés de *facere*. La plupart d'entre eux correspondent, pour l'aspect comme pour le sens, à des composés latins de ce verbe :

to-ess-ben- correspond à lat. *dēficere.*
fris-ben- correspond à lat. *prōficere, reficere.*
oc-ben- correspond à lat. *afficere.*
fo-ro-ben- correspond à lat. *conficere, perficere.*
to-ro-ben- correspond à lat. α) *prōficere*, β) *ēuenīre.*
di-ro-ben- correspond à lat. *officere.*

On sait que lat. *facere* est d'aspect déterminé par opposition à lat. *agere* (Cf. Barbelenet, *Aspect*, p. 414). L'équivalence d'*aspect* entre les composés de *facere* et les composés de *ben-* s'explique donc.

Quant à l'équivalence de *sens* entre *facere* et *ben-*, rappelons que le passif latin de *facere* est suppléé par un thème *fieri*, de la racine **bhewə-*, thème qui représente une formation parallèle au thème irl. **bhwī-* > *bī-*. En d'autres termes, *facere*

« agir sur, rendre tel ou tel », exprime la notion factitive correspondant à la notion absolue « devenir, être rendu tel ou tel » exprimée par *fierī*.

Comme, au reste, *facere* peut en composition avoir une valeur absolue, comme dans *dēficere* « faire défaut », et que *ben-* peut, en composition, avoir le sens factitif, comme dans *fo-ro-ben-* « accomplir », la coïncidence fréquente du sens de leurs composés s'explique.

toc- « advenir ».

Thes. II, 293, 6 (formule magique) : *ma romthoicther sa inso rop ith 7 mlicht adcear, manim-rothcaither ropat choin altai 7 ois*... « Si ceci peut m'arriver (*ro-* exprime ici la possibilité), que ce soit du blé et du lait que je voie, si ceci ne peut pas m'arriver, que ce soient des loups et des daims ».

toceth (abstrait), gl. fors, *Thes.* II, 47, 26, *Ml.* 35 d 22.

L'idée d' « advenir », d'aspect instantané, s'exprime en latin par les composés d'aspect déterminé *ē-uenit, accidit*, par quoi se traduirait irl. *toc-*; gr. τυγχάνει a le même sens qu'irl. *toc-*.

Gall. tynghaf est de sens factitif par opposition à *toc-* : « imposer (une obligation d'ordre magique), assigner tel destin... » *R. B.* I. 69, 21 : *tynghaf dynghet idaw na chaffo ef enw yny kaffo gennyf i.* « je le condamne (en vertu d'un pouvoir magique) à ne pas avoir de nom tant qu'il n'en aura pas reçu un de moi ».

Cf. l'impersonnel, Skene, II, 34, 18; 94, 10 : *pan ry-dyngir* « au moment fixé par le destin ». Pour le breton cf. Ernault, *Etudes*, II, 113.

Le thème *ben-* se rattachant à la racine **bhewə-* qui signifie au propre « croître » n'a en celtique que le sens figuré « devenir »; un autre thème à nasale est, sémantiquement, à rapprocher, car il nous montre la valeur particulière que prend la notion de « croître » au propre, considérée sous l'aspect déterminé que comporte l'affixe nasal : ce thème est attesté seulement dans bret. *tiñva* (Pedersen, I, 178), auquel s'oppose le thème sans nasale gall. *tyfu, twf*, apparenté à lat. *tu-mēre*. *tinva* signifie « se cicatriser (en parlant d'une blessure), prendre (en parlant d'une greffe) » ; il présente donc sous l'aspect terminatif l'action de « croître » que gall. *tyfu* « croître » (*twf* « croissance ») présente sous l'aspect duratif, et dont lat. *tumēre* « être enflé », exprime le résultat statique. Cette opposition est d'autant plus curieuse qu'elle est sans parallèle en brittonique où l'aspect ne subsiste plus guère qu'à l'état de traces.

CHAPITRE XI

LE VERBE LONG- « SUPPORTER »

La racine indo-européenne **legh-* « placer, coucher » fournit trois thèmes à l'irlandais : *laig-* « se coucher » ; le thème de causatif *luig-* ; le thème à infixe nasal *long-*.

long- et *luig-*, qui n'apparaissent tous deux qu'en composition, s'associent plus étroitement entre eux qu'avec *laig-* qui s'emploie surtout au simple. Nous avons vu (chapitre III) une association analogue entre *fiad-* et *fén-*, laissant quelque peu à part *finn-*.

laig- n'est attesté en vieil-irlandais que dans un passage obscur : *Thes.* II, 357, 17 : *Crist illius,* « le Christ en qui je me repose (?) » ; en revanche il est largement attesté en moyen-irlandais, soit avec le sens absolu : Wi. *Táin,* 6164 : *go ro laig inn adaig bar feraib hErend,* « jusqu'à ce que la nuit se fut couchée sur les hommes d'Irlande ».

Soit avec le sens transitif, Wi. *Táin,* 2742 : *Laigis Medb a heinech fa damdabaich sciath,* « Medb cacha son visage sous un rempart de boucliers » (LU. *follaig immorro Medb,* etc.). Cf. Wi. *Táin,* 1361, 3830, etc.

laig- paraît donc avoir la valeur d'un inchoatif, transitif ou absolu : « placer, coucher » ou « se placer, se coucher », non d'un verbe d'état : « être couché, placé ».

Les thèmes *luig-* et *long-* sont, eux, largement attestés en vieil-irlandais.

luig- est attesté en composition : 1° avec *fo-ad-*, au sens de « renverser, abattre ».

Sg. 146 b 14 : *fommálagar l foalgim*, gl. consternor. Cf. *Ml.* 108 c 12.

Ce sens s'explique par la valeur causative : « faire que quelqu'un s'étende, se place sous ».

2° avec *di-*, « pardonner ».

Wb. 14 d 25 : *aní doluigim se airibsi is Crist dodlugi lim*, « Ce que je vous pardonne, le Christ vous le pardonne avec moi », gl. nam et ego quod *donaui*, si quid *donaui*, propter uos in Persona Christi : Cf. *Ml.* 71 b 22, *Wb.* 9 c 22, etc.

Ici encore le sens est, à l'origine, causatif : « faire que (le péché) se sépare de quelqu'un » d'où « absoudre ».

C'est le même sens qu'on a, au propre, dans le composé *ess-com-di-luig-* « déchirer ». *Ml.* 83 c 6 : *aschúnda-r-laig*, gl. qui disrupit.

3° Avec *fo-*, « cacher » (« faire que quelque chose se place dessous »).

Sg. 22 b 4 : *fullugaimm*, gl. abdo.

fo-luig- a donc le même sens que *fo-laig-*, avec cette différence que *fo-laig-* peut-être aussi bien absolu que factitif tandis que *fo-luig-* ne peut être que factitif.

imb-fo-luig- a le même sens que *fo-luig-* ; cf. *Wb.* 21 c 22. *Ml.* 51 d 8, etc.

long- n'apparaît qu'en composition :

1° *fo-long-* « porter, supporter », se rencontre glosant :

fulcīre.

Thes. II, 42, 18 : fulcio, *folung*.

Ml. 88 b 12 : *fulachtae*, gl. fultus.

ferre.

Thes. II, 47, 31 : *folloinc l fedid*, gl. omnia fert.

Ml. 122 a 8 : *annad fulngat*, gl. non ferentia. Cf. *Ml.* 35 a 3, 60 d 4, 62 b 12, 118 a 11, etc.

Des composés de *ferre.*

Ml. 86 c 13 : profero l proferebam .i. *fulungáin*.

Ml. 69 a 7 . ... l *cuu follosat*, gl. perferant. Cf. *Ml.* 47 c 6.

portāre et *subportāre.*

[*Wb.*], 20 c 5 : *fulget*, gl alter alterius onera *portate*.

Ml. 73 d 1 : *fulilsain se*, gl. subportassem. Cf. [*Wb.*] 17 b 23.

sustinēre.

Ml. 33 a 2 : *fulós,* gl. onera sustinere. Cf. *Ml.* 80 a 13.

fo-long- signifie donc « porter, supporter », alors que les composés correspondants des autres thèmes *folaig-* et *foluig-* signifient « cacher, se cacher » : aussi bien le sens « supporter » que le sens « se cacher » s'explique en partant du sens propre : « se placer sous » ; la différence de sens entre *folong-* d'une part et *folaig-*, *foluig-* d'autre part, s'explique, on va le voir, comme étant à l'origine une différence d'aspect.

Ml. 129 a 5 : *onach ful,* « de façon qu'il ne puisse pas supporter », gl. qui neminem supra uires... patitur adfligi.

« Dieu » dit le texte « ne permet pas que l'homme soit affligé d'épreuves qui outrepassent ses forces », c'est-à-dire « d'épreuves qu'il ne puisse pas soutenir jusqu'au bout ». C'est cette action de « pouvoir soutenir, soutenir victorieusement » que rend l'irlandais *folong-*, et non pas l'action (d'aspect indéterminé) de « subir ». Il est évident en effet que, si une épreuve est infligée à l'homme, il faudra bien qu'il la *subisse,* même s'il n'est pas en état de la *supporter.* Si l'on examine les autres exemples vieil-irlandais qu'on a de *fu-long* , c'est toujours cette même valeur terminative qu'on y trouve.

Wb. 14 c 2[a] : *gigestesi dia linn arafulsam arfochidi,* « vous supplierez Dieu pour nous, afin que nous puissions supporter nos souffrances ». Cf. *Ml.* 32 d 5, 32 d 2, *Wb.* 8 c 3, etc.

Le texte irlandais dit simplement « que nous puissions supporter » (ici *ro-* de *arafulsam* souligne cette valeur de possibilité que le thème exprime par lui-même *Ml.* 129 a 5), mais le contexte indique l'aspect terminatif « que nous supportions avec succès ».

Ml. 77 d 7 : *amal nad fulgam inmescai indfíno ní fulgam in plaig indancomairléceni, a díe,* « de même que nous ne supportons pas l'ivresse du vin, nous ne supportons pas l'affliction dans laquelle tu nous plonges, Seigneur » (cf. p. 151, pour la valeur de *léic-*), gl. id est, afflictione nos ita nimia obrui permisisti, ut id in nobis quod etiam ebrietas uideretur operari, cf. 77 d 6, 77 d 3.

Wb. 14 b 15 : *nitabir dia fornni didiu fochith nád fochomolsam ; cid indfochith follongam dober dithnad darahéssi.* « Dieu ne nous impose pas d'épreuve que nous ne supportions pas (=

que nous ne puissions pas supporter) ; même celle que nous supportons (= que nous pouvons supporter) il nous en console. »

Cf. *Wb.* 11 b 2, *Ml.* 104 c 5, etc.

Les exemples moyen-irlandais attestent le même sens : « supporter avec succès ».

Wi., *Táin*, p. 671 (*St.*) : *et ata do met..... mo chrecht conach fuilngim mo earradh no mo ededh do buain re mo cneas*, « si bien que le nombre de mes blessures me rend insupportable le contact de... mes vêtements sur ma peau ». Cf. l. 1122, 1128, 1532, 1368.

De « pouvoir endurer » on passe au sens « tolérer ». Cf. Atk., 86, 7451.

L'aspect de *fo-long-* apparaît donc dans tous ces exemples comme terminatif ; un autre sens de ce composé en vieil-irlandais revient au même quant à l'aspect :

Wb. 25 d 15 : *folilsat*, gl. qui pœnas soluent in interitu in æternum.

Thes. II, 1, 25 : *focoemallagsa*, gl. satis pœnas dederim.

Atk. 6116 : *fuilngebaid piana*, trad. pœnam luet.

Ici *fo-long-* a une valeur figurée, mais encore terminative ; la notion d' « expier » se ramène à la notion de « se libérer en supportant » (*Thes.* II, 1, 25) « supporter jusqu'à concurrence de... ».

2° *imb-fo-long-* « effectuer », ou « constituer », a la flexion en *-ī-* d'un thème causatif.

imb-fo-long- glose d'ordinaire des *composés* de lat. *facere : efficere* (*Ml.* 27 d 20, 43 a 20, 63 b 6, *Wb.* 15 d 21), l'adjectif *nephimfolngidi*, *Ml.* 17 a 5, gl. inefficaces ; *conficere* (*Thes.* II, 33, 23) ; *proficeret* (*Ml.* 92 a 7) ; *affectus* (*Ml.* 69 d 4). Une seule fois on trouve *imb-fo-long-* glosant le simple *facere* (*Wb.* 5 b 21) dans un passage où le texte irlandais s'écarte sensiblement du texte latin qu'il glose (voir plus bas).

On trouve ce thème avec plusieurs sens qui dérivent au reste les uns des autres : « effectuer, opérer ».

Wb. 25 c 10 : *ɔdornam gnímu immafolngat híco duín*. « Afin que nous fassions des œuvres qui opèrent notre salut », gl. sed in operationem salutis.

Cet exemple illustre la différence de sens entre *dogni-* et *imb-fo-long-*.

Wb. 15 b 21, *inforling hicc ambeic rochretti,* « ceci a effectué le salut du petit nombre qui a cru », gl. saluos faciam aliquos ex illis.

Ml. 95 a 5 : *ised asbertis ba nert fadesin immefolnged choscur doib, ni bu dia,* « ils avaient coutume de dire que c'était leur propre force qui effectuait leur victoire, et non Dieu ».

Cf. *Ml.* 31 d 10, *Wb.* 5 d 1, *Sg.* 3 a 11, etc. ; l'abstrait *imfolang,* gl. effectu : *Ml.* 24 c 17. Cf. 20 d 5, 30 d 22 a.

« causer, être cause de ».

Ml. 78 a 8 : *con-imforlainge failti ñ doib,* gl. hoc statui ut in exsultationem dones meos, « afin que tu leur causes de la joie ».

Wb. 10 c 14, *Ml.* 47 b 7, 61 b 4 ; *Sg.* 199 a 5, etc.

« rendre (tel ou tel) ».

Wb. 4 d 32 : *creitem hi cridiu imfolngi in duine fírian.* 33 *indfoisitiu ingiun imfolngi in duine slán.* 32 « la croyance du cœur rend l'homme juste ». 33 « la confession de la bouche rend l'homme pur », gl. corde enim creditur ad iustitiam, ore autem confessio fit ad salutem. Cf. *Ml.* 38 d 18.

« constituer ».

Thes. II, 33, 23 : *it hé immefolngat ha tris timchel deacc trasin da mi deacc œscidi.* « Ce sont eux (les deux jours et quatre heures supplémentaires) qui constituent le treizième circuit qui s'ajoute aux douze mois lunaires (pour constituer l'année solaire) », gl. salua suis saltus ratione *conficit.* Cf. *Wb.* 12 a 19.

Ml. 17 d 6 : *arlín innalaithe ised immefolngi écointigi dundaimsir,* « car c'est dans le nombre des jours que consiste l'infinité du temps », gl. infinitum namque tempus in numero dierum est.

Au passif : « consister en ».

Ml. 145 c 4 : *amal is trí accomol n-il dule conterissedar in domon sic imfolangar oinmolad do dia trichocetal inna n-ule ndule.* « De même que le monde est formé de la réunion de beaucoup d'éléments, ainsi la louange de Dieu consiste dans le concert de tous les éléments ». Cf. *Ml.* 44 a 10, *Sg.* 3 a 2.

Ces divers sens de *imb-fo-long-* se ramènent à l'idée générale de « faire », conçue sous l'aspect déterminé : « effectuer » ; ce n'est pas à lat. *agere,* mais à lat. *facere,* et aux composés de *facere* que correspond pour l'aspect *ímb-fo-long-*.

Analogue à *fo-long-* pour l'aspect, *imb-fo-long-* en diverge pour le sens : sans doute faut-il partir d'une valeur factitive de ce dernier thème : « placer (telle chose) dans (telles conditions) » ; de même qu'en latin *subīre,* composé d'un préverbe signifiant « sous » et d'un verbe signifiant « aller », en est venu à exprimer le fait de « subir » une action, on conçoit qu'*imb-fo-long-*, composé d'un préverbe signifiant « sous » et d'un verbe signifiant « placer », en soit venu à exprimer le fait d' « exercer » une action. En tout cas, et de quelque façon qu'on rende compte du sens d'*imb-fo-long,* l'aspect en reste le même.

3° *in-long-* « introduire, placer dans » ; le vieil-irlandais atteste seulement le participe.

Ml. 84 a 6 ; is *ellachtae* l *is lán,* « est remplie, ou est pleine », gl. terra conferta pecoribus.

Wb. 19 c 18 : *adib ellachti hi Crist,* « vous communiez en Christ (litt. vous êtes placés ensemble dans le sein du Christ) », gl. Christum induistis. Cf. *Wb.* 21 c 5, 21 c 16, 21 c 17, 22 a 24.

C'est par l'abstrait de *in-long-* que la langue religieuse traduit l'idée de « communion » : *Wb.* 19 c 20, 22 c 20, 23 a 12, etc.

Dans la langue juridique du *Senchus Mór, in-long-* signifie « introduire une réclamation ». Cf. *S. M.*, IV, 38, 9 : *inlongad bandtaig ban-cora,* « they claim to bring means of taking possession ». Ce sens, aussi bien que le sens que nous avons vu attesté en vieil-irlandais, s'explique comme dérivé du sens propre « placer », ou « se placer dedans ». L'aspect est donc inchoatif.

D'aspect déterminé, terminatif dans deux de ces composés, inchoatif dans le troisième, *long-* ne s'oppose cependant pas régulièrement pour l'aspect aux thèmes sans affixe nasal de même racine *laig-* et *luig-*; là où il y a divergence de sens il ne saurait y avoir en effet d'opposition d'aspect utilisable pour la langue : le plus souvent *long-* d'une part, *laig-* et *luig-* d'autre part n'apparaissent pas en composition avec les mêmes préverbes. Là, cependant, où une série de composés comparables se rencontre, comme c'est le cas pour *fo-laig-*, *foluig-* et *folong-* la divergence des sens empêche l'opposition d'aspect d'être sentie et utilisée comme telle : *fo-long-* doit son sens « supporter » à l'aspect terminatif qui seul le distinguait à l'origine des composés correspondants de *laig-* ou de *luig-* ; mais, au point de vue de l'irlandais même, la divergence de sens qui s'est produite entre celui-là et ceux-ci masque l'opposition d'aspect dont elle découle. C'est souvent ainsi que les faits d'aspect nous apparaissent en celtique, comme par réflexion et à travers les déviations sémantiques secondaires qu'ils ont provoquées et qu'ils expliquent.

CHAPITRE XII

LE THÈME SENN-.

senn- « jouer (d'un instrument) » est d'aspect peu net. Quelques exemples supposent un aspect instantané.

Wb. 12 c 46 : *mani dechrigedar infer nod seinn .i. mad óinriar dogné nítucthar cid frissassennar,* « si l'homme qui sonne (de la trompette) ne différencie pas (les sons) c'est-à-dire s'il fait entendre une seule note, on ne comprend pas la signification de la sonnerie », gl. etenim si incertam uocem det tuba quis praeparabit se ad bellum?

Atk. 7283 : *sendfid Michael a stocc co nd-eracht in uli as a n-ádnacthib.* « Michel sonnera sa trompette, si bien que tous se lèveront de leurs tombes ». Cf. 8013.

Wb. 13 d 18 : l'abstrait *senmim* (dat. sg.) signifie « appel de trompette ».

senn- correspond donc pour l'aspect à l'instantané latin *canere*, non au duratif *cantāre*.

Mais, en fait, on le rencontre au sens de « jouer d'un instrument », d'aspect duratif.

Thes. I, 4, 33 : *nó senditís.* gl. et in me psallebant. Cf. *Ml.* 2 b 9. *Thes.* II, 48, 5, *TBF.* § 9 et 20.

Le composé *arsenn-* a le même aspect duratif, Wi. p. 310, 7 : *Arclisti ocus arsenti ocus arcantá and .i. arclistis errid nochantais filid arsentis crutire ocus timpanaig.* « On y faisait des tours, on y jouait des instruments et on y chantait, c'est-à-dire que les guerriers faisaient des tours, les poètes chantaient et les joueurs de cithare et de tympanon jouaient ».

to-senn- « poursuivre » a toujours une valeur hostile : « s'attaquer à, persécuter ».

Il glose d'ordinaire lat. *persequī*.

Ml. 39 c 28 : *an du-m-sennat*, « quand ils s'attaquent à moi », gl. dum cogunt persequentes.

Ml. 41 d 10 : *inní duseinned*, « celui qui persécute », gl. persequentem. Cf. *Ml.* 61 c 16, 41 c 5, 36 d 17, 142 b 4, *Thes.* II, 341, 3 et 342, 3, etc.

Atk. 7223 : *ro-s-taifnit* 7 *romarbait sochaide dib.* « Ils poursuivirent et tuèrent un grand nombre d'entre eux ».

Au figuré, Atk. 2587 : 7 *tafnid in recht natharda*, « et chassèrent la loi ancestrale ». Cf. 2532.

Comment le sens de *to-senn-* s'explique-t-il par rapport au sens de *senn-* ?

Si l'on peut, à la rigueur, expliquer sémantiquement *to-senn-* « poursuivre, persécuter », comme se rattachant à *senn-* « *sonāre* », ce n'est pas le sens propre : « aboyer aux trousses » (« anbellen », Pedersen, II, 625) qu'on peut suppléer comme intermédiaire. Le thème *senn-*, en effet, désigne toujours le son d'un instrument, jamais celui de la voix humaine ou animale. C'est à l'idée de « signal guerrier » que se rattache *to-senn-* qui signifiait sans doute primitivement « donner le signal du combat », à l'aide de ces longues trompettes recourbées dont l'archéologie irlandaise fournit de nombreux spécimens, et dont César signale l'emploi dans l'armée gauloise au moment de l'attaque : *De B. G.*, VII, 81, 3 ...*dat tuba signum suis Vercingetorix atque ex oppido educit.*

Au reste il faut aussi tenir compte, pour expliquer le sens de *to-senn-*, d'un thème indépendant de *senn-* « sonāre », quoique confondu avec lui en irlandais, le thème **send-*, formation à nasale de la racine dont on trouve attestés par ailleurs en irlandais deux thèmes causatifs : *sáid-* et *suid-*, et un thème radical *said-* (cf. p. 40).

On peut prévoir *a priori*, étant donné le sens général de la racine **sed-*, et l'aspect particulier aux thèmes à affixe nasal, quel pourrait être le sens du thème *send-*, à supposer qu'il fût attesté en irlandais, et quels seraient ses rapports avec les autres thèmes de même racine ; il signifierait « se placer, s'attacher à », de façon à s'opposer, par son sens absolu, aux causatifs *sáid-* « ficher (en terre), planter », *ad-suid-* « retenir », et, par son aspect inchoatif, au thème radical *said-* « sedēre, être placé ». Le sens de *to-senn-* répond bien à ce qu'on peut prévoir ainsi ; de « s'attacher à, se placer contre », on passe à « s'attaquer, persécuter, poursuivre », par une spécialisation au sens hostile. Or, nous retrouvons cette spécialisation dans le thème causatif *sáid-* dont le composé *consáid-* (*sóid-*) signifie « amener au combat, faire lutter » ; cf. K. Meyer, p. 480.

Un autre composé de *senn-* présente un parallélisme frappant avec *comsáid-*. Il s'agit du composé *frith-send-*, *imb-frith-send-*.

De *frith-send-* on a seulement un nom d'agent : *Wb.* 9 b 8 *fresndid,* gl. *satane.*

Le Diable est ici désigné comme l'adversaire par excellence, litt. « celui qui s'oppose, qui combat ». Le même sens de *frith-send-* se retrouve dans *imb-frith-send-,* avec, de plus, la valeur de réciprocité, caractéristique du préverbe *imb-*.

Wb. 31 b 30 : *imfresnat a n-gnime, fria m-briathra,* « leurs actions contredisent leurs actes » ; cf. *Wb.* 29 d 2, 30 c 16, *Ml.* 46 b 5, *Wb.* 11 c 21, etc.

Ml. 20 d 6 : *donaib hi immafresnat,* gl. infitientibus ueritati, « à ceux qui contredisent (la vérité) ».

Dans l'ensemble, le thème *senn-*, qui représente deux thèmes distincts, est, pour l'aspect comme pour le sens, un peu confus. Les composés conservent assez bien l'aspect déterminé de *send-* « s'attacher à, s'attaquer à ». En revanche le simple se trouve, avec un aspect duratif, dès le vieil irlandais (p. 174). Le fait s'explique sans doute par l'isolement de ce verbe signifiant « jouer (des instruments) », dans l'ensemble de la formation. En tant qu'il signifie « poursuivre », le thème *senn-* trouve un analogue dans *in-grenn-* (p. 106). En tant qu'il correspond à lat. *canere* il est sémantiquement isolé, ce qui favorisait l'effacement précoce de l'aspect.

CHAPITRE XIII

VERBES SIGNIFIANT « PRESSER, POUSSER, TIRER »

Il faut réunir en un même groupe les verbes exprimant les notions diverses et même contradictoires de « presser, tirer, attacher, déployer ». L'unité de ce groupe n'apparaît pas tout d'abord. On ne voit pas en effet comment ces différentes notions peuvent entrer dans le cadre d'une notion plus générale, élément sémantique commun à tous les verbes de ce groupe.

Cependant, en considérant à part ces différents verbes, on constate qu'ils s'entremêlent sémantiquement, au point que chacun coïncide au moins pour une partie de son domaine sémantique avec un ou plusieurs de ses voisins. Si bien que, de proche en proche, tout le groupe est solidaire, et qu'il faut le considérer comme une unité, faute de pouvoir nulle part tracer une ligne de démarcation. — L'analogie sémantique profonde de ces divers thèmes se reflète dans le parallélisme de leur aspect.

ding- signifie « construire » et « toucher, presser », *sreng-* signifie « tirer », bien distinct sémantiquement de *ding-*, si l'on s'en tient à l'irlandais ; mais le verbe latin correspondant, *stringere* signifie, d'une part « tirer (une épée du fourreau) », d'autre part et plus communément « étreindre, contraindre », d'où « lier » (pour les formes germaniques, cf. Walde *s. v. stringo*). A cette série se rattache irl. *damn-* « lier », et le lat. *iungere* fournit un autre thème à nasale de même sens que le thème irlandais ; *ring-* « torturer » exprime à l'origine l'idée de « traction » comme *sreng-* ; irl. *tenn-* et gall. *tynnu*, quoique thèmes empruntés de latin *tendere* où la nasale est radicale, présentent le même flottement entre des notions qui paraissent entièrement indépendantes : irl. *tenn-* « presser, enfoncer » et gall. *tynnu* « tirer » viennent tous deux de lat. *tendere* « tendre » ; enfin *sern-*, en tant qu'il répond à lat. *serere* « joindre, réunir », d'une part, à lat. *sternere* « étendre », d'autre part, coïncide avec irl. *damn-* d'une part, avec irl. *ring-* d'autre part.

Au simple, *ding-* est attesté dans un petit nombre d'exemples ; le sens en est « enfoncer », ou « abaisser en poussant ».

FB. 86 *Eg : ocus ro díng a lam coricce a gualainn ina craes* ; « et enfonça son bras jusqu'à l'épaule dans la gorge (du monstre) » ; cf. Wi. IV², 5834, 5963.

Thes. II, 322, 7 : *dedaig diumsachu la fortacht ar Fíadat findnime,* « il a abaissé les fiers avec l'aide de notre Seigneur du beau ciel ».

Ici, à *ding-*, correspondrait pour le sens lat. *dēprimere.* C'est par un composé latin que se traduit l'idée terminative « pousser de façon à abaisser », que rend en irlandais le simple *ding-*.

On a un sens différent et, au premier abord, embarrassant. Atk. 7540 (paraphrase du commandement « tu ne voleras pas ») : *ata cech uli glacad nemchetaigthi d'a ndingir ar chomaigthech can chead do thigerna,* « (dans ce commandement est compris) le fait de prendre sans y être autorisé toute chose que tu enlèves à un étranger, sans la permission du possesseur ».

Le sens général du passage oblige à traduire *dingir* par « on prend ». Comment ce sens se rattache-t-il au sens « enfoncer », ou « abaisser », qu'on a ailleurs ? Ce ne peut être que par l'intermédiaire d'un sens plus général : « toucher, mettre la main sur », d'où, d'une part : « poser, presser », d'autre part : « s'emparer de ». C'est bien par ce sens que peut s'expliquer également le composé avec *for-*.

for-ding- « oppresser, opprimer » (litt. « appesantir sa main sur ») est plus souvent pris au figuré qu'au propre. Cf. cependant *Ml.* 96 c 17 : *for-ruideduch su,* gl. tanquam puluere, sic aquis *impresisti* uestigia.

Au figuré *for-ding-* glose ordinairement *opprimere.*

Ml. 63 c 3 : *lasse forrudedgatar*, « lorsqu'ils ont opprimé (parfait) », gl. obprimendo.

Cf. *Ml.* 39 b 12, 29 a 13, 115 a 16, 75 b 7.

Quelquefois il glose *dēprimere* :

Ml. 57 d 7 : *fordengar*, gl. *deprimitur* impius. Cf. *Ml.* 81 c 15.

En moyen-irlandais, le sens est le même.

Atk. 4302 : *Na rig... na dénat a follamnus co fíren acht foruaisligit 7 fordingit a tuatha co croda 7 co corata.* « Les rois... qui ne règnent pas justement, mais qui tyrannisent et oppriment leurs peuples cruellement et férocement. »

Deux composés avec *od-* présentent des sens un peu différents.

Avec *air-od-*, « restaurer, rétablir ».

Ml. 135 a 2 : *ar-ún-utangar*, « nous sommes rassérénés », gl. non tenui adficiemur laetitia.

air-od-ding- glose d'ordinaire *reficere*.

Ml. 56 a 11 : *arutais-siu*, gl. summa felicitate *reficies*.

Cf. *Ml.* 130 b 10, 64 c 20, 121 b 7, 118 c 7, *Wb.* 32 a 23, Wi. 375, *CC.* 7 Eg.

Le sens propre correspondant est attesté *Thes.* II, 328, 4 (Broccan's Hymn) : *for maig arutacht cathir*, « dans une plaine, elle construisit un couvent ».

L'évolution de sens est la même que dans français *restaurer* et lat. *reficere*. — En moyen-irlandais *air-od-ding-* n'avait plus que le sens figuré, le sens propre ne se retrouvant plus que dans le composé *com-od-ding-* : c'est ce qu'indique la glose à notre passage *.i. ro chumtaig*.

Ce composé *com-od-ding-* signifie « construire », au propre et au figuré. Dans la langue religieuse il signifie « édifier ». On le trouve glosant divers verbes latins :

Sg. 141 a 1 : *cunutgim* : gl. architector ; cf. *Wb.* 8 c 16.

Wb. 33 a 2 : *is he ɔ-id-rotig*, gl. qui fabricauit illam (il s'agit d'une maison).

Sg. 32 b 6 : *it he con-r-ōtgatar in cathraig*, « ce sont eux qui construisirent la ville », gl. Acrisioneis Danae fundasse colonis.

Ml. 102 d 10 : *betis chumtachtaib*, gl. in figendis.

Ml. 40 d 5 : *ɔrotaig*, gl. substruxit.

Wb. 6 c 26 : *iscumtach caritatis dilectio proximi.* « L'amour du prochain est le fondement de la charité, » gl. ad aedificationem.

Autres exemples du sens propre : *Wb.* 33 a 5, 21 c 5, *Ml.* 48 d 27, *Thes.* II, 27, 32, *FB.* 1, 2, 3. Pour l'abstrait au sens d' « édifice », cf. *Thes.* II, 241, 16, *Ml.* 72 a 5, 133 c 11, etc.

Pour « édifier » (sens fréquemment attesté pour l'abstrait verbal), cf. *Wb.* 13 a 3, 27 d 24, etc.

ad-com-od-ding- a le même sens que *com-od-ding-*.

Ml. 35 b 13 : 7 *ol ad-rotaig,* « et qui a construit », gl. et quod dicta eius adstrueret.

Enfin *aith-com-od-ding-* « reconstruire » n'est attesté que par l'abstrait : *Wb.* 26 a 8 : *aidchumtach,* « la reconstruction (du temple) ». Cf. *Ml.* 135 a 8, 118 d 10, *Thes.* I, 489, 36.

Sémantiquement ces divers verbes, simple et composés, se répartissent en deux séries. D'une part le simple et le composé avec *for-* glosent des composés de lat. *premere* et signifient, d'ordinaire « presser, oppresser », une fois, « prendre ». D'autre part les composés avec *od-* signifient « construire » (d'où, au figuré, « restaurer », ou « édifier »). On trouve *com-od-ding-* glosant *fingere.*

Il semble donc que, seuls, ces composés avec *od* soient à rattacher à la racine **dheigh-* (gr. τεῖχος, etc.), « façonner la terre », d'où « construire », dans la mesure où l'architecture primitive consiste principalement en levées de terre (cf. Meillet, *Introduction,* 6e éd., p. 344). En revanche *ding-* et *for-ding-* doivent être séparés de lat. *fingō*, pour être rapprochés de gr. θιγγάνω, « toucher, étreindre », qui (comme le suggère M. Meillet) est lui-même à séparer de lat. *fingō*. L'analogie générale de sens entre θιγγάνω et *ding-* se poursuit jusque dans le détail : comme *ding-* θιγγάνω peut avoir un sens hostile : « attaquer » (θιγγάνειν θηρός, « attaquer une bête sauvage », Euripide, *Bacch.*, 1183) ; on le trouve avec une valeur de « saisir, prendre », proche de celle qu'on a vu pour *ding-*, ainsi Sophocle, *Ajax*, 1409 :

Παῖ, σὺ δὲ πατρός γ' ὅσον ἰσχύεις,
Φιλότητι θιγὼν πλευρὰς σὺν ἐμοὶ
Τάσδ' ἐπικούφιζε

« Enfant, prends avec tendresse ton père par les côtés et, dans la mesure de tes forces, aide-moi à le redresser ».

Le thème *ding-* confond donc deux thèmes homonymes ; peut-être en était-il de même à l'origine de lat. *fingō*, qui, d'ordinaire, se rattache sémantiquement à la racine « construire », mais dont on pourrait citer quelques exemples où l'on a un sens analogue à celui de θιγγάνω. Ainsi Ovide, *Fastes*, v. 409 : Saepe manus aegras manibus *fingebat* amicis ; et *Héroides*, XX, 137. Faut-il voir là un archaïsme, ressuscitant un correspondant latin de gr. θιγγάνω, absorbé par ailleurs dans le thème à infixe de la racine **dheigh-*?

Un verbe *men-* composé avec *to-od-* qui n'est représenté en vieil irlandais que par le participe *tuidmithi*, gl. *infixis*, *Ml.* 58 a 9 (cf. Marstrander, p. 11), appartient à la même série sémantique que *ding-*.

sreng- « tirer, traîner ».

Wi. *Táin*, p. 477 (*LL*) : *cid nach srengai... mo fhogaimen fom chind*, « pourquoi ne tires-tu pas mes couvertures sous ma tête ? » Cf. *Tochmarc Becfóla*, 178, 6 (*Proceed. R. I. A.* 1870).

Wi. *Táin*, 525 (*LL*. 58 a 8) : *con sreṅgfa crú dar cranna*, « Il tirera du sang à la pointe de la lance ».

to-sring- « traîner » (tirer vers un endroit).

Wi. *Táin*, 5525 : *do srenga-som na secht moirseser sin*, « il traînait ces sept groupes de sept hommes ».

Dans ces exemples *sreng-* signifie « tirer de façon à déplacer » ou « à faire sortir ». Ailleurs il a le sens de « tirer de façon à contracter ». Wi. *Táin*, 2598 (description des transformations horrifiques de Cuchulinn) : *Streṅgha tollfheithe a mullaig co mbatar for coich a munćoil*. « Il contracta les muscles de son crâne de façon à les amener derrière la nuque ».

Cet exemple nous fournit l'intermédiaire entre irl. *sreng-* « tirer », et lat. *stringere* « étreindre, attacher, ligotter ».

La sémantique des formes germaniques et lituaniennes s'explique en partant de l'idée de traction, mais présente des exemples d'une évolution que nous retrouvons plus loin dans le thème irlandais *ring-* : en face de v. h. all. *strecken* « tendre », *strackēn* « être tendu », on a got. *gastaúrknan* « geler », et d'autre part lit. *strégti*, « geler, prendre (en parlant de la glace) ». Le passage de « tirer » à « roidir », et, pour le verbe d'état, « se roidir », d'où « geler », trouve un parallèle sémantique dans le cas de *ring-* (voir plus bas).

Par ailleurs v.-h. all. *strecken,* etc. est synonyme d'irl. *sern-* (cf. plus bas) au sens de « étendre, déployer ».

Nous avons cité lat. *stringere* « lier, étreindre ». Au même ordre d'idée se rattache le thème *damn-* « lier », d'où « réunir », à distinguer de *damn-* emprunté de lat. *damnāre* « condamner » (cf. Marstrander, p. 37).

Au passif *damn-* signifie « subir », c'est-à-dire « être soumis à ».

Ml. 90 c 13 : *forodamnatar is in doiri,* « qu'ils supportèrent en captivité », gl. populus soluta captiuitate ipsis rebus instructus. Cf. *Ml.* 105 b 9. *Fél. Prol.* 32 et 53.

A côte de ce thème l'irlandais possède un autre thème de même racine mais sans nasale dans *dam-* (Pedersen, II, 503) « supporter », *ad-dam* « avouer », *fo-dam-* « supporter ». Quoiqu'en irlandais les deux thèmes ne soient plus sentis comme apparentés, on saisit aisément le rapport sémantique qui les unissait à l'origine. Tandis que le thème *dam-* signifiait « être soumis », d'où « supporter », *damn-* avait par rapport à ce verbe la valeur d'un factitif-inchoatif « amener à soumission, dompter », d'où « lier ». Le passif de *damn-* se trouve ainsi coïncider pour le sens avec l'actif de *dam-*. Le rapport est le même entre *tolln-* et *tuil-* (cf. p. 189) et partout où à côté du thème à affixe nasal on rencontre un verbe d'état. Seulement ici *dam-* n'a du verbe d'état que le sens, sans présenter la formation caractéristique en *-ē-*.

A irl. *damn-* correspond pour le sens en latin un thème à nasale d'une autre racine : *iung-*.

Irl. *tenn-* « presser, serrer, contraindre » et gall. *tynnu* « tirer, traîner, déchirer, torturer », sont à l'origine indépendants de la formation à nasale, étant empruntés à lat. *tendere* où la nasale est, semble-t-il, radicale. Cependant étant donnée l'analogie de forme avec les thèmes à infixe nasal en même temps que la parenté de sens avec un verbe comme *sreng-,* sans doute le thème *tenn-* a-t-il été senti comme se rattachant à cette formation.

tenn- comme *ding-* signifie « presser de façon à enfoncer ou à fendre ».

Tog. Troi 136 : *ic tennad a tairngi,* « en enfonçant ses clous ».

R. C. VIII, 56 : *rosteind cona scin,* « il fendit (la noix) avec son couteau ». Cf. le sens figuré *Cath Catharda* 2404 ; cf. 3096 et *Tog. Tróí,* 1636.

Donc, en face de lat. *tendere,* l'irl. *tenn-* signifie « pousser ». Il semble qu'on ait cependant le sens « déchirer » (par traction) *Fél. Prol.* 30 : *ro tenntea ir-rannaib* : « they have been racked in pieces ». Cf. *stringere* et *sreng-* où le rapport sémantique des thèmes irlandais et latin est inverse; gall. *tynnu* en revanche conserve le sens fondamental de lat. *tendere*; le passage du sens « tendre » au sens « torturer » se retrouve dans le thème *ring-* (cf. p. 184).

sern- ; ce thème présente trois séries de sens indépendants, ce qui s'explique par le fait qu'il représente trois thèmes anciens étymologiquement indépendants mais phonétiquement confondus.

1° En tant qu'il correspond à lat. *sternō,* gr. στορέννυμι, *sern-* signifie « étendre ou s'étendre » (aspect inchoatif).

Sg. 68 a 5 : *srethi,* gl. substernendum.

Wi. *Táin,* 5605 : *ro serntar in magh,* « ils se déployèrent dans la plaine ».

Cf. Wi. *Táin,* 542. *Lg.* 17, 13.

Ce sens se retrouve dans un verbe à nasale latin d'une autre racine, *pandere.*

2° En tant qu'il se rattache à la même racine que lat. *serere,* *sern-* comporte différents sens qui s'expliquent en partant du sens « joindre, ajuster ».

« Construire, constituer ».

Wb. 18 c 8 : *nifil folad naill fora sernte in soscéle issin act Crist.* « Il n'y a point d'autre réalité sur quoi cet évangile puisse être construit, que le Christ ».

Cf. l'abstrait *sreth,* gl. strues, *Sg.* 50 b 5.

Au figuré « parler, raconter ».

Ml. 31 a 19 : *ní sernsat .i. ní aisndedat,* litt. « ils ne joignent pas (des paroles), c'est-à-dire ils ne parlent pas », gl.

sed neque cum his fidelia *conserunt* uerba. Cf. O'Dav., n° 1444.

L'évolution sémantique est en effet la même dans latin *conserere, asserere, sermō*, que dans irl. *sern-*. Ici encore c'est à un composé latin que correspond le thème à nasale non composé de l'irlandais.

Cf. *Fél. March* 15 : *sernn Iacoip ordan* « raconte la souveraineté de Jacques ». Cf. *Aug.* 31. *Oct.* 31. Ici on pourrait expliquer le sens « raconter » en partant du sens 1°, « déployer », et il est possible que les deux séries de sens se confondent dans cet emploi figuré.

3° En tant qu'il correspond à skr. *spr̥ṇōti* « il s'empare de » (cf. Marstrander, p. 36), *spr̥hati* « studet, il désire, il s'efforce », *sern-* signifie « *studere,* s'appliquer à » ; *Ml.* 56 c 12 : *sérnn,* gl. stude.

Ces divers sens se retrouvent dans les composés de *sern : com-sern-*.

L'abstrait *cossair* (Wi. *Táin*, 3586) désigne la « litière », c'est-à-dire « ce qu'on étend (sous les chevaux) ». Mais le sens correspondant à lat. *serere* (cf. plus haut, 2°) prédomine dans ce composé, comme il est naturel, étant donné le sens du prévcrbe composant *com-*, exprimant la réunion.

Ml. 16 a 13 : *bid comsrithi,* gl. cum his manus *conserenda* est.

Ailleurs on a le sens correspondant à skr. *spr̥ṇōti* (3°).

Ml. 124 a 5 : *cosrad,* gl. studeat. Cf. *Ml.* 35 c 36. 68 a 15.

di-sern-, dont seul le participe est attesté, a le sens correspondant à *sternere*. *Ml* 33 c 4 : *dirathe,* gl. demersum.

De même *ess-sern-* « répandre » ; *Ml.* 44 d 1 : *amal dunesmar 7 asroither uisce fortalmain cech leth,* « comme l'eau est renversée et répandue sur la terre de tous côtés », gl. ut enim diffusa aqua *dispergitur* ; cf. *Ml.* 40 a 5, 48 c 33.

Pour *fo-sern-* « publier, répandre », cf. *S. M.* IV, 384, 23, *fosernar sir focal .i. is maith sernaiter in suthin focal so,* « un mot de passe est répandu, c'est-à-dire ce mot de passe est bien répandu ». Cf. III, 20, 20.

ring- « torturer ».

Il existe en irlandais trois thèmes de forme *rĕg-/rĭg-* (Cf. Vendryes, *MSL.* XV, 363, Ascoli, p. 195, 198, 202). Le thème *reg-* qui prête son futur à *tiagu* est sémantiquement assez distinct pour ne pas se confondre avec les autres : de ceux-ci, l'un, signifiant « diriger », est de la famille de lat. *regō*, l'autre, signifiant « tendre », est de la famille de lat. *rigeō*. Dans le premier, *-ĕ-/-ĭ-* représente **-ĕ-* ancien, dans le deuxième, il représente **-ĭ-* ancien. C'est du moins ainsi que se présentent les choses au point de vue italo-celtique. Au point de vue irlandais il en va autrement : *-ĕ-* et *-ĭ-* ancien se confondant en une voyelle alternante *-ĕ-/-ĭ-*, il ne reste plus en irlandais qu'*un* thème *rĕg-/rĭg-*, attesté au simple et dans une série de composés, qui se rattachent sémantiquement, les uns à l'idée de « diriger », les autres à l'idée de « tendre », sans qu'on puisse tracer au reste une délimitation précise entre ces deux séries sémantiques.

Si la langue confond ici ce que l'étymologie distingue, elle distingue en revanche par ailleurs ce qui nous paraîtrait *a priori* comme confondu : le thème *rĕg-/rĭg-* ne s'emploie au simple qu'avec le sens de « tendre », et, en composition, il n'arrive jamais que ce thème se trouve à la fois au sens de « tendre » et au sens de « diriger », pour un même composé. Le développement de la composition verbale obvie donc ici à toute homonymie gênante.

A un des thèmes verbaux une différence d'ordre flexionnel permet de distinguer les deux thèmes homonymes : les formes se rattachant à l'ancien thème **rĕg-* ont le prétérit en *-t-*, celles se rattachant à l'ancien thème **rĭg-* le prétérit radical. Mais cette distinction, qui ne se poursuit pas dans le reste du paradigme, n'est plus guère que l'indice d'une distinction ancienne.

Comment le thème *ring-* se place-t-il dans l'ensemble de ces thèmes?

ring- « torturer », ainsi que *riag* « torture » se rattache au thème *rig-* de la racine **reig-* « tendre », dont on a le verbe d'état attesté dans lat. *rigeō* « je suis raide ». Le passage du sens « tendre » au sens « torturer » se retrouve en latin dans *distendere* « torturer » (Suétone), en gallois dans *tynnu* qui signifie à la fois « tirer » et torturer » (un des procédés possibles de torture étant la traction).

Un thème causatif *rog-* « tirer, tendre » (à l'origine **ruig-*

à l'indicatif, *roga- au subjonctif), doit se rattacher étymologiquement à la racine *reg- de lat. *regere*; un causatif de la racine **reig-* aurait en effet la forme **roigī-* > **róig-*. Mais, au point de vue sémantique, c'est à *reg-* « tendre » qu'il se rattache ; la confusion complète des deux racines en irlandais explique qu'un causatif de la racine **reig-* ait pris le sens de la racine **reg-*.

Nous nous trouvons donc en présence de trois thèmes sémantiquement comparables : *rĕg-/-rĭg-*, *rog-* et *ring-*. Mais ces trois thèmes ne s'opposent pas l'un à l'autre pour l'aspect :

reg- signifie « étendre ».

Ml. 39 c 11 : *ro-recht*, gl. expansum est.

Ml. 39 c 38 : *rechtae*, gl. distenta. Cf. 20 a 23.

rog- a le même sens.

Ml. 55 d 24 : *roichthir*, gl. porrigitur. Cf. *Ml.* 79 d 4.

ring- a le sens dérivé de « torturer ».

Fél. Febr. 14 : *ro ringed*, « fut torturé ».

Par rapport à *rog-* et à *reg-*, *ring-* présente un sens spécialisé, peut-être aussi intensif, mais non pas un aspect particulier. C'est en dehors du celtique, en latin, qu'il faut aller chercher les thèmes auxquels s'oppose pour l'aspect *ring-*.

De la racine **reig-* le latin fournit :

un verbe d'état : *rigēre* « être raide » ;

un inchoatif intransitif : *rigēscere* « devenir raide » ;

un inchoatif factitif : *rigidāre* « rendre raide », ce dernier thème étant un dénominatif formé sur l'adjectif *rigidus*.

C'est avec ce dernier thème que coïncide irl. *ring-* ; inchoatif comme le thème latin en *-*sk* $^e/_o$-, le thème à nasale s'en distingue seulement en tant qu'il est factitif, tandis que le thème en *-*sk* $^e/_o$- est d'ordinaire intransitif. Comme le thème en *-*sk* $^e/_o$-, le thème à nasale s'opposait au verbe d'état, et c'est par opposition à ce dernier que se déterminait sans doute son aspect : l'opposition irl. *ring-*, lat. *rigēre* se retrouve à l'intérieur du latin même dans *pandere : patēre*; nous verrons (p. 188 sq.) d'autres exemples de thèmes celtiques à nasale, inchoatifs-factitifs, s'opposant à des verbes d'état, soit en celtique, soit en dehors du celtique. Le fait que les verbes d'états en *-ē-* sont à peine représentés en celtique a dû amener l'effacement de l'aspect de toute une série de verbes à nasale dont l'aspect se déterminait par opposition à ces verbes. En ce qui concerne *ring-* l'aspect déterminé de ce thème explique sa spécialisation au sens intensif : « je tends de façon à raidir » ayant donné « je torture ».

L'existence de *rind* « pointe » et *rindid* « il déchire », a dû contribuer par ailleurs à faire prévaloir dans le thème *ring-* l'idée de « torture, déchirement » sur l'idée de « traction ». La recherche de l'allitération rapprochait souvent les deux séries de formes. Cf. *Fél. Prol.* 37 : *ro ringthe co rindib,* « ils furent déchirés avec la pointe des lances ».

Sémantiquement très divers, les divers thèmes que nous venons de voir ont cependant en commun un sens, à vrai dire très général ; tous expriment le fait d'exercer sur un objet une action matérielle, pression ou traction, de façon à modifier l'état ou la position de l'objet sur lequel s'exerce cette action ; au point de vue de l'aspect, ces verbes sont donc, de façon générale, déterminés et peuvent, plus précisément, être envisagés comme inchoatifs ou comme terminatifs, selon qu'on se place au point de vue de l'état qui résulte de l'action envisagée, ou au point de vue de cette action même : ainsi *ring-* « tendre de façon à raidir », peut-être considéré comme terminatif par rapport à l'action de « tendre », mais est inchoatif par rapport à l'état de « être raide » (*rigēre*) ; la façon dont se spécialise concrètement l'aspect déterminé d'un thème dépend donc, dans une large mesure, du sens des thèmes avec lesquels il est amené à s'opposer.

CHAPITRE XIV

DEUX THÈMES INCHOATIFS-FACTITIFS DE FORMATION SECONDAIRE

Nous venons de voir comment le thème *ring-* apparaît, par rapport au thème **rigē-*, comme un inchoatif-factitif. D'autres exemples où le thème à nasale apparaît comme un inchoatif-factitif sont d'autant plus significatifs qu'il s'agit de thèmes de type secondaire, qui n'entrent pas dans le plan ancien de la formation à nasale, et dont la création s'explique par le sentiment d'une opposition sémantique entre le verbe d'état en *-ē-* et le thème à affixe nasal ; nous voulons parler des thèmes *rond-* et *tolln-*.

rond-, toujours composé avec *fo-*, signifie au propre « rendre rouge », d'où, au figuré, « souiller ».

LU. 102 b 30 : *cáin forondar a chorp hi crú*, « son corps est bellement rougi par le sang » (ou, si l'on comprend *cáin* comme un attribut) « beau est son corps que le sang rougit ».

Ml. 51 a 23 : *fororaid*, gl. qui sanctitatis decus una culpa *fuscauerit*. Cf. *Ml.* 15 b 11, 35 d 8.

De cette même racine l'irlandais fournit l'adjectif *ruad* « rouge » ; mais c'est en dehors du celtique qu'il faut chercher les thèmes verbaux par opposition auxquels se détermine la valeur de *rond-*.

Le latin fournit : un verbe d'état en *-ē-*, *rubēre* « être rouge » ; un inchoatif-intransitif *rubēscere* ; un inchoatif-factitif, composé du verbe *facere : rubēfacere* , la série est parallèle à celle que nous avons vue pour *rigere, rigescere, rigidare* ; dans les deux séries l'inchoatif-factitif est d'un type secondaire; on trouverait d'autres exemples de ces séries de trois thèmes : *e. g. ārēre, ārēscere, ārēfacere.*

rond-, qui, en l'absence d'un verbe d'état de même racine, est isolé en celtique, s'explique, si l'on compare les thèmes du latin, comme un inchoatif, s'opposant à l'origine à un verbe d'état; cet inchoatif est parallèle pour l'aspect au thème latin en **-sk* $^{e}/_{o}$-. Cependant, de par sa valeur factitive : « rendre rouge », il s'oppose à ce thème spécialisé au sens intransitif : « devenir rouge ».

Nous trouvons un cas parallèle dans *tolln-* « plaire à »; mais ici c'est l'irlandais lui-même qui nous fournit le verbe d'état correspondant.

Thes. II, 304, 3 : *Di ar fiadait rontolomar* « puissions-nous trouver grâce devant notre Seigneur ».

Tochm. Emire, 68 (La fille de Scathach dès qu'elle aperçoit Cuchulainn s'éprend soudainement de lui) : *Molustar si fria a máthair in fer confacoi*, « *Rotolustar an feur amne* », *ol a mathair* (*Ruttolnastair, R.*) « Elle fait l'éloge à sa mère de l'homme qu'elle a vu. « Cet homme t'a plu » dit sa mère ».

Le sens est inchoatif, non duratif. Pour exprimer l'idée d'« être cher à » d'une façon durable (aspect indéterminé) c'est une périphrase avec un adjectif qu'on a *SC.* 43 : *is att ail-siu dam-sa ocus bid at ail hi cein bat beo*, « tu m'es chère et me resteras chère tant que tu vivras ».

C'est donc à lat. *placāre*, et non au verbe d'état *placēre* que correspond pour le sens *tolln-*.

Le sens de *tolln-* s'explique par un sens ancien inchoatif-factitif : « faire que quelqu'un s'adoucisse, s'apaise »; en face de ce thème, irl. *tuil-* « dormir », lit. *tylėti* « se taire », verbes d'état en *-ē-*, s'expliquent par un sens ancien « être tranquille, paisible ». Le rapport ancien entre *tolln-* et *tuil-*, masqué par des spécialisations de sens diverses, est donc bien à l'origine le même qu'entre *rubēre* et *rond-*.

Ce couple de thèmes trahit une tendance de l'irlandais à développer un inchoatif-factitif à affixe nasal, de même que le gotique a développé, d'ailleurs beaucoup plus largement, un inchoatif-intransitif à affixe nasal (*us-gutnan* en face de *giutan*, etc.). Ici le thème à nasale parait s'opposer au thème d'inchoatif latin en *-*sk* $^{e}/_{o}$-, qui est intransitif. Mais sans doute cette opposition n'est-elle pas essentielle. En effet, d'une part l'inchoatif en -*sk $^{e}/_{o}$- apparaît, en bas latin, avec une valeur factitive; d'autre part, en germanique, la formation à nasale a développé une classe d'inchoatifs-intransitifs. Ceci trahit, sous les spécialisations secondaires, l'unité d'aspect profonde de l'inchoatif en -*sk $^{e}/_{o}$- et de l'inchoatif à affixe nasal.

CHAPITRE XV

UTILISATION SECONDAIRE DE L'AFFIXE NASAL

L'affixe nasal, comme divers autres procédés de formation de présent, a pu être utilisé pour donner des présents à des racines qui anciennement n'en formaient pas, ou qui présentaient un présent athématique. Par son aspect même, la formation à nasale était particulièrement propre à fournir un présent à une racine aoristique (cf. p. 20) si bien que les convenances sémantiques concourent dans bien des cas avec les commodités morphologiques à amener la création d'un présent à affixe nasal (cf. p. 30 et *passim*).

Il est en revanche quelques thèmes dont la création se justifie moins bien du point de vue de l'aspect.

folln- « régner » n'offre qu'un parallélisme tout extérieur avec *tolln-* (cf. p. 189).

Ml. 18 a 4 : *folnaibe*, gl. *reges* eos in uirga ferrea.

Wb. 13 b 29 : *lasse donindin in macc dond athir innahíi irrufollnastar siu.* « Quand le fils remettra au père la souveraineté qu'il a exercée ici », gl. cum tradiderit regnum Deo et Patri.

En face de ce thème on trouve en latin le verbe d'état de même racine *ualēre* « être fort », *ualēscere* « devenir fort », de même qu'on a *rigēre*, *rigēscere* en face de *ring-* etc. (cf. p. 286); mais là s'arrête le parallélisme.

folln- n'a pas, comme *ring-*, la valeur d'un inchoatif-factitif, le sens en étant, non pas « rendre fort », comme on s'y attendrait, mais « exercer sa force » (duratif). Ici la création du thème à nasale ne tend à établir aucune opposition d'aspect, et n'est sans doute qu'un expédient morphologique (cf. 31).

Sans doute en est-il de même du thème *dén-* « sucer, téter ». L'aspect en est duratif :

Thes. II, 346, 3, *lia mathair dith in lóeg.* « Le veau tétait sa mère », glosé par une forme récente, *Thes.* II, 346, 23, *rodinestar.*

Pour les formations de présent de cette racine en dehors du celtique cf. p. 33.

Cependant, des thèmes de sens analogue, quoique se rattachant à d'autres racines, présentent dans d'autres langues l'affixe nasal : gall. *sugno* « sucer » ; lat. *lambere* « lécher » ; cf. gr. λαφύσσειν « avaler » ; lat. *lingere* « lécher ». Gr. λαφύσσειν montre que cette série peut se rattacher sémantiquement au groupe de *sluc-, long-* (p. 135).

Le thème *srenn-* « ronfler », *stertere* (cf. m.-irl. *srand* « ronflement ») a un correspondant brittonique sans affixe nasal (d'une forme à élargissement *-u-* de la racine) dans gall. *ystrewi, ystrew,* sans qu'aucune différence d'aspect s'accuse entre les deux thèmes. On retrouve l'affixe dans les thèmes apparentés (p. 16), gr. ῥέγχω ou ῥέγκω (peut-être lat. *ringor*), lat. *sternuō,* gr. πτάρνυμαι. De même, un verbe latin de sens analogue *ēmungō* a l'infixe nasal. Dans *sternuō,* πτάρνυμαι, l'aspect déterminé de ces thèmes signifiant « éternuer » peut expliquer la présence de l'affixe. Il n'en est pas de même dans irl. *srenn-.* Sans doute ici la présence de la nasale s'explique-t-elle par sa valeur expressive dans un verbe exprimant un bruit nasal.

CHAPITRE XVI

LES THÈMES DE PRÉSENT A NASALE EN LATIN DANS LEURS RAPPORTS AVEC LES THÈMES DU CELTIQUE

On a signalé au cours de cette étude les faits latins là où ils pouvaient éclairer les faits celtiques. On rappellera ici quelques faits généraux de nature à préciser les rapports du latin (représentant l'italique) avec les langues celtiques, en ce qui concerne la sémantique des formations à nasale.

Les thèmes à affixe nasal conservés en latin ne correspondent que pour une part restreinte aux thèmes attestés en celtique ; nous avons cité : *sternere* en face de *sern-; cernere* en face de gall. *crynu; tollere* en face de *tlen-; linquere* en face de *léic-; linere, linīre* en face de *len-; tangere* en face de *tong-; fingere* en face de *ding-; prehendere* en face de *gat-* ; *etbinat* en face de *ben-* ; et, sans doute, *minārī* en face de gall. *mynet*.

Il arrive que le thème latin et le thème celtique correspondant ne coïncident pas exactement, mais représentent des formations, semble-t-il, indépendantes, d'une même racine ou de racines parallèles. Ainsi, on a vu qu'il existe deux racines **bheg-* et **bhreg-*, qui ne diffèrent l'une de l'autre que par l'absence ou la présence d'un *-r-* et qui ont le même sens : « briser ». Il s'agit, à vrai dire, de deux formes d'une même racine plutôt que de deux racines distinctes. Le latin atteste un thème **bhr°ng-* > *frang-* (*frangō*), avec *-r-* radical, le celtique un thème parallèle **bh°ng-* > *bong-*, sans *-r-* radical. Ailleurs la même racine paraît diversement développée de part et d'autre. Irl. *srenn-* « ronfler » représente sans doute **srend-*, d'une racine *s(t)er-*, élargie par une dentale. La même racine, avec élargissement *-u̯-* se retrouve dans lat. *sternuō*. Ici comme là nous avons un présent à nasale, mais la différence de structure qu'il accuse d'une langue à l'autre, atteste qu'il a été créé indépendamment dans chacune.

Dans d'autres exemples il y a coïncidence de sens entre les thèmes à nasale, latins d'une part, celtiques d'autre part, appartenant à des racines différentes : à la série signifiant « briser », *ben-*, *bong-*, etc., correspond en latin une série de verbes de même sens, *findere, frangere, rumpere, scindere* ; l'idée de « frapper », qu'exprime irl. *ben-*, se retrouve dans lat. *plangere, tundere* ; l'idée de « déborder » s'exprime en irl. par *do-lin-*, en latin par *mānāre* ; l'idée de « joindre, attacher » s'exprime en irlandais par *damn-* et, dans une certaine mesure par *sern-*, en latin par *iungere* et *stringere* ; le sens figuré d'irl. *di-mecc-* « mépriser », se retrouve dans lat. *spernere, contemnere* ; le sens de « choisir, discerner » est commun à irl. *glenn-* et à lat. *cernere* (représenté en brittonique, voir plus haut) ; irl. *to-ell-* et *cell-* signifient « entourer, ceindre », comme lat. *cingere* ; parfois il y a analogie plutôt que coïncidence sémantique : lat. *lingere, lambere* « lécher », gall. *sugno*, irl. *dén-* « sucer », expriment des notions proches ; à côté de ces thèmes, des thèmes sans nasale de même racine sont attestés aussi bien en latin qu'en celtique : lat. *ligūrīre*, irl. *ligim* ; lat. *sūgere*, irl. *sugim*.

Parallèles d'une part, les faits latins et les faits celtiques sont souvent, d'autre part, complémentaires. Nous avons vu en celtique une opposition entre verbe à nasale inchoatif et verbe d'état, entre *tolln-* et *tuil-* (p. 189). La même opposition se retrouve en latin entre *pandere : patēre ;* le rapprochement du latin et du celtique nous permet de reconstruire d'autres couples de même type : *ring- : rigēre ; rond- : rubēre ; folln- : ualēre* ; si l'on rapproche lat. *linquere* de lat. *licēre* (ce qui serait en tout cas satisfaisant pour le sens, cf. p. 150) le latin conserverait ici les deux termes d'un couple dont l'irlandais ne conserve plus que le thème à nasale *léic-*.

Le présent à nasale pouvait aussi s'opposer aux thèmes de présent radical ou en -*$y^e/_o$-, d'aspect indifférent. Le celtique nous fournit les couples : *ring- : rig-* (p. 186) ; bret. *tinvu* . gall. *tyfu* (p. 165), *damn- : dam-* (p. 182), etc. L'opposition sémantique est également nette entre irl. *fen-* et lat. *uiēre*, irl. *fill-* et lat. *uoluere*.

Ailleurs c'est le latin qui nous fournit le thème à nasale par opposition au thème irlandais sans nasale ; on a ainsi lat. *uincere* en face d'irl. *fich-* « combattre ».

Cf. Wi. *Táin*, 5771 : « *Cindas con feagat ale* », *bar Cuchulaind*. « *Is ferda con fegat* », *bar Laeg*. « Comment combattent-ils ? » dit Cuchulinn. — « Ils combattent virilement » dit Laeg. Cf. Wi. *Táin*, 844.

FB. 24 : *arfich o áib ech ocus analaib fer*, « il combat parmi les oreilles des chevaux et le souffle des hommes ».

O'Don. *Suppl.* : *dofich gresa a chiniuil*. « Il combat les combats de son clan. »

Le composé avec *di-* offre un des rares exemples de perfectivation par les préverbes qu'on ait notés en irlandais. Il signifie : « lutter pour se délivrer, se délivrer en luttant », et ailleurs, « tirer vengeance de, punir ». Dans ces deux sens il glose lat. *uindicāre*.

Ml. 38 c 21 : *nomdichimse formnaimtea*, gl. dum me de aduersariis uindico.

Wb. 6 a 16 : *hore dofeich cach nolcc* et *mórid cachmaith*, « car il châtie ce qui est mal, et exalte ce qui est bien ».

L'aspect du composé est donc déterminé par opposition à celui du simple.

L'aspect de lat. *uincere* « vaincre » est déterminé-terminatif par opposition au thème sans nasale de même racine irl. *fich-* « combattre ». L'aspect du thème latin, qui apparaît clairement par opposition au thème irlandais est moins net, faute d'opposition, en latin même. C'est ce qui explique qu'on ait formé de *uincere* un composé déterminatif *ēuincere*.

Les faits latins sont, on le voit, dans un rapport assez complexe avec les faits celtiques comparables : tantôt ils coïncident avec eux, tantôt ils les complètent, tantôt ils s'apparentent à eux.

Là où il y a coïncidence entre le celtique et le latin (e. g. *sternere : sern-*) on peut conclure à la conservation pure et simple d'un état de chose italo-celtique, ou antérieur.

Là où les faits observés dans l'un et l'autre domaine se complètent respectivement (e. g. *uincere : fich-*; dans une mesure, séries de type *ben-*, etc. : *findere*, etc., p. 194) tout se passe comme si le latin d'une part, le celtique de l'autre, n'avaient conservé que des fragments d'un ensemble ancien qui devait être très vaste et varié : le vocabulaire italo-celtique.

Enfin, dans quelques cas, les faits celtiques et les faits latins s'expliquent par des développements parallèles mais indépendants : ainsi *bong-* en face de *frangere ; srenn-* en face de *sternuere*. Ceci suppose que les formations à nasale ont conservé une certaine vitalité, en latin et en celtique, à une époque où les deux langues étaient déjà différenciées. Il est dès lors difficile de distinguer ce qui, dans chaque langue, est dû à la conservation d'un fond commun, de ce qui est dû à un développement autonome, mais parallèle au développement de la langue congénère.

On a un exemple frappant qui illustre et le parallélisme, et l'autonomie des développements italique et celtique, dans le cas des thèmes d'itératifs s'opposant à des thèmes à affixe nasal.

Nous avons signalé plus d'une fois, en face d'un thème à affixe nasal, un thème sans nasale à degré *-o-* radical, et à suffixe *-ī-*, thème qui, au point de vue indo-européen, peut être ou causatif ou itératif-intensif. On a ainsi les couples : *bong-* « briser » : *buig-*, même sens ; *bronn-* « s'effacer, détruire » : *brúi-* « détruire » ; *dlong-* « fendre » ; *dluig-*, même sens ; *sern-* « étendre » : *sro-*, même sens ; *brenn-* « couler » : *bruinn-*, même sens (dans ce dernier exemple, *bruinn-*, formé sur le thème celtique **brend-* et non sur la racine **ber-*, apparaît nettement comme secondaire). Il y a tout lieu de croire que ces thèmes qui, à date historique, se distinguent mal pour le sens des thèmes à nasale correspondants, sont à l'origine de véritables itératifs, s'opposant par leur aspect duratif-indéterminé aux thèmes à affixe, d'aspect déterminé (cf. p. 12 et *Mél. Vendryes*, p. 330 sq.), à peu près comme v. sl. *minovati* s'oppose à *minǫti* « transire ».

Le latin offre sans doute un couple comparable aux couples irl. *bong- : buig-*, etc. En face de lat. *tangō* « je touche », lat. *tongeō* signifie « je pense » (cf. Woods, *Class. Phil.* III, 85). Que l'itératif d'un verbe signifiant « toucher » ait le sens de « tenir, après avoir appréhendé » d'où « comprendre, penser » ceci n'a rien que de vraisemblable (cf. *capere : percipere, grei-*

fen : begreifen) ; mais en tout cas l'itératif apparaît comme de formation secondaire, puisqu'il conserve la nasale du thème à affixe *tang-* qui dans *tongē-* devient radicale ; dans got. *þagkjan* « penser », *þugkjan* « sembler », la nasale est radicale. Serait-ce par suite d'une extension parallèle à celle qu'on a dans lat. *tongeō,* quoique indépendante ? — Quel que soit le rapport primitif de *tangō* avec *tongeō,* ce rapport n'apparaît plus à date historique ; *tongeō* était un exemple isolé, par le fait que les thèmes de formation analogue (*doceō, moneō,* etc.) sont, au point de vue latin, causatifs et non itératifs (*spondeō, tondeō* sont sémantiquement peu nets). Aussi, là où le latin oppose, comme le celtique, un thème d'itératif à un thème de présent à nasale, il a recours à un type d'itératif autre que celui usité en celtique : l'itératif en *-ā-*, dont l'irlandais n'atteste qu'un exemple isolé : *scann-* (cf. p. 98).

On a ainsi les couples *spernere : aspernārī, consternere : consternāre, appellere : appellāre* (à moins qu'il ne faille séparer l'un de l'autre ces deux derniers thèmes ; cf. Walde, *Et. Wtb.*, s. v. *appellō*). Ici, comme dans le cas de *tongeō,* le thème d'itératif est formé, non sur la racine, mais sur le thème à nasale, dont la nasale devient, dans l'itératif, radicale (*sternere : strāuī,* mais *-sternāre, sternāuī*). Le cas est comparable à celui de *brenn-*, *bruinn-*, malgré la différence des formations. On voit comment les choses se présentent : l'italo-celtique possédait deux types d'itératifs : un type indo-européen à degré radical *-ŏ-* (qui peut être aussi causatif) ; un type proprement italo-celtique, caractérisé par le suffixe *-ā-*. De ces deux formations le celtique a surtout conservé (ou développé) en fonction itérative la première (en latin *moneō,* etc., sont des causatifs), le latin a développé largement la seconde.

D'autre part, aussi bien le latin que l'irlandais marque une tendance à opposer au thème à nasale d'aspect déterminé un thème d'itératif : ceci s'est traduit, en latin, par la création de thèmes comme *-sternāre*, en irlandais, par la création d'un thème comme *bruinn-* (*dluig-*, etc., sont sans doute également récents quoique rien dans leur forme ne le trahisse), une même tendance donnant ainsi des résultats différents, quoique analogues, dans les deux langues.

Cet exemple illustre bien les rapports des faits celtiques avec les faits latins : héritiers d'un fond commun mais assez vaste pour que chaque langue ait pu en quelque sorte y faire un choix, le latin, d'une part, le celtique, de l'autre, ont réalisé indépendamment, et par des procédés divers, des tendances au fond parallèles.

CHAPITRE XVII

CONCLUSION

On voit donc que l'aspect des verbes à affixe nasal en celtique est toujours *déterminé,* soit que cet aspect soit déjà celui de la racine à laquelle s'ajoute l'affixe nasal, soit que cette racine puisse former des présents d'aspects variés, et que l'adjonction d'un affixe nasal la spécialise sous l'aspect déterminé.

L'aspect déterminé est susceptible d'adaptations diverses à la nature de l'action verbale exprimée : impliquant que l'action est envisagée par rapport à un point de son développement, il se présente différemment selon la nature du point remarquable choisi.

Là où l'action exprimée est instantanée, le point remarquable considéré se confond avec le point unique à quoi se ramène le développement de l'action. L'aspect est *instantané.* C'est le cas, par exemple, d'une série de verbes de mouvement : *cing-, dring-, scind-, ling-* (p. 93) et des verbes exprimant l'action de « briser » : *ben-, bong-, dlong-, bronn-* (p. 116).

Là où le procès envisagé peut se développer le long d'une durée appréciable, l'aspect se spécialise le plus souvent soit comme *inchoatif* soit comme *terminatif,* le point remarquable étant tantôt le début, tantôt le terme du procès.

L'aspect *inchoatif* prévaut dans les verbes exprimant une opération intellectuelle ou sensorielle : *finn-, gnin-, glenn-, bond-, smuain-* (p. 70) ; dans les verbes exprimant l'action de « prendre, donner », inchoative par opposition à l'action d' « avoir » : *gat-, cren-, ren-,* etc. (p. 141) ; dans ceux qui signifient « lâcher » ou « adhérer » : *léic-*, *tréic-*, *len-*, *glen-* (p. 117).

Un développement secondaire de cette valeur *inchoative-transitive* de l'affixe nasal apparaît dans les thèmes *rond-*, *tolln-*, qui s'expliquent en fonction de thèmes anciens comme *ring-* (p. 188).

L'aspect *terminatif* est net dans les verbes signifiant « avaler » : *sluc-*, *long-*, *glenn-* (p. 130) ; dans *long-* « supporter » (p. 167) ; dans les verbes exprimant un mouvement circulaire, *cell-*, *fen-*, *fill-* (p. 100) ; moins nettement, ou, du moins, alternant avec d'autres variétés d'aspect, dans les verbes signifiant « disparaître », *airchrin-*, *tin-*, *atbaill-* (p. 123).

Ces derniers verbes conservent en effet malgré la prédominance de l'aspect terminatif qu'entraîne leur sens, quelque chose de la souplesse et de la variété anciennes de l'aspect déterminé ; *atbaill-* peut être instantané aussi bien que terminatif ; *airchrin* et *tin* peuvent exprimer le commencement du procès ; de même et, plus nettement, le thème *cluin-* « entendre » (p. 88), les verbes de mouvement continu comme *ell-* (p. 108), les verbes signifiant « tirer » et « pousser » (p. 177), le thème *ben-* « devenir », et d'autres encore présentent concurremment les différentes variétés possibles de l'aspect *déterminé* ; on trouve même à côté des exemples *instantanés*, *inchoatifs* ou *terminatifs* une quatrième variété de l'aspect déterminé, par exemple dans un composé comme *sech-ell-* (p. 109) « dépasser », qui exprime une action durative considérée par rapport à un point *médiane* de son développement.

Cet aspect déterminé, à la fois précis et général, explique les divergences d'aspect que présentent les thèmes à nasale d'une langue indo-européenne à l'autre : les aspects terminatif du sanskrit, perfectif ou imperfectif-inchoatif du slave, inchoatif du germanique, en découlent par spécialisation.

L'aspect déterminé du présent à nasale lui était commun avec une autre formation verbale indo-européenne : l'aoriste. Nous avons eu plus d'une fois à citer, en face d'un thème de présent à nasale celtique, un aoriste radical attesté dans d'autres langues, et la coïncidence sémantique entre les deux thèmes est parfois frappante.

Ainsi la racine **weid-* signifie « trouver » là ou elle a l'aspect aoristique (arm. *egit* « il a trouvé », skr. *ávidat*) et « savoir », là où elle a l'aspect parfait (véd. *véda*, gr. Ϝοῖδα). C'est avec l'aoriste que coïncide sémantiquement irl. *finn-*, comme d'ailleurs skr. *vindáti* et arm. *gtanem* (cette dernière forme est faite sur l'aoriste). Irl. *gnin-* présente un cas parallèle : sans doute la racine **genə-* « apprendre, savoir » est-elle une racine aoristique (cf. gr. ἔγνων), et le présent à nasale a-t-il été formé secondairement sur l'aoriste, comme ailleurs le présent en -**sk* $^{e}/_{o}$- (gr. γιγνώσκω, etc.).

La racine **kleu-* ne fournit pas non plus de présent à l'indo-européen, mais bien un aoriste, skr. *çrudhí*, gr. κλῦθι ; irl. *cluinte*, comme gr. κλῦθι, veut dire « exauce » (p. 89). On peut encore citer irl. *tlen-*, de la racine qui donne au grec ἔτλην, au lat. *tulī* (*perfectum* du duratif *ferō* ; cf. p. 142) ; *ben-*, de la racine **bhewə-*, dont on a gr. ἔφυ, skr. *abhūt*, lat. *fuit* (*perfectum* du duratif *est*, cf. p. 158) ; dans ce dernier exemple il apparaît clairement que le thème à nasale a été formé en irlandais même, sur de plus anciens thèmes verbaux de même racine, et en particulier sur le prétérit radical (p. 27) ; le cas est donc morphologiquement comparable à celui de arm. *lkanem* formé sur *elik*, et autres thèmes de même type. Enfin *ell-*, en face d'irl. *-la*, du subjonctif brittonique de même racine, et, sans doute, de gr. ἐλθεῖν, paraît bien se rattacher à cette série (p. 30).

De ces quelques faits on peut tirer deux conclusions : 1° Le présent à nasale concorde pour l'aspect avec l'aoriste indo-européen ; 2° Il a servi à donner un présent à diverses racines aoristiques ; le fait que l'aoriste, qui n'est en somme, au point de vue indo-européen, qu'une variété de présent déterminé, tendait postérieurement à devenir un temps du passé, amena à créer, en face de chaque aoriste, un présent d'aspect correspondant. C'est à la formation à nasale qu'a eu recours pour cela le celtique dans les exemples qu'on vient de voir.

Certaines formations de présent alternent avec les formations à nasale, soit qu'elles se rencontrent avec les mêmesra cines qui forment des thèmes à affixe nasal, ou avec des racines de même sens. Quels sont les rapports du présent à nasale avec ces formations ?

1° *Présent en -*y* $^{e}/_{o}$-. On rencontre, en dehors des langues celtiques, des alternances entre thèmes à affixe nasal et thèmes à suffixe -**y*-$^e/_o$- pour une même racine : gr. τίω et τίνω ; φθίω et φθίνω ; βύω et βύνω ; δύω et δύνω ; θύω et θύνω ; lit. *gyjù, ryjù, lỹja,* en face de *gynù, rynù, lỹna* ; lat. *poliō* et *polinō* (cf. Osthoff, *MU*. 4, 394 sq.).

La seule opposition de ce type que fournisse l'irlandais est celle des thèmes *bhī-* et *ben-*, de la racine **bhewə-* ; si l'on compare les thèmes irlandais aux thèmes des autres langues indo-européennes, on constate des alternances comme irl. *cell-* en face de gr. τέλλω (< *τέλιω), irl. *ball-* en face de gr. βάλλω (< *βάλιω), irl. *dén-* en face de gr. θάω.

Ce dernier exemple nous montre que de semblables alternances peuvent n'être que des coïncidences. Aussi bien la formation à nasale que la formation en -**y* $^e/_o$- ont servi à donner des présents à des racines qui n'en avaient anciennement pas (ou qui avaient des présents athématiques) ; dès lors une langue a pu créer un présent à nasale, tandis qu'une autre langue créait un présent en -**y* $^e/_o$- de la même racine, de façon indépendante.

Par ailleurs le présent en -**y* $^e/_o$-, étant d'aspect indifférent, pouvait s'opposer, par différenciation, à un thème d'aspect duratif ; dans une opposition de ce genre il se trouvait jouer le même rôle qu'aurait pu jouer un thème à affixe nasal, d'aspect déterminé. Ainsi lat. *-spicere* s'oppose à l'itératif *-spicārī* comme irl. *mecc-* s'oppose à *micāre,* le thème en -**y* $^e/_o$- *-spicere* prenant, par opposition à *-spicārī,* l'aspect déterminé que le thème à nasale irl. *mecc-* a en dehors de toute opposition avec un thème d'aspect précis.

On voit que le thème en -**y* $^e/_o$- peut alterner avec le thème à nasale dans deux cas : d'une part, là où tous deux jouent un rôle de commodité morphologique ; d'autre part, dans quelques couples où l'aspect du thème en -**y* $^e/_o$- se détermine par opposition à un thème duratif.

2° *Le présent en -*sk* $^e/_o$- est attesté dans différentes langues indo-européennes, en alternance avec l'affixe nasal (cf. Meillet, *Introd.* 6e éd., p. 186). Il suffit de citer gr. μίσγω, μίγνυμι ; ἐνθύσκει, ἐντυγχάνει, etc. ; lat. *pangō, paciscor* ; en latin même une curieuse formation surajoute le suffixe -**sk* $^e/_o$- au suffixe nasal (type *fruniscor*).

En celtique, le suffixe -*sk $^{e}/_{o}$- n'est attesté que dans un nombre minime de thèmes. Ceci rend plus remarquables encore les coïncidences de sens que l'on peut noter en irlandais entre thèmes à nasale et thèmes en -*sk $^{e}/_{o}$- : à côté de *ding-* « presser (drücken) » on a *faisc-* « opprimer (unterdrücken) » ; à côté de *damn-* « lier » on a *naisc-* « lier ».

A des thèmes à nasale celtiques correspondent dans d'autres domaines des thèmes en -*sk $^{e}/_{o}$- de même racine : à irl. *gnin-* (dont la nasale se retrouve ailleurs, cf. p. 37) répond lat. *noscere*, gr. γιγνώσκω ; à irl. *ring-* correspond pour l'aspect *rigēscere*, au reste intransitif par opposition à *ring-* ; de même (et sous la même réserve) *rond-* coïncide avec lat. *rubēscere* et, *mutatis mutandis*, *folln-* avec *ualēscere* ; à irl. *renim* répond gr. πιπράσκω (à côté de πέρνημι).

Ailleurs, à des thèmes à nasale celtiques correspondent, dans d'autres langues, des thèmes en -*sk $^{e}/_{o}$- de même sens, quoique se rattachant à d'autres racines : nous avons vu *airchrin-* et *tin-* glosant lat. *ēuānescere, ueterāscere, fatiscī* ; irl. *fill-* glosant lat. *dēfetiscī*. Les verbes mêmes qui glosent des inchoatifs latins se trouvent être, dans le cas de *airchrin-* et *tin-*, des verbes où domine l'aspect terminatif. L'aspect des thèmes en -*sk $^{e}/_{o}$- paraît ici être le même que l'aspect des thèmes à nasale, c'est-à-dire, non spécialement inchoatif, mais *déterminé*. Brugmann (*Abrégé*, § 682) définit comme terminatif l'aspect des thèmes en -*sk $^{e}/_{o}$- en grec, et considère que tel est l'aspect ancien de ces thèmes, l'aspect inchoatif qu'ils présentent en latin étant secondaire, et dû à l'analogie de thèmes comme *crēscere*, où le sens de la racine imposerait l'aspect inchoatif. L'argument paraît peu solide, car, d'une part on ne voit pas comment on aurait pu ajouter un suffixe spécifiquement terminatif à une racine spécifiquement inchoative, et, d'autre part, nous avons vu qu'une racine signifiant « croître » peut former un thème terminatif (cf. bret. *tinva*, p. 165). — Ces contradictions disparaissent si l'on admet que, pour le thème en -*sk $^{e}/_{o}$- comme pour le thème à nasale, inchoatif et terminatif ne sont que des spécialisations de l'ancien aspect déterminé.

3° *Présent thématique à redoublement*. Nous avons eu à noter quelques alternances entre thèmes de présent redoublé et thèmes à nasale : en face d'irl. *fill-*, un présent redoublé gr. ἴλλω (*ϝιϝλω), à côté duquel on a, au reste, un thème sans redoublement dans gr. ἐλύω ; l'introduction dans le paradigme de *tin-* d'un thème *ded-* qui paraît bien être un ancien présent radical à redoublement (p. 127); l'existence, en face d'irl. *gnin-* et *ren-* de thèmes grecs de présents *redoublés* (il est vrai avec suffixe -**sk* $^e/_o$-) γιγνώσκω, πιπράσκω ; enfin une coïncidence d'aspect aussi bien que de sens comme celle qu'on note entre certains emplois d'irl. *glen-*, *len-*, comparés à gr. μίμνειν (p. 149). Ces faits sont peu nombreux, et cela se conçoit, car le présent thématique à redoublement n'est nulle part largement représenté, et n'est guère sémantiquement net qu'en grec. Ajoutons que le thème à nasale irlandais a une tendance vers la valeur factitive (cf. p. 188 et *passim*) qui se retrouve dans l'*aoriste* factitif à redoublement du sanskrit et du grec (cf. plus haut, pour les rapports du thème à nasale avec l'aoriste).

Ces quelques coïncidences de détail indiquent, semble-t-il, qu'il y a à l'origine identité d'aspect entre la formation radicale à redoublement (terminative en grec) et la formation à nasale. L'aspect terminatif du type μίμνειν en grec, l'aspect terminatif du type en -**sk* $^e/_o$- en grec, l'aspect inchoatif de ce même type en latin, s'expliqueraient dès lors, aussi bien que les aspects divers des thèmes à nasale en diverses langues, comme des spécialisations secondaires d'un même aspect déterminé ancien.

Vu, le 12 juin 1925.

Le Doyen de la Faculté des Lettres
de l'Université de Paris,

FERDINAND BRUNOT.

Vu et permis d'imprimer.

Le Recteur de l'Académie de Paris,

P APPELL.

INDEX ALPHABÉTIQUE

Irlandais (Ne figurent dans cet index ni les différentes formes d'un même thème, ni les références déjà données par la table des matières).

GALLOIS.

BRETON.

CORNIQUE.

LATIN.

Germanique (Les formes données sans indication spéciale sont gotiques).

VIEUX-SLAVE.

LITUANIEN.

GREC.

ARMÉNIEN.

SANSKRIT.

TABLE DES MATIÈRES

CHARTRES. — IMPRIMERIE DURAND, RUE FULBERT (3-1926).

www.ingramcontent.com/pod-product-compliance
Ingram Content Group UK Ltd.
Pitfield, Milton Keynes, MK11 3LW, UK
UKHW020243180726
13839UKWH00001B/140

9 782329 180373